Öznur Uçar

Konjonktürel Dalgalanmaların Devlet Müdahaleciliğine Etkisi

AF821243

Öznur Uçar

Konjonktürel Dalgalanmaların Devlet Müdahaleciliğine Etkisi

Türkiye Alim Kitapları

Impressum / Künye
Bibliografische Information der Deutschen Nationalbibliothek: Die Deutsche Nationalbibliothek verzeichnet diese Publikation in der Deutschen Nationalbibliografie; detaillierte bibliografische Daten sind im Internet über http://dnb.d-nb.de abrufbar.
Alle in diesem Buch genannten Marken und Produktnamen unterliegen warenzeichen-, marken- oder patentrechtlichem Schutz bzw. sind Warenzeichen oder eingetragene Warenzeichen der jeweiligen Inhaber. Die Wiedergabe von Marken, Produktnamen, Gebrauchsnamen, Handelsnamen, Warenbezeichnungen u.s.w. in diesem Werk berechtigt auch ohne besondere Kennzeichnung nicht zu der Annahme, dass solche Namen im Sinne der Warenzeichen- und Markenschutzgesetzgebung als frei zu betrachten wären und daher von jedermann benutzt werden dürften.

Deutsche Nationalbibliothek tarafından yayınlanan bibliyografik bilgiler: Deutsche Nationalbibliothek, bu yayını Deutsche Nationalbibliografie'de listeler; detaylı bibliyografik bilgi İnternet'te http://dnb.d-nb.de sitesinde mevcuttur.
Bu kitapta bahsedilen herhangi bir marka ve ürün adı, tescilli marka, marka veya patent korumasına tabidir ve ilgili sahiplerin ticari veya tescilli markalarıdır. Marka, ürün, ortak ve ticari adların, ürün açıklamalarının v.s. işbu eserde özel işaretleme olmadan bile kullanılması, bu çeşit adların, tescilli marka ve marka korunması kanunu açısından kısıtlanmamış ve böylece herkes tarafından kullanılabilir olarak hiç bir şekilde yorumlanamaz.

Coverbild / Kitap kapağı resmi: www.ingimage.com

Verlag / Yayıncı:
Türkiye Alim Kitapları
ist ein Imprint der / yayınevinin bir ticari markasıdır
OmniScriptum GmbH & Co. KG
Bahnhofstraße 28, 66111 Saarbrücken, Deutschland / Almanya
Email / E-posta: info@turkiye-alim-kitaplary.com

Herstellung: siehe letzte Seite /
Basım yeri: son sayfaya bakın
ISBN: 978-3-639-81338-8

Zugl. / Approved by: İzmir, Dokuz Eylül Üniversitesi, 2014

Copyright / Telif hakkı © 2016 OmniScriptum GmbH & Co. KG
Alle Rechte vorbehalten. / Her hakkı saklıdır. Saarbrücken 2016

Konjonktürel Dalgalanmaların Devlet Müdahaleciliğine Etkisi

Vesile i Varlığım, Canım Annem,

Şennur Uçar'a,

İÇİNDEKİLER

KISALTMALAR

AB	Avrupa Birliği
ABD	AmerikaBirleşik Devletleri
BRIC	Brezilya, Rusya, Hindistan, Çin ekonomileri
ECB	Avrupa Birliği Merkez Bankası
FED	Amerika Birleşik Devletleri
FDIC	Federal Mevduat Sigorta Kurumu
GOÜ	Gelişmekte Olan Ülkeler
HM	Hazine Müsteşarlığı
MB	Merkez Bankası
KDV	Katma Değer Vergisi
ÖTV	Özel Tüketim Vergisi
s .	Sayfa No
ss.	Sayfa(lar) No
SBE	Sosyal Bilimler Enstitüsü
SEC	Toplam Kalite Yönetimi
OAPEC	Petrol İhraç Eden Arap Ülkeler Birliği
OECD	Ekonomik Kalkınma ve İşbirliği Örgütü
OPEC	Petrol İhraç Eden Ülkeler Birliği

TABLOLAR LİSTESİ

ŞEKİLLER LİSTESİ

ÖNSÖZ

Devlet, insanlık tarihi kadar eski bir kavramdır. Çünkü insan topluluk halinde yaşamaya, toplum ise kendisini kurallarla düzenleyecek bir kuruma ihtiyaç duyar. Bu ihtiyacı giderecek devlet, düşünce dünyasının en önemli uğraşlarından biri olmuştur. Örneğin, doğayı gözlemleyen Adam Smith doğada muhteşem bir düzen olduğunu ve bu düzenin ancak kendisine yapılacak bir müdahale ile bozulduğunu görmüş ve bu gözlemden hareketle ekonominin de kendiliğinden dengede olacağını ve bu dengenin devlet müdahalesi ile bozulacağını savunmuştur. O yüzden Smithh, sadece belli başlı görevleri yerine getirebilecek kadar küçük bir devleti jandarma devleti ideal devlet olarak kabul etmiştir. Ancak Jandarma devlet, Büyük Buhran da başarısız olunca devletin bir zorunlu fena olduğu fikri de tahtını devletin zorunlu bir deva olduğu fikrine bıraktı. Fikrin mimarı Keynes'e göre ekonomik istikrarın sağlanması ve sürdürülebilmesi için devlet müdahaleciliğine ihtiyaç vardır. Bu da müdahaleci devlet anlayışı ile mümkün olacaktır. Smith ve Keynes'in ortaya attığı bu iki devlet anlayışı hem iktisadi düşünce tarihinin iki kutubu olmuş hem de üç büyük küresel krizin etkileyeni ve etkileneni olmuştur.

Bu konu çalışmamızın temel hareket noktası olmuştur. Çalışmamızda konjonktürel dalgalanmalar ve devlet müdahaleciliği konularını açıkca ortaya koymak için geniş bir lüteratür taraması yapılmıştır. Her iki konunun teorik temelleri belirgenleştirilmiştir. Daha sonra üç büyük küresel kriz üzerinde bu iki konun etkileşimi incelenmiştir. Bu inceleme sırasında teorik çerçeve ihmal edilmemekle beraber istatistiksel verilerden de yaralanılmış böylelikle dönemin ekonomik şartları açıkca ortaya konmuştur. Bu dönemlere ilşikin devletlerin uygulamış olduğu anti-konjonktürel politilarda konuyla ilgili çalışmalardan faydalanılmıştır. Ancak sadece teorik çerçevenin ve mevcut çalışmaların tekrarının yapılmamış konun çözümü için farklı bakış açılarına başvurulmuştur. Bunun için çeşitli deney sonuçlarından faydalanılmıştır.

Konjonktürel dalgalanmalarla mücadelede devlet müdahaleciliğinin etkisi değerlendirilirken, ideal devlet tartışmalarının ilk sorusuna geri dönülmüştür. Devletin egemenlik sınırları tartışılırken ilk olarak insanın iyiliği sorgulanmıştı. İnsan insanın kurduysa snırsız bir egemen tarafından sınırlandırılmalı eğer insan insanın kutsalıysa insan değil egemen güç sınırlandırılmalıdır. Sonuçta incelediğimiz krizler bize göstermiştir ki insan iktisadi faalietleri sırasında bir tkım kurallarla sınırlandrılmazsa diğer insanların kurdu olabilmektedir. Ancak insanın serbest ekonomik faaliyetlerinin tamamen ortadan kaldırılması hem imkansız hem de etkinsizdir. O halde insan ekonomik faaliyetlerini gerçekleştiriken hem iktisadi insan olma vasfını devam ettirebilmeli yani Homo Economicus kimliğini devam ettirebilmeli hem de etik olmayan davrnışları sınırlandırılmalıdır.

Bu noktada çözüm olarak, Aristo'nun Zoon Politikon, Nasuriddin Tusi ve Kınalızade Mehmet Efendinin İtidalli İnsan olarak tanımladığı insan modeli önerilmiştir. İtidalli insan hem piyasanın etkin çalışmasını sağlayacak ölçüde rekabetçi olmalı hem de bu etik sınırlarını aşmayacak ölçüde sınırlandırmalıdır. Bu sınırlandırmalar anayasal düzeyde maliye ve para politikası kuralları ile sağlanabilir. Yapılan literatür taraması ile konuyla ilgili ortaya atılan kural önerlleri çalışmamıza eklenmiştir.

Yüksek Lisans Tezi olarak hazırlanan bu eserin ortaya çıkmasında, destekerini benden esirgemeyen, görüş ve eleştirileri ile bana ışık tutan çok kıymeti tez yöneticim Doç. Dr. Hakan AY'a, yine bu eserin ortaya çıkmasında benden bilimsel desteğini esirgemeyen, idolum çok değerli hocam Prof. Dr. Coşkun Can AKTAN' a ve çok değerli destekleri ile çalışmama ışık tutan çok kıymetli hocam Doç. Dr. Dilek BAŞARAN'a teşekkürlerimi arz ederim.

Özellikle hayatın her safhasında hep yanımda olan canım anneme ve annemden sonra annem olan ablama, bir tezin başına gelebilecek her türlü talihsizlikle karşılaştığımda bir dostun yapabileceğinin çok üstünde yardımlarını esirgemeyen kardeş ve dostlarıma da şükranlarımı sunarım.

09.04.2016

Öznur Uçar

BiRiNCi BÖLUM

DEVLET

Devlet kavramı ve devletin egemenlik sınırı, düşünce tarihinin temel konularından biridir. İlk çağ filozoflarından günümüze kadar pek çok düşünce insanı ideal devleti aramış, onu tanımlamak ve insanlığın faydasına en uygun biçimini bulmak için çaba göstermişlerdir. Ekonomi düşünürleri ise temelde şu soru üzerinde durmuşlardır: "Devlet müdahalesi ekonominin etkinliği için zorunlu bir iyi midir? Yoksa zorunlu bir fena mıdır?" Bu bölümde önce devlet tanımlanmış ardından tarihi süreçte ve iktisadi düşünce tarihinde devlet kavramı incelenerek bu sorunun cevapları aranmıştır.

1.1. DEVLET KAVRAMI

Devlet, yaklaşık 10.000 yıl önce Mezopotamya'da ortaya çıkan ilk tarım toplumlarına kadar uzanan eski bir beşeri kurum[1]dur ve pek çok düşünür tarafından anlaşılmaya anlatılmaya çalışılmıştır. Örneğin, İ.Ö.V. yüzyılda Atina'da yasayan sofistler devleti; İnsanların güven içerisinde yaşayabilmelerini ve az zahmetle çok iş başarabilmenin bir aracı olarak[2] tanımlamışlardır. Bu dönemde devlet anlayışı ataerkil krallığın ve zengin bir azınlığın üstünlüğüne dayanıyordu.[3] Ortaçağda ise devlet, teokratik yapının esas alındığı güçlü senyörlükler ve kilisenin her yönü ile egemen olduğu aşkın bir irade şeklinde karşımıza çıkmaktadır.

---

1 Francis Fukuyama, **Devletin İnşası; 21. YY da Dünya Düzeni ve Yönetişim** (çev. Devrim Çetinkasap) 4.Baskı, Remzi Kitapevi, 2008, s. 13
2 Hüseyin Gökmen, **Avrupa Sosyal Devlet Anlayışında istihdam ve Türkiye'de Genel işsizlik Sorunu**,Çalışma ve Sosyal Güvenlik Bakanlığı Türkiye İş Kurumu Genel Müdürlüğü Uzmanlık Tezi, Ankara, 2007,s1
3 Coşkun Can Aktan, **Değişim Cağında Devlet,** Çizgi Kitabevi, 2003, s.4

Ortaçağın başka bir coğrafyasında Ibn-i Haldun, devleti şöyle tanımlamaktadır; "Sosyal organizasyonla ve toplu olarak yaşamak zorunludur. Bu sosyal organizasyon meydana gelince insanları birbirine karşı koruyacak ve kötülük yapmaktan caydırıcı bir güce, insanların bir diğerine karsı tecavüz etmelerini önleyecek "başka bir şeye"mutlak ihtiyaçvardır. Ancak böyle olmalıdır ki, bir kimse diğerine zarar vermesin. Hükümdarın (üstün otoritenin) manası budur."[4] Ancak ibni Haldun çağdaşlarından farklı olarak devlet için dini yasaları zorunlu görmemiş, dini kurallar olmadan da bir toplum düzeni ve devlet teşkilatı kurulabileceğini savunmuştur. Buna delil olarak ta semavi dinlere mensup olmayan medeniyetlerin kurdukları devletleri göstermiştir.

Yeniçağa baktığımızda ise laik ve pragmatik bir devlet anlayışla karşılaşıyoruz. Dönemin önemli düşünürlerinden Machiavelli literatüre iki kavram kazandırmıştır. İlki sekülarizm diğeri devletti. Jean Bodin devleti; birçok ailenin ve onların ortak mallarının egemen güç tarafından yönetilmesi şeklinde tanımlarken aynı dönemde Hobbes devletin varlık nedenleri üzerinde durmuştur. Bunlar, barış ve güvenliğin sağlanması, adaletin eşit dağıtımı, muhtaç durumda olanlara yardım etmek ve toplumun mutluluğu için gerekli yasaları yapmaktır.

Günümüzde yaygın kabul gören tanım ise 1900'de George Jellinek tarafından kaleme alınan Genel Devlet Teorisi eserinde yapılmaktadır. Bu tanıma göre devlet; "Egemenlik gücüyle aslen donatılmış,belli bir toprak parçası üzerinde yerleşik bir millet

---

4 Ibni Haldun, **Mukaddime,** Hazırlayan: Süleyman Uludağ, Dergâh Yayınları, 7. Baskı, 2011, İstanbul, Cilt:1, Sayı: 1, ss. 214-215.

birliği"[5]dir. Burada karşımıza üç unsur çıkmaktadır. Millet, birbirine ortak kültür ve/veya etnik köken gibi unsurlarla bağlı insanlar topluluğudur. Ülke, belli sınırları olan bir milletin devamlı olarak yaşayabileceği toprak parçasıdır. Egemenlik, millet ve ülke üzerinde ki yetkilerin tümüdür. Bu üç unsur, eşit derecede öneme sahiptir, hiçbiri ikincil değildir. Bir devletin varlığından söz edebilmek için bu üç unsur bir araya gelmelidir.

1.2. DEVLETİN GELİŞİM SÜRECİ

Devlet hakkında yapılan tartışmalarda daha çok egemenlik üzerinde yoğunlaşmıştır. Devlet tanımlanırken veya en iyi devlet aranırken sorgulanan kavram hep egemenlik olmuştur. Bunun için önce insan egemenliği sorgulanmıştır.Temel soru, insanın doğuştan iyi mi yoksa kötü mü olduğudur. Çünkü insan doğasında iyiyse onun egemenliğini kısıtlamaya gerek yoktur. Eğer doğasında kötülük varsa insan aşkın bir egemen güç tarafından kısıtlanmalıdır. Bu bölümde öncelikle bu sorunun cevabı hukuki daha sonra iktisadi çerçevede irdelenecek böylelikle devlet kavramının gelişimi tarihsel süreçte gözlemlenebilecektir.

1.2.1. Mutlak Monarşi

Mutlak egemen görüşünü savunan üç önemli isim vardır. Bunlar; İtalya'da Niccola Machiavelli, Fransa'da Jean Bodin ve İngiltere'de Thomas Hobbes'dur. Ortaçağın dinden beslenen ve merkezi bir otoriteye sahip olamayan devlet anlayışını sorgulayan bu düşünürler dönemin sosyal olaylarından da etkilenmişlerdir. Ortaçağın son dönemlerinde Avrupa nüfusunun üçte biri veba

---

5 Kemal Gözler, **Devletin Genel Teorisi,** Ekin Kitabevi Yayınları, Bursa, 2007, s. 4.

yüzünden yok olmuş, kalanlar açlık ve yoksulluk sebebiyle ölüm tehlikesiyle karşı karşıya kalmıştı. Tüm bu felaketlerin yanında Fransa ve İngiltere arasındaki yüzyıl savaşları, isyan ve yoksulluğu daha da derinleştirmişti. Bu gelişmeler tanrıya bakış açışını değiştirmiş yeryüzünde düzeni sağlayacak tanrı yerine insanları kör talihlerine bırakan karmaşık ve şüpheli kuralları olan tanrı fikri yaygınlaşmıştı. Başta Niccola Machiavelli olmak üzere o dönemin düşünürleri, tanrı kavramını felaketler tanrıçası Fortuna ile özdeşleştirmiştir.[6]

Bu yaşananlar Machiavelli'nin sekülerimizin temellerini atmasına neden olmuştur. Ona göre devlet, egemenlik sınırları içerisinde yaşayan tüm birey ve kurumların üzerinde yer almalıdır. Bu kurumlardan ilki din ve kilisedir. Machiavelli "Titus Livius' un ilk On Kitabı Üzerine Söylevler" adlı eserinde düşüncelerini açıklamış egemenliğin kaynağından ziyade egemenliğin ele geçirilmesi ve sürdürülmesi üzerinde durmuştur. Bu amaç için her yolu da meşru görmüştür. Monarşiyi desteklemiş, ancak halkın yönetimi onaylaması ve bu yolla egemenliğin devamlılığının daha rahat sağlanabileceği düşüncesi ile cumhuriyeti diğer yönetim biçimlerinden daha üstün görmüştür.

Fransız Jean Bodin, "Devletin Altı Kitabı"adlı eserini yayımladığı dönemde Fransa, mezhep kavgalarıyla bölünmüştü. Bu yüzden Bodin, hiçbir kanunla sınırlamayan bir egemen gücü savunmuş ve bu egemen gücün kilisenin onayını almaması gerektiğini savunmuştur. Bodin, Latincede en üst anlamına gelen "superanus" kelimesinden esinlenerek "souverainete" kelimesini

---

[6] Hakan AY, Öznur UÇAR, Devletin Gelişim Süreci, Dokuz Eylül Üniversitesi İşletme Fakultesi Dergisi, Prof. Dr. Ceyhan Aldemir Armağan Sayısı, 2015, ss 195-206, s. 199

kullanarak ilk defa egemenlik kavramını tanımlamıştır. Bodin'e göre egemen güç kısıtlanamayan geri alınamayan süreklilik gösteren bir iktidardır. Bu yüzden mutlak egemenlik monarklara verilmeliydi. Çünkü egemen prens, egemenlik hakkını ömrü boyunca kullandıktan sonra tacıyla birlikte kendinden sonra gelene aktarır. Böylelikle monarşilerde egemenlik hiçbir kopukluk olmaksızın bir kişiden bir başka kişiye geçer ve süreklilik sağlanmış olurdu. Prens veya monark egemenliğini koyduğu buyruklarla sağladığı için egemen güç üzerinde hiçbir güç olamaz ve o hiçbir kanun ile sınırlandırılamazdı. Başka bir deyişle egemen, yasalardan bağımsızdı.

Hobbes ise mutlak egemenliği savunurken bunu bir zorunluluk olarak görüyordu. Çünkü insan insanın kurdudur. Devletin amacı, öncelikle bireysel güvenliktir. Bu güvenlik doğal hukukla sağlanamaz. Çünkü adalet, hakkaniyet, tevazu, merhamet, özet olarak bize ne yapılmasını istiyorsak başkalarına da onu yapmak gibi doğal yasalar, bunlara uyulmasını sağlayacak bir gücün korkusu olmaksızın, bizi bir taraf tutmaya, kibre, öç almaya ve benzer şeylere sürükleyen doğal duygularımıza aykırıdır. Kılıcın zoru olmadıkça ahitler sizlerden ibarettir ve insanı güvence altına almaya yetmez.[7]

İnsanların birbirlerine zarar vermemelerini engellemenin tek yolu bir sözleşmeyle hak ve özgürlüklerini üçüncü bir varlığa yani devlete tek taraflı olarak devretmekti. Nitekim Hobbes 1651 yılında yayınladığı Leviathan adlı eserinde şöyle der: "İnsanları yabancıların saldırısından ve birbirlerinin zararlarından koruyabilecek ve böylece,

---

[7] Thomas Hobbes, **Leviathan,** çev. Semih Lim, Yapı Kredi Yayınları, İstanbul, 2010, s.133.

kendi emekleriyle ve yeryüzünün meyveleriyle kendilerini besleyebilmelerini ve mutluluk içinde yaşayabilenlerini sağlayacak böylesi bir genel gücü kurmanın tek yolu bütün kudret ve güçlerini, tek bir kişiye veya hepsinin iradesini oyların çokluğu ile tek bir iradeye indirgeyecek bir heyete devretmelidir. Bu onaylamak veya rıza göstermekten öte birşeydir; herkes herkese, senin de hakkını ona bırakman ve onu bütün eylemlerinde aynı şekilde yetkili kılman şartıyla,kendimi yönetme hakkını bu kişiye veya bu heyet bırakıyorum demişçesine, herkesin herkesle yaptığı bir sözleşme yoluyla, hepsinin bir ve aynı kişilikte gerçekten birleşmeleridir. Bu yapıldığında, tek kişilik halinde birleşilmiş olan topluluk, bir devlet, Latince Civitas, olarak adlandırılır. İşte o ejderhanın veya daha saygılı konuşursak, ölümsüz tanrının altında, barış ve savunmamızı borçlu olduğumuz, o ölümlü tanrının doğuşu böyle olur.[8]

Egemen gücün sınırlandırılmamasını savunanan düşünürlere göre, egemen güç her şeyin üzerinde bir güce sahip olmalıdır. Zaten insanlar kendi oluşturdukları iktidarı sınırlandıramaz. İdeal yönetim biçimi de monarşidir. Çünkü mutlak egemenlik ancak monarşi ile sağlanabilir. Monarşinin parlamento sınırlandırılması dahi kabul edilemezdi. İnsanların birbirlerine verecekleri zararı engelleyecek yegâne sistem monarşidir.

1.2.2. Egemenliğin Sınırlandırılması

Bodin ve Hobbes' un çağdaşı, " Bodin ve Hobbes arasında en bilge politik düşünür" olarak tanımlanan Althusius, egemenliğin sınırlandırılması gerektiğine inanmıştır. Bireyler toplumsal fayda ve refah için devletin egemenliğini tanırlar. Egemen güç, Symbiotic

[8] Hobbes, s. 136.

toplumu (ortak yaşarlık toplumu) temsil için vardır. Egemenliğin kaynağı toplumsal sözleşmedir. Bu yüzden egemen güç toplumun çıkarlarına aykırı davranışta bulunamaz. Bulunduğu takdirdeyse yani kötü yönetim veya yetki gaspı halinde toplum egemen gücü yerinden edebilir.

Egemenliğin sınırlandırılması gerektiğini savunan bir diğer isim ise aydınlanma çağı öncülerinden John Locke'tur. Locke, mutlak egemen monarka karşı bireysel özgürlükleri savunmuştur. Ona göre, devlet toplumsal amaçları gerçekleştirmek için kullanılan bir araçtır. Bu yüzden devlet halkın zararına bir faaliyette bulunamaz, bulunduğu takdirde halkın itaatsizlik hakkını kullanır. Locke'a göre adaletsiz ve kanunsuz yönetime karşı direnme hakkı, çoğunluğun uygulayabileceği bir haktır.Küçük bir topluluk ya da tek bir kişi bu hakka sahip değildir. Locke, doğa kanunu prensibinin güçlü bir savunucusudur. Ona göre kanunlar zaten doğal olarak vardır. Bu sebeple egemen kanun hazırlamaz, var olan kanunları araştırır, bulur ve bunları uygular. Egemenliğin sınırları da bu doğal kanunlarca belirlenmiştir. Mutlak bir egemenlik veya tanrıdan gelen bir egemenlik gücünü tamamen reddeder. Ayrıca Locke kuvvetler ayrılığı teorisini ilk kez ortaya atmıştır. Ona göre, bir devlette üç kuvvet vardır. Bunlar; yasama, yürütme ve federatiftir.

Fransız aydınlanmasının önemli filozoflarından Voltaire de egemen gücün bireysel özgürlükler çerçevesinde sınırlandırılması gerektiğini ifade etmiştir. Dönemin önemli düşünürlerinden ve Voltaire'nin fikirlerini etkileyen Montesquieu da egemen gücün sınırlandırılmasını savunmuş ve bunun başka bir gerekçesi üzerinde durmuştur. Ona göre, barışın sağlanması ancak monarkların ortadan kaldırılması ve demokratik cumhuriyetlerin kurulması ile mümkün olacaktır. Siyasi, mali ve ekonomik görüşlerini içeren "Kanunların Ruhu" adlı eserinde Montesquieu, devletin en önemli enstrümanlarından vergiye de değinmiştir. Hem verginin meşrulaşmasını savunmuştur. Ayrıca devlet görevlilerinin ticaretle uğraşmaması gerektiğini vurgulamıştır. Böylelikle devlet görevlilerinin ellerinde bulundurudkları imtiyazlar ile ticarette üstünlük elde etmesi engellenebilecekti.[9] Optimal devlet için sadece monarklarla mücadele değil aynı zaman da devletin vergi enstrümanı ve devlet görevlilerinin imtiyazı da sınırlandırılmalıydı. Bir diğer düşünür J.J. Rousseau'dur. Ona göre insanlar hür doğar ve doğası gereği iyidir. Bir toplumsal sözleşme ile kurulan devlette, kararlardemokratik yolla alınmalıdır. Çünkü insan iyidir ve iyilik için karar verecektir. Her ne kadar egemen güce yetki verildiyse de genel iradeyi temsil eden halktır. Bu yüzden de "Toplumsal Sözleşme" adlı eserinde devleti, yurttaşların özgürlük ve eşitlik için katıldıkları toplumsal sözleşme üzerine kurulurmuş bir politik ağ olarak tanımlamıştır.

Immanuel Kant ise bireysel özgürlükleri ve bunların anayasal güvence altına alınmasını savunmuştur. Egemenliğin sınırlandırılması sadece bireysel hak ve özgürlükler için zorunlu değildir aynı zamanda barışın sağlanması içinde zorunludur. Çünkü sınırsız egemen güç, toplumun çıkarlarını gözetmeyeceği için savaşa girmekte bir sakınca görmeyecektir. Aynı zamanda kuvvetler ayrılığını savunmuş yürütmenin yasamadan kesin bir şekilde ayrılması gerektiğini belirtmiştir. Faydacılık akımının kurucusu Jeremy Bentham bireysel özgürlüklerin ve egemen gücün bu

[9] Hakan Ay, Montesquieu,Vergiler ve İbn-i Haldun, İktisat,İşletme ve Finans Dergisi, Yıl:8, Sayı:9, Eylül 1993, s. 18

özgürlüklere saygı göstermesi gerekliliği üzerinde durmuştur. Çünkü toplumsal çıkarların bireysel çıkarların toplamlarından meydana gelmektedir. Bir diğer faydacı John Stuart Mill "Özgürlük Üzerine" (1859) isimli çalışmasında, bireylerin özgürlüklerini "laissez-faire" kavramıyla açıklamıştır. Yani başkalarının haklarına ve özgürlüklerine saldırı olmadığı müddetçe birey her konuda özgürdür.

1.2.3. Ulusal Egemenlik

1789 Fransız Devrimiyle birlikte egemenlik kavramında da önemli bir değişim olmuş, egemenlik monarktan alınarak ulusal egemenliğe verilmiştir. Hukuksal bir birim olarak ifade edilen ulusal egemenlik, egemenliğin özüdür ve hiçbir kişi veya kurum ulustan kaynaklanmayan bir otoriteyi kullanamaz. Bu prensip anayasal bir güvence altında alınmıştır. Böylelikle egemenlik sürekli, kişileştirilemeyen ve yasalardan üstün olması mümkün olmayan bir konuma getirilmiş ve ulusal bir içerik kazandırmıştır.

Fransız Devrimi'nin ilk dönemi, doğrudan ve temsili demokrasi taraftarlarının tartışılmalarına sahne olmuştur. Gerek devrimin öncüsü burjuvazinin sınıfsal çıkarları, gerekse siyasetin pratikleri, temsili demokrasinin daha "gerçekçi" bir model olarak kabul edilmesine neden olmuştur. Nitekim ulus-devlet modeli aracılığıyla, temsili demokrasinin kurumsallaşması sağlanmıştır. Bu modelde, bireyler, yurttaş sıfatıyla, halk ya da ulus kimliği içerisinde bütünleşirler ve bu bütünleşme, bireylerin tekil iradelerinin, en azından kamusal alanda, dikkate alınmasını, tamamının iradesinin "genel irade" çatışı altında bir araya gelmesini ifade eder.[10] Genel

[10] Mehmet Ali Ağaoğlu, **Ulus-Devlet ya da Halkın Egemenliği,** İmge Kitapevi, Ankara, 2006, s. 236; H. Emrah Beriş, "Egemenlik Kavramının Tarihsel Gelişimi ve Geleceği

irade kavramı, Fransız devriminin önemli düşünürlerinden J.J.Rousseau tarafından literatüre kazandırılırmıştır. Bu kavram ile ortak bir siyasal benliği ve iradesi bulunan ortak bir birey tarzı oluşturulması hedeflemektedir. Rousseau için egemen, genel iradeyi oluşturan yurttaşların bütünüdür. Böylelikle Rousseau halk ile egemeni özdeşleştirecek, buradan "halk egemenliği" kuramına ulaşmıştır.[11] Ulus tanımı içerisinde yer alamayan her sınıf, ortak yasamın ve yasaların zararlısıdır.

Ulusal egemenliğin siyaset kuramına eklenmesi bakımından önemli rolü bulunan bir diğer isim Emmanuel Joseph Sieyes, Fransız Devrimi'nin hemen öncesinde, 1789'un Ocak ayında yayımladığı "Üçüncü Tabaka Nedir?" isimli eserinde toplumu üç sınıfa ayırmıştır. Bunlar aristokrat sınıf, ruhban sınıfı ve üçüncü tabaka yani her şey olan tüm ulustur. Aristokrasinin egemenliği eline geçirmesi toplumsal sözleşmeye aykırıdır. Ruhbanlar da zaten din hizmetlerini yöneten yurttaşlardır. O halde egemen güç, üçüncü tabaka yani ulustur.

1.2.4. Ulus-Üstü Egemenlik

1815 Viyana Kongresi ile milletlerarası ya da ulus üstü egemenlik, yeni bir egemen güç olarak ortaya çıkmıştır. Bu kongrede, Osmanlı hariç tüm Avrupa ülkeleri bir araya gelmiş ve Avrupa'nın yeni siyasi haritasını ve güç dengesini kararlaştırılmıştır. Her ne kadar milletlerarası iradenin ilk örneği bu kongre olmuşsa da tam anlamıyla milletler arası egemenliğin tesisi II.Dünya Savaşı

üzerine Bir Değerlendirme" **Ankara Üniversitesi Siyasal Bilgiler Fakültesi Dergisi**, Cilt: 63, Sayı: 1, 2008, s.59.

[11] H. Emrah Beriş, "Egemenlik Kavramının Tarihsel Gelişimi ve Geleceği üzerine Bir Değerlendirme", **Ankara Üniversitesi Siyasal Bilgiler Fakültesi Dergisi**, Cilt: 63, Sayı: 1, 2008; Beriş, s.60

sonrasında sağlanmıştır. II.Dünya Savaşı ve Nazi deneyiminden sonra devletler, uluslararası barışın sağlanması ve devam ettirilmesi için Birleşmiş Milletleri kurmuşlardır. Bu amaçla üye devletler egemenliklerinden belli ölçülerde feragat etmişlerdir. Her ne kadar birleşmiş milletler anlaşmasının 2. maddesinin 1. ve 7. fıkralarında devletlerin milli yetkilerinin kısıtlanamayacağı hükme bağlansa da kendine ait bir silah kuvvetinin olması, 42. madde ile bunun kullanımına izin verilmesi ve 41. Madde ile silah kuvveti kullanılmasına gerek olmayan hallerde ekonomik ve siyasi ilişkilerin kesilmesi gibi yaptırımlar bu feragatin örnekleridir.

Sadece uluslararası barışın temini ve devamı için değil devletlerin vatandaşlarına karşı uyguladığı insan hakları ihlallerine karşı da egemenlikleri kısıtlayan kurumlar oluşturmuştur. Bu çerçevede 10 Aralık 1948' de Birleşmiş Milletler Genel Kurulunca " İnsan haklan Evrensel beyannamesi" kabul edilmiştir. Ancak herhangi bir yaptırımı olmadığımı için etkili olamamıştır. 4 Kasım 1950'de Avrupa Konseyine üye devletler, Avrupa insan Hakları Sözleşmesini kabul etmiştir. Bu sözleşme hukuki bir bağlayıcılığa yani bir yaptırım gücüne sahipti. Bu sözleşme ile iki kurum; Avrupa insan Hakları Komisyonu ve Avrupa insan Haklan Divanı oluşturulurmuş, böylelikle uluslararası bir yargı oluşturulmuştur. 1 Kasım 1998 yılında bu iki kurum yerine Avrupa İnsan Hakları Mahkemesi kurulmuştur. Bir diğer Uluslararsı yargı örneği, Uluslararası Ceza Mahkemesidir. Hollanda'nın Lahey kentinde bulunan Uluslararası Ceza Mahkemesi (UCM), savaş suçları, insanlığa karşı işlenen suçlar, soykırım suçları ve saldırı suçlarına bakmaktadır. 1 Temmuz 2002 tarihinde kurulmuş ve 11 Mart 2003 tarihinde çalışmaya başlamıştır.

Ulus-ustu egemenliğin bir diğer ve güncel örneği ise Avrupa Birliğidir. Avrupa Birliği, yeni bir siyasi örgütlenme getirilmiş ve böylelikle ulus devlet, egemenliklerinin bir kısmından vazgeçip "ortak egemenlik havuzu"[12] oluşturulurmuştur. Bu kapsamda para ve maliye politikalarını uyumlaştırılması ve ortak para birimine geçiş, dış politika da ortak hareket etmek ve gümrüklerin kaldırılmasına gidilmiştir. Küresel şartların dünyayı büyük bir ortak pazar haline getirmesi tıpkı ulus üstü yargı organları ve siyasi yapılar gibi ekonomik alanda da bu tür oluşumları meydana getirmiştir. Uluslararası Para Fonu (IMF), Dünya Bankası , OECD (Ekonomik Kalkınma ve İşbirliği Örgütü) ve GATT (Gümrük Tarifeleri ve Ticaret Genel Anlaşması) ile daha sonra Dünya Ticaret Örgütü'nü bu alanda örnek verebiliriz.

Küreselleşmenin diğer bir sonucu olan küresel kamu malları, çoğunun yaptırım gücü olmamasına rağmen uluslararası örgütlere ihtiyaç duyulmasına neden olmuştur. Bunlardan farklı olarak küresel ısınmaya karşı imzalanan Kyoto Protokolü ile yaptırımlar uygulanabilmektedir. Örneğin sözleşmenin Ek 1 listesinde yer alan bir ülke, salım hedeflerine uymazsa o ülkeye salım hedefi farkı ile birlikte fazladan %30 daha az salım yapma zorunluluğu getirilebilmektedir. Ancak protokolün ABD ve Avustralya gibi gelişmiş bazı ülkelerce kabul edilmemesi bu protokolün etkinliğini sınırlandırmaktadır. Diğer bir küresel kamu malı olan sağlık ve bilgi için kurulan uluslararası kurumlar ise bir yaptırım kurumu olmaktan ziyade tıbbi ve teknik bilgi anlamında az gelişmiş ve gelişmekte olan ülkeleri destekleme amaçlı örgütlerdir.

---

[12] Beriş, s.70

1.3. İKTİSAT TARİHİNDE DEVLETİN GELİŞİMİ

İktisat üzerine yapılan tartışmalardan en uzun soluklusu devletin ekonomi içindeki yerinin ne olduğudur. "Devlet ekonomiye müdahale etmeli mi yoksa etmemeli midir? Ya da bu müdahalenin sınırı ne olmalıdır?" Tartışılagelen bu sorular çeşitli iktisadi görüşleregörefarklı cevaplar bulmuştur. Bu kısımda ilk çağ düşünürlerinden başlayarak günümüze kadar uzanan çeşitli düşünce akımlarının bu konudaki fikirlerine değinecek böylelikle de devlet kavramının, iktisadi açıdan gelişimini irdelemiş olacağız.

1.3.1 İlk Çağ Düşünürleri

Eflatun'a göre, ideal devlet kusursuzadaleti sağlayan devlettir. İdeal devlete en uzak yönetim biçimi oligarşidir. Çünkü Oligarşide egemen güç, kazanç kaygısı ile adaletten uzaklaşmaktadır. Demokrasi ise ideal rejim gibi görünmesine rağmen temelde hatalıdır. Çünkü demokrasi doğuştan eşit olmayan insanlaraeşit haklar verir.Devletin, ideal rejim içinen gerekli aracı öncelikle kanunlardır. Toplum bu kanunlarla düzenlenmelidir. Bu düzenleyici kanunların içinde ekonomik örgütlenmeönemli bir yer tutmaktadır. Eflatun,kanunlarla öyle ince ayarlamalar öngörmüştür ki bir sitenin nüfusunu dahi tayin etmiştir. Ona göre birsitenin nüfusu 11 hariç 1'den 12 'ye kadar bütünsayılara bölünebilen 5040 kişiolmalıdır. Fazla üyeler siteden göç ve yeni koloni kurma yükümlüsüdür. Devleti sadece bilgeler yönetmelidir ki otoriteyi bilgelikten almış olsunlar.

Eflatun devleti; yönetici, üretici ve bekçi olmak üzere üç sınıfaayırmıştır.Her birey üzerine düşen görevi tam olarak gerçekleştirmeli, toplumun ortak malvarlığı üzerinde hak sahibi olmamalıdır. Ona göre, özel mülkiyet yerine sitenin ortaklaşa mülkiyeti olmalı, toplum devlet organik bir yapı gibi uyum içinde olmalıdır. Dostlar arasında her şey ortaklaşa olmalıdır, herkese eşit mülkiyet verilmeli, her aile için aynı bir konut olmalı, her ailenin eşit büyüklükte bir arazisi olmalı hatta kazanç arzusunu engellemek için düğün,bayram gibi aile şenliklerindeki harcamalar sınırlandırılmalıdır. Eşitliğin bozulma ihtimaline karşıise vergi sistemi yürürlüğe konmalıdır. Ticaret bireylerin ruhlarını kirleten birfaaliyet olduğu için eşit topraklarda üretilen mahsulün toplanması ve toplumabölüştürülmesi dedevletin vazifesi olmalıdır.

Aristo ekonomiyi "Krematistik" kavramı üzerinden incelemiştir. Krematistikes, Yunancada zenginlikanlamınagelen khrema'dantüretilmiştir. Aristo özel mülkiyete karşı değildir aksine toplumsal huzur içinbunu gerekli görür ancak buzenginliğin elde edilmesi konusunda bir ayrıma gitmiştir. Ona göre doğa bütün canlı varlıklar insaniçinyapılmıştır. İnsanındoğadaki canlılardan eldeettiği üretimmeşrudur, krematistik'dir. Ticaret ileelde edilen gelirdoğal olmadığıiçin kabul edilemez. Ticaret düzenliyaşamı engeller yani erdemden uzaklaşılmasına neden olur. Ticaret sadece bireyideğil siteyi debozup çürümeyemahkûm eder. Ancak Eflatun gibieşitbölüşüme karşı çıkar onagöre daha doğrueşitlik daha fazlasını hak edene dahafazlasını vermek ile olur yoksa herkese eşitbölüştürme haksızlığa neden olur. Haksızlığı önleyecek, adaleti sağlayacak unsur ise paradır. Çünkü takas sırasında malların değeri eşit olması mümkün değildir. Bu durumda yapılan alışveriş adaletsiz olur. İşte bu yüzden para adalet sağlayıcıdır. Para mübadele için yaratılırmıştır ancak faizle para kendi varlığıüzerinden para yaratmaktır. Bu doğaya en aykırı para kazanma yöntemidir.

Aristo' ya göre ideal devlet için olması gereken ideal insan, özünde erdem sahibiolabilme yetisine sahip insan, vasat insandır. Vasat insan ideal etik düzeyindeki insandır. İki uç kötü davranışın ortası vasattır. Örneğin kendiniçokküçükgörmekle kendini çok büyük gören iki uç kötü davranıştır. Ancak ikisinin ortasındaki davranış erdemdir. Aristo erdemli bireyi Zoon Politikon ile ifade eder. Zoon Politikon, sosyal hayvan veya siyasi hayvan anlamına gelmektedir. İnsan sosyal bir varlıktır. Bu özelliği insanı,diğer insanlarla birlikte topluluk halinde yaşamayazorunlu kılar. Bu zorunluluk ise yasaların ve yönetici birerki zorunlu kılar. Dolayısıyla diyebiliriz ki devletinin varoluş nedeni Zoon Politikon' dur.

1.3.2. Merkantilizm

İtalyanca mercante (Tüccar) kelimesinden gelen merkantilizm yaklaşıkolarak 1500-1800'li yıllar arasında Batı Avrupa'da etkin olmuştur. Haçlı seferleri ile ticaretin gelişmesi, sanatkâr sınıfın zenginleşmesi, işçi sınıfın ortaya çıkması ve kentleşme ayrıca Norman akımları karşısında kendi aralarında işbirliğine giden feodal beylerin merkezi ve ulus devletleri oluşturması merkantilizmin ortaya çıkmasında etkili olmuştur. Bu dönemde zenginlik altın ve gümüş ile ifade ediliyordu. Altın ve gümüş bir ülkenin zenginliğinin yanısıra siyasi ve ekonomik gücünün de göstergesiydi. Merkantilizm, Ortaçağ ekonomik düşüncelerine bir tepki olup amacı; toplumu, milleti zenginleştirmek, kuvvet ve iktidar sahibi yapmaktır.[13]

Zenginleşme arzusu dönemin etik anlayışını da şekillendirmişti. Öyle ki Montaigne Denemeler isimli eserinde şöyle der: "Çünkü hiçbir kazanç başkasına zarar vermeden sağlanamaz.

---

[13] Hakan Ay, Tarihi Mali Sistemler ve Osmanlı Maliyesi,İzmir:2015, s. 45

Yoksa her türlü kazanca mahkûmetmek gerekir. Tüccar gençliğin eğlenceye düşmesinden kâr sağlar. Mimar evlerin zarar görmesinden, hukukçu insanların arasında sorunlar, kavgalar olmasından. Din adamlarının şan, şeref ve görevleri bile bizim ölümümüze, iyiliklerimize ve kötülüklerimize dayanır."[14] Altın ve gümüşü sürekli arttırma isteği merkantilizmin "komşunu fakirleştir" ilkesinin ve bunun uzantısı olan sömürgeciliğin ortaya çıkmasına neden olmuştur. Bu dönemde Avrupa'da haritacılık ve gemicilik hızla gelişmiş, devletler yeni filolar inşa etmişti. Osmanlı toprakları ve batı Avrupa dışında neredeyse tüm dünya Avrupalılarca koloni haline getirilmişti. Böylelikle hem istenilen madenler hem de yeni ihracat bölgeleri kazanılmıştır.

Merkantilistler aynı zamanda müdahaleci bir devlet anlayışını benimsemişti. Devlet hem iç hem de dış piyasayı düzenlemek için ekonomiye müdahale etmeliydi. Özel teşebbüs ve mülkiyete karsı olunmamakla birlikte ulusun ve devletin çıkarlarının bireylerin çabalarıyla korunamayacağı fikri savunuluyordu. Dolayısıyla devlet, toplum yararına gördüğü isleri destekleyerek ya da toplumun zararına gördüğü faaliyetleri yasaklayarak ekonomiyi sıkı takibine alan, kurallar koyan ve gerektiğinde ekonomik faaliyetlerde bulunan müdahaleci bir yapıya sahipti. Bu müdahaleler, daha fazla vergi mükellefi için nüfus artışının teşvik edilmesi, işçilerin yüksek maaşta az verimli olacağı korkusu ile işçiücretlerini sınırlandırılması, ileride tembel bireyler olmamaları için çocukların günde on iki saat çalıştırmasına kadar geniş bir çerçeveyi içermekteydi. Örneğin, VIII.

---

[14] Abdullah Mesud Küçükkalay, **İktisadi Düşünce Tarihi,** Beta Yayıncılık, 2008, ss.146-147.

Henry döneminde çalışma gücüne sahip ancak çalışmayan bireyler, kulakları kesilerek cezalandırılıyordu.

Merkantilizmin bir diğer prensibi, Lehte Ticaret Dengesiydi. Bu doktrindeihracatın arttırılması ve ithalatın kısılmasıböylelikle ülkedeki altın ve gümüşünarttırılması hedeflenmekteydi. İthalat kısılırken ihracatın hammadde seklinde değil mamul veya ara mal şeklinde yapılıyordu. Örneğin I. Elizabeth canlı koyun ihracatını yasaklamıştır. Kraliçe yasaya uymayanların mallarına el koydurmuş, sol ellerinin kestirerek bir yıl hapis cezasına çarptırması ve suçun tekrarı durumunda ise idam cezası uygulamıştır.

Merkantilizmin farklı Avrupa ülkelerincefarklı yorumlarına gidilmişti. Fransa için Colbertism olarak adlandırdığımerkantilizm daha çok uluslaşmayı ifade ediyordu. İngiltere de kendini devlet müdahalesinden uzaklaşma olarak gösterirken Almanlar için merkantilizm (Kameralizm) ise bir kaç istisna hariç dış ticaret, ticaret ve ödemeler dengesini yadsıyarak yurtiçi tarım ve sanayiye ağırlık veriyordu.

1.3.3. Fizyokrasi

Fizyokrasi (Physiocracy) kelimesi, bir görüşe göre Fransızca "Phyiocrate" kelimesinden türemiş ve gerçek, doğa, düzen anlamına gelmektedir. Diğer bir görüşegöre ise Yunanca "fusis" ve "kratein" kelimelerinden türemiş ve"tabi olanın gücü"anlamına gelmektedir. Merkantilizimin, Fransa'da başarısız olması ve sonuçta oluşan huzur ortam Fizyokrasi' nin Fransa'da ortaya çıkarmasına zemin hazırlamıştı. Fizyokrasi 'nin en önemli temsilcisi ve kurucusu da Fransız birtıp doktoru olanFrancois Quesnay'dır.

Fizyokrasi iki temel prensip üzerine kurulmuştu. İlki doğal düzendir, Onlara göre, tanrının koyduğu kurallar nasıl ki doğanın düzen içerisindeçalışmasınısağlıyor ve bir müdahaleye gereksinim duyulmuyorsa sosyal veiktisadi hayat içinde bu geçerlidir. Ohalde herhangi birmüdahaleye gerek yoktur. Üstelik yapılacak her müdahale doğal düzeni aksatacaktır. İktisadi hayatta varolan doğal düzenin temelini, kişisel çıkarilkesi oluşturmaktadır. Özgür bırakılan bireyler en az maliyetle en fazla tatmini sağlamak içinçabalayacak ve bu toplum çıkarlarına pozitif etki yapacaktır. Özel mülkiyet de doğal düzenin bir sonucudur. Aynı şekilde bireylerin mülk edinmek için gösterdikleri çaba onları daha etkin bir üretim seviyesine çekecek dolayısıyla toplumun üretim seviyesi artacaktır. Özel mülkiyet hakkı başkalarına zarar vermediği sürece meşrudur. Bu fikir ünlü "bırakınız yapsınlar bırakın geçsinler dünya kendi kendine yürür" söyleminin de çıkış noktasıdır.

İkinci temel prensip ise artı değer üreten sektörün tarım olduğudur. Fizyokrasi de, üretim sadece artıbir değer üretildiğinde mümkün olmaktadır. Sanayi, üretim sürecine giren hammadde kadar ürün çıkartır dolaysıyla artı bir değer üretemez bu sebeple sınai faaliyet bir üretim faaliyeti değildir. Aynı şekildeticarette ikimalın mübadelesidir ve üretim değildir. O halde tarım dışındaki tümsektörler kısırdır. Quesnay bunu ekonomik tablo adını verdiği bir şemada izah etmiştir.Toplumda üç ana sınıf vardır. Birincisi toprak sahipleri olan kilise mensupları, krallar ve feodal soylulardır. Bu sınıf dağıtıcı sınıftır. İkinci sınıf ise araziyi kiralayarak üretim yapan çiftçi, madenci, balıkçı ve ormancıdır. Bu sınıf üretken sınıftır. Üçüncü sınıf ise tüccar ve zanaatkârlardan oluşan kısır sınıftır. Ziraatçılar tüccar ve sanayicilerden mal almakta ve yöneticive toprak sahiplerine vergi ve kira vermektedir. Diğer sınıflarda tarım sektöründen yiyecek almaktadır. Diğer sektörlere giden para tekrar tarım sektörüne geri dönmektedir. Böylece tarım sektörü toplumdaki gelir dağılımının ana sağlayıcısı konumunda olmakta, üstelik üretiminin tamamını tüketmeyerek her zaman bir fazlalık meydana getirmektedir.[15]

Tek vergi uygulamasına gidilmeli sadece tarım sektöründen vergi alınmalıdır. Çünkü diğer sektörlerden alınacak vergiler fiyatlara yansıyacaktır. Aynı zamanda sadece bir sektörden vergi almak daha basit ve az maliyetlidir. Devlet müdahalesi doğal düzenin aksamasına neden olacağı için devletin görevi sadece iç ve dış güvenliğin sağlanması ve alt yapı hizmetlerinin yapılması olmalıydı. Devlet faaliyetleri bu kadar az olduğu için devlet gelirleri de düşük düzeyde olmalıydı. Bu yüzden vergi ekonomiyi etkileyemeyecek tek bir unsur üzerinden alınmalıydı.

1.3.4. Klasik İktisat

Genel kabule göre Klasik iktisat, Adam Smith'in 1776 yılında yayınladığı Ulusların Zenginliği adlı eser ile başlar. Klasik iktisat, Fizyokrasi'nin devamı olarak görülse de bazı noktalarda fizyokratlardan ayrılır. Örneğin zenginlik, fizyokratlara göre topraktır fakat klasiklere göre emektir yani bir yıl içindeüretilebilecek mal ve hizmet miktarıydı.

Ancak fizyokratlar gibi doğal düzeni savunmuşlardır. Smith doğal düzene yayınladığı iki kitabında yeni bir kimlik vermiş ve onu görünmez el olarak isimlendirmişti. Bireycilik savunulmuş bireylerin

[15] Hayrettin Tüleykan, "Tarihsel Süreçte Ekonomide Devletin Yeri, Gelişimi ve Yeniden Yapılandırılması", **Bütçe Dünyası Dergisi**, 2010, Cilt 1, Sayı: 33, ss. 86-114.

kendi fayda maksimizasyonu peşinde koşmalarının topumun refahını da yukarıya taşıyacağı savunulmuştur. Klasiklerden önce Hollandalı Bernard Mandeville Arıların Masalı adlı eserinde "Sürüp gitmeli yalan dolan, lüks ve gurur ki sonunda yine bize faydası dokunur"[16]derken adeta bu düşünceye ilham kaynağı olmuştur. Aslında Smith, etikten vazgeçmemiş etiğin yine bu güdü ile sağlanacağına inanmıştır. Ona göre, kişilerin toplumun sempatisini kazanma ve onayını alma istedi, özel çıkarların toplum çıkarlarına aykırı olmuştur ve bireylerin başkalarının haklarına saldırmasını engelleyecekti.

Smith'e göre devlet olabildiğince küçük olmalıdır. Kamu harcamalarının ve gelirinin eşit olduğu denk ve küçük bir bütçeye sahip olmalı, iç güvenlik, adalet ve dışarıda bırakılamayan ve karlı olmayan hizmetleri yerine getirmelidir. Bu hem doğal düzenin bozulmaması için hem de artan kamu harcamaları neticesinde bireylere gereksiz vergi yüklenmemesi için gereklidir. Doğal düzen düşüncesi Smith'in, gelecek beklentisini de şekillendirmiştir. Ona göre, makineleşme ve işbölümü reel maliyetleri düşürecek dolaysıyla artan getiri yasası geçerli olacaktır.

Say ise her talebin kendi arzını doğuracağına, tasarrufların üretimi azaltmayarak mutlaka değişik şekillerde de olsa tüketileceğine inanmıştır. Ona göre doğal düzen o kadar iyi işlemektedir ki ekonomik gelişme bir gün tüm malları serbest mal seviyesine getirecektir. Klasik iktisadın bir diğer ismi Mill, doğal düzenin gelecekte toplumu, refah içinde yasayacağı bir dengeye ulaştıracağını savunmuştur. Aynı zamanda da, sınıf tarımsal üretim

[16] Arılar Masalı, **The Fable of the Bees**, Çev. N. Ekrem Düzen, http://www.scribd.com/ doc/48926768/Arilar-Meseli-The-Fable-of-the-Bees, (19.07.2014).

nedeniyle rantlar ve ücretler, karlar üzerinde baskı yapacak, kârları tasarruf ve kapital birikimi yapamayacak bir düzeye düşürecektir.[17]

Doğal dengeye vurgu yapan bir diğer isim Ricardo, mukayeseli üstünlük kavramını ortaya atmıştır. Ona göre, ülkeler arası uzmanlaşma ve ticaretin gelişme, dış ticareti bütün tarafların fayda elde edeceği bir seviyeye getirecektir. Ayrıca Ricardo, artan toprak rantının milli gelirin büyük bir bölümünü alarak (rant teorisi) kârları azaltacağını da savunarak kötümser bir tablo çizmiştir. Bir diğer kötümser ismi Malthus'tur. Malthus 1789 da yayınladığı ve 1803'de tekrar gözden geçirip yayınladığı "Nüfus Artışı Hakkında Araştırma" isimli eserinde nüfusun geometrik dizi (2, 4, 8, 16, 32, 64, ...) , gıda maddelerinin ise aritmetik dizi (1, 2, 3, 4, 5, 6, ...) şeklinde arttığını dolayısıyla yaklaşık elli yıl sonra insanlığın açlık ve sefalet içine düşeceğini savunmuştur.

Geleceğe aitbeklentileri neolursa olsun klasik iktisat çizgisinde yer alan iktisatçılar devletin ekonomiye müdahale etmemesi, devletin en aza indirilmesi konusunda hem fikir olmuşlardır. Onlara göre ekonomi daima tam istihdam düzeyinde olacaktır. Talep şokları kısa dönemde işsizliğe sebep olsa da bu geçici bir işsizliktir. Fiyat ve ücret esnekliği sayesinde kısa sürede fiyatlar ve saymaca ücretler düşerek ekonominin tekrar tam istihdam denge noktasına gelmesini saklayacaktır. Dolayısıyla her hangi bir müdahaleye gerek yoktur. Sadece eğer dengeye geliş beklenmek istenmezse, para arzı daraltılmalıdır. Klasikler, para politikalarının kısıtlı kullanılmasını kabul ederken maliye politikasının etkinsiz olduğunu savunmuşlardır. Maliye politikalarına yani çözümün devletin vergi harcama veya bütçe politikaları ile bulunabileceğine şiddetle karsı çıkmışlardır.

[17] Küçükkalay, s.206.

Yapılacak bu tür müdahalelerde etkinsizdir. Örneğin ekonomide genişleme sağlamak için kamu harcamaları artırıldığında özellikle faizlerin yükselmesi nedeniyle[18], aynı oranda özel harcamalarda azalış olacaktır.

1.3.5. Neo-Klasik Teori

Neo-klasik iktisadın ve Cambridge okulunun kurucusu Alfred Marshall'dır. 19. yüzyılın ortalarına gelindiğinde klasik teorinin bazı ilkelerinin uygulamada doğrulanamamıştır. Mesela Maltus'un nüfus teorisine göre 1850'lere gelindiğinde kıtlık ve sefalet yaşanacaktı oysa 1850 ve 1860'larda hızlı nüfus artısıyla beraber tarımda iyileşme de görülmüş bu öngörü doğrulanamamıştır. Klasik iktisattın temel taşlarından "doğal düzen" ilkesi, bu yıllarda hız kazanan sanayileşme ve kentleşmenin doğurduğu sosyal sorunlarla sarsılmıştır. Çünkü ortaya çıkan problemler, doğal düzen ile çözülememiş devlet müdahalelerine ihtiyaç duyulmuştu. Uzun çalışma saatleri, sağlığa zararlı çalışma koşulları, çocuk ve kadın isçilerin uzun saatler boyunca çalıştırılması, toplumsal sağlık problemlerinin ön plana çıkması bu süreçte gelişen sorunlardır.

Neo-klasikler göre piyasa ekonomisi başarısızdı ve ekonomiyi tek başına denge durumuna getiremezdi. Bu yüzden devletin müdahalesi gereklidir. Neo-Klasikler'e göre piyasa ekonomisini başarısızlığa uğratan başlıca faktörler; tam rekabetin gerçekleştirilememesi dışsal ekonomiler, içsel ekonomiler, kamusal malların üretilme zorunluluğu ve marjinal maliyetin sıfır olduğu

---

[18] Kemal Yıldırım ve Doğan Karaman, Eğitim Sağlık Ve Bilimsel Arşt. Vakfı Yayınları, 1. Baskı, Eskişehir-2000, s. 158.

üretim faaliyetlerinin varlığıdır.[19] Dışsallığın yaşandığı alanlarda devletmüdahalesi gereklidir. Örneğin, Pozitif dışsallığın bulunduğu alanlarda üretim devletçe desteklenmeli, negatif dışsallıkta yazararı azaltıcı veya ortadan kaldırıcı vergisel tedbirler alınmalı ve ya devlet bizzat bu alanda üretim yapılmalıdır. Devletin bizzat üretim yapması gereken bir diğer alan ise pozitif içsel ekonomilerin yaşandığı alanlardır. Ayrıca yarı kamusal, demerit/merit, doğaltekeller durumundaki mal ve hizmetler kısmen devletçe üretilmelidir.

Yale Üniversitesinden Irwing Fisher, Neo- klasik iktisadi görüşe,klasik miktar teorisini ilk defa formüle ederek ciddi bir katkı yapmıştır. Fisher'in bu denklimi Cambridge Okulu tarafından geliştirilmiş bireylerin elde tutmak istedikleri para miktarı ve fiilen elde tuttukları para miktarının birbirinden farklı olabileceği öne sürülerek parasal dengesizlik kavramının fikri temelleri atılmıştır. Neo-klasikler son birim yararı, zaman boyutu gibi unsurları ekonomik analize kazandırdıkları gibi yeni bir devlet anlayışının yani sosyal devletinde temellerini atmışlardır.

1.3.6. Keynezyen İktisat

Klasik iktisatçıların savunmuş olduğu piyasa ekonomisinin; ekonomik,sosyal ve siyasi şartların gereği başarısızlığa uğraması, yeni teorik çalışmaların ortaya çıkmasına neden olmuştur. Bu konuda iktisatçılar, klasik iktisat teorisi yerine yeni bir teorinin arayışı içine girmişler ve bunun sonucunda J.M.Keynes adlı İngiliz iktisatçı "Modern İktisat Teorisi"ni ortaya atmıştır. Bu teoriyi Keynes, ilk defa 1936 yılında "İstihdam, Faiz ve Para Genel Teorisi" adlı kitabında

[19] Coşkun Can Aktan, **Neo-Klasik İktisat**, http://www.canaktan.org/ekonomi/iktisat-okullari/okullar/neo-klasik-iktisat.htm, (20.07.2014)

açıklamış ve iktisat alanında yeni bir dönemin açılışına damgasını vurmuştur.[20]

Kar maksimizasyonu çabaların ekonomiyi dengeye getireceği fikri bir yanılgıdır. Çünkü Homo Economicus büyük buhranı hızlandırmıştır. Kredi ve borsa piyasanın oyuncuları kar maksimizasyonu güdüsüyle kredi ve borsa spekülasyonlar yapmış, bu da ekonominin Büyük Buhran'a sürüklemesine hız kazandırmıştır. Keynes'e göre ekonomi her zaman tam istihdam denge düzeyine ulaşamazdı. Ona göre, eksik istihdam sadece kısa dönemde görülen geçici bir olgu değildir. Uzun dönemde de ekonomi eksik istihdam denge noktasında kalabilirdi. Üstelik ekonomi bunu düzeltecek mekanizmaya sahip değildir. Klasikler, işgücü arzı ve işgücü talebinin reel ücret ile belirleneceğini, fiyatlardaki dalgalanma olsa bile işgücü piyasasının tekrar dengeye geleceğini ileri sürmüşlerdi. Ancak Keynes' e göre asgari ücret uygulamaları, sendikalar dirençler yüzünden fiyat ve ücretler tam esnek değildi. Ayrıca ekonomi her zaman tam rekabetçi şartlara sahip değildi, çoğu zaman oligopolisti.

Keynes'in klasik faiz kuralına da karşı çıkmaktadır. Klasiklere göre, bireyler gelirlerinin bir kısmını tüketecek bir kısmını ise tasarruf edecekler, faiz oranına göre ise tasarruf miktarlarını belirleyeceklerdir. Aynı şekilde firmalarda yatırım kararlarını faiz oranına göre belirleyeceklerdi. Oysa Keynes'e göre faiz oranı hem tasarrufçuyu hem de yatırımcıyı yönlendiren bir değişken değildir.Tasarrufta bulunmanın nedeni çoğu kez faiz geliri elde etmek değildir. İnsanlar miras bırakmak, bazı büyük harcama

[20] Hakan Ay, Vergi Politikaları ve Baskı Grupları, Maliye ve Hukuk Yayınları, İkinci Baskı, İzmir:2008, s.94

gerektiren malları (konut, otomobil ve beyaz eşya gibi) satın almak, emeklilikte ya da çocukların eğitiminde kullanmak gibi çok çeşitli nedenlerle tasarruf yapabilmektedirler. Tasarrufları belirleyen ana etken faiz oranı olmayıp gelir düzeyidir. Faiz oranı isedaha çok tasarrufların nasıl kullanılacağı konusunda yolgösterici olma işlevine sahiptir. Öte yandan yatırım harcamaları faiz oranından önemli ölçüde etkilenmekle birlikte, yatırımları etkileyen kâr beklentisi gibi daha başka değişkenlerde vardır. Sonuç olarak ex-ante olarak yatırımların tasarruflara eşit olmasını sağlayacak bir mekanizma da yoktur ve ekonomideki dalgalanmaların kaynağında çoğu kez bu olgu yatmaktadır."[21]

Ekonomi denge düzeyine kendiliğinden ulaşamayacağı ve bu düzeyde kalamayacağı için klasik miktar teorisi yani say kanunuda hatalıdır. Her arz kendi talebini yaratmıyordu ayrıca ekonomide temel belirleyici faktör arz değil talepti. Talep eksikliği veya şoklarında oluşan dengesizlik ise ancak devletin telafiedici maliye politikaları çözülebilir. Bu yüzden en iyi devlet, Fonksiyonel Devlet'tir. Kaynak kullanımında ve kaynak dağılımında etkinlik, adil gelir ve servet dağılımı, iktisadi istikrar, iktisadi büyüme ve kalkınma, ödemeler dengesinin sağlanması gibi hedefler devletin görevi ve fonksiyonudur. Bunları sağlamak üzere ekonomiye aktif olarak müdahale etmesi[22] gerekmektedir. Bu düşünce, denk bütçe yerine "telafi edici bütçe" teorisini, kamu harcamaları finansmanında vergileme ile birlikte sürüm ve borçlanmanın da kullanılmasını ekonomik hayata katmıştır. Ancak 1960'lara gelindiğinde büyük bütçe açıkları, hızla artan devlet borçları, yükselen faiz hadleri, milli

---

[21] Yıldırım, Karaman, ss. 161-162.
[22] Aktan, 2001, s.39.

paranın değer kaybı, artan enflasyon, kronik dış ticaret açıkları"[23] ekonomilere hâkim olmuştu.

1.3.7. Monetarist İktisat

Monetarist iktisadın ve Chicago iktisat Okulunun kurucusu Milton Friedman'dır. Klasik görüşü tekrar canlandırmışlardır. Ancak devlet onlar için bir zorunlu fena değil, toplum yararına kullanılacak bir araçtır. Tıpkı iyi bir oyunda, oyuncuların hem oyunun kurallarını hem de hakemin oyunu yorumlamasını ve yürütmesini kabul etmelerinin gerekmesi gibi iyi bir toplumda da vatandaşlarının, aralarındaki ilişkileri yönetecek olan genel koşullar üzerinde, bu koşulların farklı yorumları konusunda hakemlik yapacak araçlar üzerinde ve genel kabul görmüş kurallar arasındaki uyumu sağlayacak bir aygıt üzerinde anlaşmaya varmaları gerekir. Ama kuralların yorumlanması ve yürütülmesi için yalnızca geleneklere yada bu uzlaşmaya dayanamayız bir hakeme de ihtiyacımız vardır. İşte bütün bunlar özgür bir toplumda devletin temel rolleridir. Kuralları değiştirebileceğimiz araçlar sağlamak, kuralların anlamı konusunda aramızdaki farklıklar uyumlu hale getirmek ve başka türlü oyunu oynamayacak olan birkaç kişiyi kurallara uymaya zorlamak.[24]

Friedman devletin hakemlik görevi dışında dagörevleri olduğunu savunur. Bunlardan ilki piyasa aracılığıylada yapılabilecek ama teknik ya da benzer koşullardan kaynaklanan güçlükler nedeniyle devlet aracılıyla yapılmasını tercih ettiğimiz işler[25]dir. Teknik tekel olarak adlandırılan bu işlerin devletçe yapılması

---

[23] Muammer Tekelioglu, **İktisadi Düşünceler Tarihi**, Çukurova Üniversitesi Basımevi, Adana, 1993, s. 212.

[24] Milton Friedman, Kapitalizm ve Özgürlük, Plato Film Yayınları, çev. Doğan Erberk ve Nilgün Himmetoğlu, İstanbul, 2008, s.34.

[25]Friedman, s. 31.

kötünün iyisidir. Ancak burada dikkat edilmesi gereken husus bu isleri başkalarının yapmasının da kanunen yasaklanmaması gereği ve rekabetin engellenmemesidir. Devlet bireylerin faaliyetlerinin diğerlerini etkilediği, ama bunun bedelini talep ya da tazmin etmenin mümkün olmadığı[26] durumlarda da görev alabilir. Friedman, bunu "komşuluk etkileri sorunu" olarak adlandırır. Bunun yanında devletin Paternalist [27] davranması gereken nedenler olabilir. Örneğin akil hastasıveya çocuk gibi sorumluluğu olmayan ve korunması gereken kişilerin korunmasıgibi görevleri üstlenebilir. Ancak devletin her müdahalesi, bireyin özürlük alanının doğrudan sınırlar ve özgürlüğün korunmasını dolaylı yoldan tehdit eder.[28] Bu yüzden devletin teknik tekel, komşuluk hakkı tekeli, Paternalist zemin gibi nedenlerle yaptığı müdahalelerin sınırları dikkatli biçimde belirlenmelidir.

Monetaristler ekonomideki enflasyon ve stagflasyon gibi sorunlardan Keynesyen müdahaleci devleti sorumlu tutmuşlardır. Keynesyen politikalarla para arzını gereksiz ve aşırı derecede arttırır. Parasal genişleme olaraktanımladıkları bu durum, fiyatlar genel seviyesini arttıracaktır. Milli geliri aşan para arzı enflasyonun sebebidir. Mesela toplam para arzı %12 ve toplam milli gelir %4 ise o yılki enflasyon %8 olacaktı."[29] Keynesyen politikalar enflasyona sebep oldukları gibi bu enflasyon içerisinde işsizliğinde görülmesine neden olacaktır. Yani stagflasyonunda sorumlusu Keynesyen müdahaleci devlettir.

---

[26] Friedman, s.41.

[27] Bir otoritenin, devleti, aileyi veya işletmeyi, bir babanın çocukları üzerinde otorite kurması ve tüm ihtiyaçlarını düşünürek gidermesi tarzında yönetmesidir.

[28] Friedman, ss. 43-44.

[29] Vural F. Savaş, Politik iktisat, İkinci Baskı, Beta Basım Yayınları, İstanbul, 1994, s.223.

Friedman'a göre para miktarındaki ılımlı büyüme enflasyon ve deflasyondan korunmuş olacaktır. Para otoritelerinin para miktarında belli bir büyüme hızı sağlamalarını öngören bir yasama kuralı konmalıdır. Friedman'ın, ticari bankaların tüm mevduatlarını toplam olarak tanımladığı para miktarının, aydan aya, hatta mümkünse günden güne, yıllık 3 ila 5 arasında bir oranda yükselmesini sağlamak gerekir.[30]

1.3.8. Arz Yönlü Iktisat

Monetarist iktisadin bir kolu olan arz yönlü iktisat, keynesyenlerin talep bakış açısına karşılık arz yönlü bir bakış açısı getirmişler, üretim düşüşü veya verimsizlik gibi toplam arzının azalmasına neden olan sorunlar ve toplam arz yetersizliğine bağlı gelişen fiyat yükselmeleri ve işsizlik konularını gündeme getirmişlerdi. Tıpkı monetaristler gibi keynesyen politikaları reddetmişlerdir. Talep genişletici ve açık bütçe politikaları yerine para arzı üzerine yoğunlaşmayı ve para arzının yavaşlatılması veya kontrol altına alınmasını savunmuşlardır. Onlara göre, 1973 OPEC krizinin ve yaşanan stagflasyonların nedeni de talep yönlü politikalar çözüm ise arz yönlü politikalardır.

Arz yönlü iktisadın temel politikası vergi politikalardır. Onlara göre vergi oranları ve gelirleri arasında ters orantı vardır.Vergi oranlarının arttırılması vergi gelirlerinin artacağıanlamına gelmemekte tam aksine vergi gelirlerini arttırmakiçin vergi oranlarını düşürmek gerekir. Aslında iktisat tarihi boyunca pek çokdüşünür bu konuya temas etmiştir. Konuyla ilgili ilk karşımıza çıkan isim Ibn-i Haldun'dur.

---

30 Friedman, ss. 72-73.

Mukaddime adlı eserinde Ibn-i Haldun söyle der: "Halktan alınan vergi ve irat az olunca, çalışmaya heveslenip iş görmeye istek duyarlar. Ödenen vergilerin az olmasından hâsıl olunan memnuniyet sebebiyle ümran (medeniyet) çoğalır ve artar. Ümran ve inkişaf çoğalınca, söz konusu vergi ve iradın miktarı ve çeşidi de çoğalmış ve netice itibariyle bunların toplam hasılası da artmış olur. Devletin gelişmesi ve güçlenmesiyle nimetler ve refahın artması sebebiyle ihtiyaçlar çoğalır. Bu durum karşısında ... Vergi mükelleflerine tarhedilen vergi ve resim oranlarını arttırırlar... Zamanla halkın vergi borcu ağırlaşır, ama bunu hazmederler, verilmesini gerekli mutat bir borç sayarlar. Zira bu taslaklar tedrici surette azar azar tarh edildiğinden, bunları kimin arttırdığını ve kimin koyduğunukesin birşekilde hiç kimse fark etmemektedir. Halk bunu sadece mutat bir borç bilmektedir. Daha sonra vergideki artış, itidal (ılımlı, aşırı olmayan) haddini asar, bu yüzden halkın ümrana olan gönüllü katkısı ortadan kalkar. Zira sağladıkları faydanın az olması sebebiyle arzusu artık gönüllerden gitmiştir .... Bu takdirde, vergi mükelleflerinin azalması sebebiyle vergilerde de toptan azalmalar ve düşmelergörülür. Vergilerdeki budüşüşü görenler, bazen vergi oranlarını artırır ve eksik kısmıbu yoldan telafi edeceklerini sanırlar. Gitgide bütün vergi ve tarifeler böyle bir noktaya varır ki, artıkonun arkasında ne bir fayda, ne menfaat kalır ... "[31]

Klasik düşünürlerinin de konu hakkında benzer düşünceleri olmuştur. Adam Smith, Milletlerin Zenginliği adlıeserinde söyle der: " yüksek vergiler kaçakçılığı özendirmek yoluyla genellikle daha

[31] İbn-İ Haldun, ss.539-540.

ılımlı vergilerle elde edilebilecek olana göre daha az gelir getirir."[32] David Ricardo, "Siyasal İktisadın ve Vergilendirmenin İlkeleri" adlı eserinde şöyle demektedir: "Her yeni vergi, üretime yeni bir yük haline gelir ve doğal fiyatı yükseltir. Ülke emeğinin, eskiden vergiyi ödeyen kişinin tasarrufunda olan parçası, şimdi devletin tasarrufuna geçmiştir ve bu yüzden de üretken biçimde kullanılamaz. Söz konusu o parça odenli büyüyebilir ki, olağan durumda tasarruflarıyla ülkenin sermayesini çoğaltan kimselere, bu uğraşlarını sürdürmeye yeten bir mahsul fazlası kalmaz. Çok şükür, henüz hiç bir devlette vergilendirme, ülke sermayesini yıldan yıla azaltacak kadar büyümemiştir." [33]

Konuyla ilgili ekonometrik ilk çalışma Colin Clark'tan gelmiştir. Profesör Colin Clark 1945 yılında İngiltere'de bir akademik dergide yayınlanan yazısında vergi yükünün "net milli gelirin % 25'i " kadar olmasını önermiştir. Clark bu görüşlerini John Maynard Keynes'e de mektupla bildirmiş ve Keynes cevaben yazdığı mektupta Clark'ın önerdiği %25 oranına katıldığını ifade etmiştir.[34] Clark'ın teorisi 1975'te Laffer'in çalışmalarında etkili olmuştur.

Laffer, vergi oranı belli seviyeye kadar yavaş şekilde arttırıldığında vergi hasılatının artacağını ama belli bir noktadan sonra arttırılan vergi oranının, vergi hasılatının düşüreceğini savunurmuştur. Ayrıca buseviyenin altında gelir etkisi gerçekler böylelikle çalışma isteğini artıracaktır. Dolayısıyla vergi indirimi vergi geliri yanında istihdamı da arttıracaktır. Laffer' in vergi indirimlerine

[32] Adam Smith, **Milletlerin Zenginligi,** çev. Haldun Derin, Türkiye İş Bankası KültürYayınları, İstanbul, 2009, s. 1001.
[33] David Ricardo, **Siyasal iktisadın ve Vergilendirmenin ilkeleri**, Çev. Barış Zeren, Türkiye İş Bankası Kültür Yayınları, 2008, İstanbul, s. 157.
[34] Coşkun Can Aktan, "Dilek Dileyici ve Özgür Saraç, Anayasal Perspektiften Vergi Reformu ve 'Vergi Anayasası' Öneresi", **Kamu Tercihi ve Anayasal İktisat Dergisi,** Cilt 1, Sayı: 3, 2001, s.6.

bakışı da Keynes'ten farklıdır. Ona göre vergi indirimi talepten ziyade arz üzerinde etkilidir. Arz Yönlü iktisadin savunucuları, vergilerin ekonomide karar alıcılarının tercihlerini etkilemeyecek seviyede olması gerektiğini savunmuşlardır. Vergi oranlan birlikte kamu harcamalarının da indirilmesini böylelikle denk bütçenin bozulmamasını istemişlerdir. Zaten devlet jandarma devletin vazifelerini yapmalıyani minimumda olmalıdır. Böylelikle zaten devletin yüksek vergi hasılatı eldeetmesine degerek kalmayacaktır.

1.3.9. Kurumsal İktisat

Kurumsal İktisat, kuruculuğunu Thorstein B. Veblen'in yaptığı, Wesley Mitchell ve John R. Common gibi temsilcileri bulunan, birinci dünya savaşından sonra ortaya çıkan, Neo-Klasik ve Marksist görüşe alternatif görüşler geliştirmiş ana inceleme konusu "kurumlar" olan iktisadi bir görüştür. Literatüre farklı bakış açıları getirmişlerdir. Öncelikle iktisat bilimine bütüncül bir açıdan bakmışlar iktisadın multidisipliner bir bilim dalı olması gerektiğine inanmışlardır. Onlara göre, iktisat statik değil dinamiktir. Denge kavramını reddedip devresel nedensellik ve birikmiş değişim ilkesi kavramlarını getirmişlerdir. İktisadi olayların analizinde de zamanı, geleceği de kapsayacak şekilde geniş açıdan değerlendirmişlerdi.

Teori, eski ve yeni kurumsal iktisatçılar olarak iki gruba ayrılmıştır. Bu grupların ayrılma noktası kurumların insan davranışlarını etkilemesi ve insan davranışlarından kurumların etkilemesidir. Eski kurumsal iktisatçılar bireyleri kurumların çerçevesinde davranan varlıklar olarak ele alırken, yeni kurumsal iktisatçılar bunun tam tersine iktisadi, hukuki ve tarihsel kurumlan bireylerin davranışları ile açıklamışlardır.[35]

Yeni kurumsal iktisadın temsilcileri Walter Eucken ve Franz Bohm' dir. Onlara göre insan refahı ve faydası için devlet ekonomiye müdahale etmeliydi. Ancak müdahale Keynes'in önerdiği gibideğildi. Onlara göre devlet, kapitalizmin ileri safhalarında oluşabilecek monopolleşmeyi engelleyici tedbirler almalı gelir dağılımını düzenleyecek sosyal amaçlı kamu harcamaları yapmalıdır. İstikrarın tek yolu,devletin ekonomiyi daima gözetimi, denetimi ve müdahalesidir. Çünkü gelir ve servetin daha adil dağılmasında piyasa kuralları yeterli olsa da kaynakların etkin dağılımında ve gelirin bölüşümünde yetersiz olacaktır.

Günümüzde kurumsal iktisat çok geniş bir alanı kapsayan ortak bir disiplin haline gelmiştir. Yeni kurumsal iktisat kapsamında yer alan başlıca iktisadi düşünce okullar şöyle sıralanabilir: Kamu Tercihi ve Anayasal iktisat, Freiburg okulu ve Ordoliberalizm, Avusturya okulu, Mülkiyet hakları ve işlem Maliyetleridir.[36]

1.3.10. Avusturya Okulu

Avusturya iktisat Okulu, Carl Menger' in 1871 yılında yayınlanan "Ekonomi Biliminin Temelleri" isimli kitabıyla doğmuştur.[37] Menger'in takipçisi ve savunucusu iki iktisatçı Eugen Von Böhm- Bawerk, Friedrich Von Wieser ve Ludwing Von Mises de bu okulun kurucuları arasındadır.

---

[35] Coşku Can Aktan ve Tarık Vural, **Eski Kurumsal İktisat ve Yeni Kurumsal İktisat Arasındaki Farklılıklar ve Benzerlikler**, http://www.canaktan.org/ekonomi/kurumsal-iktisat/farkliliklar.htm, (20.07.2014).
[36] Coşku Can Aktan, ve Tarık Vural, **Yeni Kurumsal İktisat,** http://www.canaktan.org/e konomi/kurumsal-iktisat/yeni_kurumsal.htm, (20.07.2014).
[37]Coşkun Can Aktan, **Yeni İktisat Okulları,** Seçkin Yayınları, Ankara, 2004, s. 190.

Carl Menger, 1870'lerde ortaya çıkan Marjinal fayda devriminin de mimarlarındandır. Esasen burada birçoklu devrim söz konusudur. Çünkü birbirinden habersiz olarak üç iktisatçı Menger, Jevons veWalras son birim yararı fikrini ortaya koymuştur. Tüketicinin faydası son birim yararı, üreticinin maliyeti marjinal maliyettir ve fiyat mekanizması ile dengeye gelip değer kazanmaktaydı. Menger'in son birim yararı fikri sübjektif değer teorisini oluşturmuştur. Sübjektif değer teorisine göre, üretici ve tüketicinin faydaları sübjektiftir bu sebeple ücretler, maliyetler, faizler bireylerin sübjektif bakış açısına göre değerlendirilir bu yüzden ne bunların toplamıyla anlamlı bir sonuç çıkar ne de uzun dönem maliyetlerini belirlemek mümkündür. Menger'in literatüre kazandırdığı diğer bir görüş ise kar ve faiz teorisidir. Üretilen malın bir değerinin olması onun üretiminin nedenidir. Sermaye fırsat maliyeti sebebiyle faiz doğurmaktadır.

İkinci dönemde Ludwing Von Mises ve Joseph Schumpeter sayılabilir. Üçüncü dönemde Friedrich Von Hayek, Fritz Machlup ve Gottfried Haberler yer almaktadır. Ancak Avusturya okulunun tekrar canlanmasını sağlayan iki isim öneçıkmaktadır. Bunlar Mises ve Hayek' tir.Avusturya okulunun üç temel ilkesinden (sübjektivizm, metodolojik bireycilik ve doğal (spontan) düzen) en önemlilerinden biri olan doğan düzeni Hayek literatüre kazandırmıştır. Hayek iki tür düzenden bahseder ilki Taxis denen insanlar tarafından yapılan düzendir ki buna en iyi örnek devlettir. İnsan bilgiyetam olarak asla sahip olamadığı için dizayn ettiği düzende eksik bilgiyle dizayn edilmiş yani kusurlu olacaktır. Diğeri ise Cosmos insan ürünü olmayan düzendir buna da örnek olarak piyasa verilmektedir. Bu insan eylemlerinin sonucudur ancak insan tasarımının sonucu değildir.

Hayek kurallara da aynı çerçeveden bakmış insan tasarımı olanlara formel (kanun) insan tasarımı olmayanlara informel (örf, adet) kurallar demiştir. Formel kuralların amacı bireysel özgürlüktür. Bunu sağlayabilmesi içinde öncelikle hiç kimseye ve zümreye ayrıcalık vermemelidir. İkinci olarak öngörülebilir ve tarafsız olmalıdır. Böylelikle bireyler kanunlar çerçevesinde davranışları önceden belirleyerek yaşayabilir. Bu öngörülebilirlik idarenin gücünün kısıtlanması açısından da önemlidir. Böylelikle idarede kanunların belirli çerçevede faaliyetlerini sürdürür. Literatüre kanun hâkimiyeti olarak geçen bu kanunların tarafsız ve öngörülebilir olması ilkesi ile devletin yetkilerini ve gücünü kötüye kullanmasının önüne geçmesini sağlayacaktır. Hayek'e göre devlet güçsüz bireyleri güçlü bireylere karşı koruyan bir kurumdur. Devlet, sadece bazı bireylerin veyagrupların değil tüm toplumun ihtiyaçlarını karşılamalıdır.Vergi gelirlerin yeniden dağılımında kullanılmalıdır.

Devletin bir diğer vazifesi piyasanın etkin işlemesini sağlamaktır. Piyasada şiddet ve hilenin önlenmesi, mülkiyetin korunması, sözleşmelerin yerine getirilmesinin sağlanması, bütün bireylerin üretim ve şans konusunda özgür hareket edebilecekleri bir ortamın oluşturulması[38] da devletin görevlerindendir. Hatta piyasanın etkin islemesi halinde devlet, özel sektör tarafından üretilemeyecek nitelikteki mal ve hizmetleri de üretmelidir. Tüm vazifeleri yerinegetirirken gücünü kötüye kullanmamalı kanuni çerçevede hareket etmelidir. Kanun hâkimiyetinin temel teşkil edeceği bir hukuk devleti için kanunlarda olması gereken dört temel özellik vardır:

---

[38] Atilla Yayla, **Özgürlük Yolu- Hayek 'İn Sosyal Teorisi**, 1.Baskı, Ankara, 1993, Turhan Yayınevi, s.152.

- Kanunlar tamamıyla genel olmalı, hiçbir gruba veya ferde ayrıcalık tanınmamalıdır.
- İnsanlara esit olarak uygulanmalıdır.
- Geçmişe şamil olmamalıdır.
- Kanunlar, resmi veya özel herkesi,her kuruluşu bağlamalıdır."[39]

Hayek'e göre devlet, piyasada oyunun kurallarını koymalı ve kuralların uygulanmasını sağlamalı ama asla oyuna dâhil olmamalıdır. Oyunun dışında kalan yani piyasa oyuncuların karlı görmeyip yapmadığı işleri devlet üstlenmelidir. Ancak bunlar kanun çerçevesinde olmalıdır. Piyasa şartlar sürekli değişeceği için sosyal yardımların konusu da sürekli değişecektir. O halde sosyal yardımlar anlamsız olacaktır ve bu sebeple devlet sosyal yardımlardan kaçınmalıdır. Hayek'e göre, bilgi parçalıdır, her bir bilgi parçasının her bir insana dağıtılmıştır bilgi bir bütün olarak kimse tarafından bilinemez. Bu imkânsızlık ekonomik sorunlara sebep olmaktadır. Çünkü bilgi eksikliği piyasa şartlarına hızla uyumu engellemektedir. Bilginin toplanmasına en uygun yardımcı ise rekabetçi bir piyasadır. Ancak bu piyasanın tam rekabetçi olması gerekmektedir.

Hayek sınırsız bir demokrasiye karşı çıkar. Çünkü bireysel çıkar düşüncesinin hiçbir sınırlamaya tabi tutulmaksızın siyasi alana hâkim olması halinde zararlı sonuçlar doğmaktadır. "Yasama organların üstünlüğü ilkesinin öne çıkması, çeşitli baskı gruplarının kamuyu sahipsiz bir orta malı gibi görerek sömürmelerine imkân vermiştir."[40] Bu nedenle de politik iktidarın ekonomi yetkilerinin

---

[39] Atilla Yayla, **Liberal Bakışlar,** Ankara, 1993, Siyasal Kitabevi, s.189.
[40] Friedrich Von Hayek, **Kölelik Yolu,** çev. Turhan Feyzioğlu, Yıldıray Arsan ve Atilla Yayla, Ankara, 2010, s. 131.

sınırlanmasını, bunu sağlayacak anayasal düzenlemeler yapılmasını önermiştir.[41]

Hayek, Marks'ın fikirlerine karşı çıkmıştır. Özellikle Marksizm'e geçişin baskıcılığı doğuracağını savunmuştur. Hayek hem tüm siyasi erkin birkaç kişinin elinde toplanma endişesi hem de tam enformasyonun sağlanmasının tüm enformasyonun bir araya toplanmasının imkânsızlığı sebebiyle planlı bir ekonomiye ve Markizime karşı çıkmıştır. "Marks'ın sağ kulağı duymaz benimse sol kulağım" diyerek liberal tavrını net biçimde ortaya koymuştur. Fikirlerine karşı çıktığı birdiğer iktisatçı Keynes'ti. Çünkü Keynes işsizliğin önlenmesi için açık bütçeye, borçlanamaya ve kamu kesimi finansman açıklarına sıcak bakmıştır. Hayek uzun vadede bu türlü politikaların daha büyük sorunlara sebep olacağını savunmuştur.

1.3.11. Kamu Tercihi Teorisi Ve Anayasal Politik İktisat

Kurucuları James M. Buchanan ve Gordon Tullock olan Kamu tercihi teorisinin başlangıcı 1950'li yıllara rastlamakla birlikte, felsefi kökenlerinin 18. yüzyıldaki düşünürlerin görüşlerine dayanmaktadır. Kamu tercihi teorisi,siyasal karar alma sürecinde aktörlerin davranışlarını inceler ve sonuçların ekonomik analizini yapar. Yapılan bu ekonomik analiz sırasında kararların, tıpkı piyasa ekonomisini de olduğu gibi rasyonel aktörlerin tercihleri ile alındığı ve bu tercihleri yaparken bireylerin kişisel tercihleri doğrultusunda hareket ettikleri fikrinden hareket ederler.

---

[41] Hayek, s. 129.

Homo Economicus burada da kendini göstermekte bireyler kamu ekonomisine ilişkin kararlarını alırken toplum çıkarı için değil kişisel çıkarları için karar alırlar amaçları fayda maksimizasyonudur. Bu aktör ister fayda maksimizasyonu için hareket eden seçmen olsun, ister oy maksimizasyonu için hareket eden siyasal partiler, isterse de bütçe maksimizasyonu için hareket eden bürokrasi yâda rant maksimizasyonu için hareket eden çıkar ve baskı grupları olsun temel amaç kişisel çıkarlardır. Zaten devlette, bireylerin çıkarlarını birlikte gerçekleştirmek için meydana gelen ve temelinde bireysel tercihlerin olduğu kurumlar bütünüdür.

Bu başarısızlığının nedenlerinden biri olarak rasyonel seçmenlerin bilgisizliğini görürler. Öncelikle seçmenlerin homojen yapıda değildir. Herkesin bilgi ve eğitim düzeyi aynı değildir. Daha sonra seçmenleri bilgilendirecek basın yayın organlarının tarafsızlığı da her zaman için sağlanmaya bilmektedir. Aynı zamanda seçmenlerin kendisine kamu mal ve hizmeti sunacak siyasi partiler hakkında bilgi toplamak ve analiz yapmak maliyetine girmekten çekinmesi debilgi eksikliğine neden olacaktır. Seçmenin bu ilgisizliği, kamu mal ve hizmetini oylamada bulunsa da bulunmasa da elde edeceği fikri literatürdeki ifadeyle bedavacılıkile motive olacaktır. Aynı zamanda rant maksimizasyonu sağlamak isteyen çıkar ve baskı grupları seçmenlere yanlış enformasyon vererek veya iktidar partisi ve bürokrasiye lobicilik faaliyeti uygulayarak tercihlerde sapmalara neden olabilecektir.

Literatürde logrolling olarak geçen oy ticareti de tercihlerin optimumdan sapmasına neden olan etkenlerden biridir. Logrolling şu şekillerde olabilir; seçmenlerle seçim vaatleri üzerinden pazarlık yapmak, seçim sonrası kendi seçim bölgelerine hizmet kayırmacılığı yapmak, seççimden sonra başka bir siyasi partinin milletvekillerini kendi partilerine geçme konusunda ikna etmek. Bunların yanında iktidar partisi tekrar seçilebilmek için uzun vadeli icraatlar girmektençekinebilir. Kısadönemde istidam ve büyüme üzerinde olumlu ancak uzunvadede olumsuz icraatlar yönelebilirler. Ayrıca oy maksimizasyonu için siyasi partiler ortanca seçmene yönelik çalışmalarda da bulunur. Optimal çözümler için oy birliğinin sağlanması gerekir ancak oybirliğinin sağlanması imkânsıza yakın bir ihtimaldir. Bu sebeple oyçokluğu ilkesi uygulanır ki bu optimalden sapmalara sebep olur. Aynı zamanda oylama sırasında seçmene tüm kamusal mal ve hizmetler bütün halinde sunulur. Seçmen tercih ettiği bir hizmet ve mal ile birlikte arzu etmediği bir hizmet ve malı da almaya zorlanmış olur.

Kamu tercihi teorisinin ilgilendiği bir diğer konu da kamu sektörünün büyümesinin neden vesonuçlarıdır. Kamu sektörünün büyümesi ileilgili iki ana yaklaşım ortaya atmışlardır. Bunlardan ilki Homo Economicus ve maksimland yaklaşımıdır. Buna göre fayda maksimizasyonu için çabalayan seçmen daha fazla fayda elde etmek için daha fazla kamu mal ve hizmetini talep edecekböylelikle bir talep genişlemesi meydana gelecektir.Oy maksimizasyonu hedefleyen iktidar bütçeyi arttırma eğiliminde olacaktır. Bütçe maksimizasyonu hedefleyen bürokratlarsa elde ettiği yüksekmaaş, yurtdışı gezileri gibi imkânları devam ettirmek isteyeceklerdir. Ayrıca sübvansiyon ve devlet teşviki ile çıkar sağlayan çıkar ve baskı grupları, kamu harcamalarının transfer kollama ve rant kollama şeklinde arttırılmasını isteyecektir. Dolaysıyla seçmenlerin, iktidarın, bürokratların, çıkar ve baskıgruplarını kamu harcamalarını arttırma isteği kamu kesiminin büyümesine neden olacaktır. İktidar partisinin oy maksimizasyonu için artan kamu harcamalarını vergi dışı gelirlerle finanse etme çabasıda uzun vadede devletin etkinsiz büyümesine neden olacaktır.

Diğer yaklaşımda ise devletin büyümesinin nedeni Keynesyen müdahaleci devlet anlayışıdır. Devletin ekonomik istikrar ve büyüme gibi misyonlar gerçekleştirmek için ekonomide etkin bir rol alması kamu ekonomisinin büyümesinin birincil sebebi olarak görülmüştür. Özellikle konjonktürün depresyon dönemlerinde açık bütçe politikası canlanma evresinde ise tekrar denk bütçeye geçilmesi şeklinde uyguladığı telafi edici bütçe politikaları kronik bütçe açıklarının başlıca sebebidir.

Ayrıca politik konjonktür hareketleri olarak tanımlanan iktidar partisi davranışlarıyla artan kamu harcamalarının vergi dışı gelirlerle yani emisyon ve borçlanma ile kapatılması, seçim sonrasında oluşan bütçe açığı ve enflasyon vergi oranlarını arttırmak ve kamu sektörünün ürettiği mal ve hizmetlerde zam yaparak telafi edilecektir. Bu ise uzun vadede toplam tasarruf ve toplam yatırım üzerinde dolayışsıyla milli gelir üzerinde olumsuz etki yapacaktır. Ayrıca artan vergi oranlan ile meydana gelen vergi sömürüsü ve yüksek enflasyonun bireylerinin elde ettiği kazanç ve iratları daha üst düzey vergi dilimlerine sürüklenmektedir. Keynesyen politikadan tüm busonuçları ekonomik yozlaşmayı ifade etmektedir. Devletin büyümesi iktidar ve bürokrasinin gücünü de arttırmakta böylece rüşvet, adam kayırmacılık, kendi seçmen bölgesine daha fazla hizmet götürmek suretiyle hizmet kayırmacılığı, politik yandaşlarını kayırma lobicilik faaliyetleri ve rant kollama gibi politik yozlaşmalara da sebep olmaktadır.

Kamu tercihi iktisatçıları, yukarıda anlatılan sebepler nedeniyle giderek büyüyen ve etkisizleşen devletten kaynaklanan problemlerin bir çözüm yolu olarak "Anayasal İktisat" geliştirilmişlerdir. Ekolun kurucularından Buchanan'a göre toplum düzenini sağlayan kural ve kurumlar bireylerin ortak kararları yani sözleşme ile oluşturulur. Bu anlamda anayasa da en önemli toplumsal sözleşmedir. Ayrıca Buchanan'a göre ekonomi de bireylerin oynadığı bir oyundur. Bir oyunun kuralsız olması ile her turda kuralların değişmesi arasında fark yoktur. O yüzden ekonomik konular Anayasa da önceden belirlenmiş olmalıdır. Anayasa, siyasi otoritelerin görevlerini ve bu görevlerin sınırlarını istisna veya boşluk yaratmayacak, açık bir şekilde hazırlanmalıdır. Ekonomi üzerinde direkt etkisi olan bütçe açtığı bütçe fazlası, basılacak paranın miktarı hatta vergi oranları gibi konular anayasa da açıkça belirlenmelidir.

1.3.12. Freiburg Okulu Ve Ordo Liberalizm

Walter Eucken ve Franz Bohm kurucusu olduğu Freiburg Okulunun üzerinde durduğu temel konu Ekonomik Düzen Teorisi ve Politikası'dır. Toplumda ve dolayısıyla ekonomi de olması zorunlu düzen kendiliğinden oluşamaz. Bunun için devlet, aktif-yapıcı-fonksiyonel olmalıdır. Bu düzenin temel ilkeleri ekonomik anayasada yeralmalıdır. Bu anayasada enönemli konu rekabet olmalıdır. Çünkü ekonomi kendiliğinden dengeye gelemeyeceği için zaten var olan piyasalarda eksik rekabet vardır ve bunu düzenlenmekte devletin vazifesidir. Devlet bunun için, mülkiyet haklarını güvence altına almalı, tam rekabet şartlarını meydana getirmeli (piyasa giriş çıkışların serbestliği, rekabet özgürlüğü, ekonomikbirimlerin kararlarının diğer birimlerin kararlarını etkilememeli, sözleşme özgürlüğü olmalı) son olarak ta uyguladığı ekonomi politikaları tutarlı ve öngörülebilir olmalıdır. Ayrıca gelir dağılımının eşitliği sağlanmalı, işgücü piyasasının düzeni için asgari ücret uygulamasına gidilmeli ve negatif dışsallıklar ortadan kaldırılmalıdır. Ekonomik Anayasa, üretim, piyasa, para ve bütçe alanlarını düzenlemek için yapılmalıdır.

Alfred Muller-Armack'ın bu ekole yeni bir kavram, sosyal piyasa ekonomisi kavramın ıkazandırmıştır. Bu kavram ile devlete piyasa özgürlüğünün ve tam rekabetin sağlanması görevinin yanında toplumdaki her bireyin milli gelirden adil pay alması, sosyal güvenlik haklarının olması, yasam standartlarının her birey için belli bir seviyenin üzerine çıkarılması, sosyal barışın, demokrasinin sağlanması gibi yeni görevler yüklemiştir. Böylelikle Freiburg Okulunun aktif-yapıcı fonksiyonel devlet anlayışı biraz daha gelişerek sosyal devlet anlayışı benimsenmiştir. Ancak sosyal devletin gücünün sınırlandırılması için kuvvetler ayrıldığı prensibinin gerekli olduğunu savunmuşlardır. Bu düşünceleri ile sosyal devleti aşırı müdahaleci devlet anlayışından ayrılmış, sınırlı müdahaleci bir devlet benimsemiştir.

1.3.13. Sosyalizm

Sosyalizmin temelinde emek dışındaki tüm üretim faktörlerine sahip, emeğiise satın alan kapitalistlerin, elinde sadece emek gücü olan ve yaşamlarını devam ettirebilmek için bunu satmak zorunda olan proteryayı sömürdüğü fikri vardır. Onlara göre bir isçi devrimi ile sınıflar ortadan kaldırılmalı ve hem devlet idaresinde hem de ekonomi de halk esit olarak söz sahibi olmalıdır. Sosyalizm kavramıilk kez Robert Owen taraftarları için kullanılmıştır. Sanayi devrimiyle birlikte isçilerin yaşam koşullarındaki kötüleşme sınıflar arası farkını derinleşmesi Owen gibi pek çok düşünürü harekete geçirmiştir. Owen önce kendi fabrikasında çalışan isçilerin yaşam koşullarını düzeltmeye çalışmış daha sonra fikri alanda da çalışmalara girişmiş ve işçi kooperatiflerinin kurulması için çalışmıştır. Bu dönemde bir diğer sosyalist Charles Hall'dir. Günde sekiz saat çalışan bir emekçinin ancak bir saatte ürettiği malı alabileceğine dikkat çekerek emeğin sömürülmesi teorisinin temellerini atmıştır.

Sosyalist teorinin temel kaynaklarından "İnsan Mutluluğuna En Uygun Gelir Dağılımı İlkeleri Üzerine İncelemeler" isimli kitabını 1824'de yayımlayan William Thompson üretiminin tamamının isçiler tarafından yapıldığı ancak üretimden en az payı isçilerin aldığı bu yüzden toplumsal düzenin toptan değiştirilmesi gerektiğini savunmuştur. Bir diğer sosyalist düşünür John Gray' de isçilerin sömürüldüğünü kabul etmiş ancak pratikte toplumsal düzenin toptan kaldırılmasının imkânsızlığı nedeniyle çözüm yolu olarak da işçi (üretici) kooperatiflerinin kurulmasını önermiştir. Blanqui, Blanc ise devrimci bir prolertyanın yönetimi ele geçirmesini savunmuşlardır. Çözümü devlette arayan sosyalist düşünürlerin yanında, sorunun asılkaynağını devlettin varlığında gören düşünürlerde vardı. Pierre Joseph Proudhon ve Balkının gibi düşünürler devletin ortadan kaldırılması çözüm olarak görürken Lamennais, Lassalle ve Rodbertus gibi düşünürler çözümü demokratik yollarla işçi haklarınınelde edilmesinde bulmuşlardır.

Sosyalizmin en önemli isimlerinden biri Marks'tır. Marks tüm insanlık tarihine sınıflar arası mücadele olarak görmüştü. Ona göre kendi ürettiği mal ve hizmetleri satan bağımsız üreticileri saymazsak ekonomide iki tür aktör vardır. Bunlardan ilki hayatta kalabilmek için emeğini satan işçi sınıfı, mal ve hizmet (Marks'a göre meta) üreterek kar elde edebilmek veya sermaye biriktirebilmek için emek gücünü satın alan burjuva sınıftır. Her ne kadar üretim için bu iki sınıf birbirine muhtaç gibi görünsede aralarında ters yönlü bir ilişki vardır. Çünkü burjuvanın tek ve temel amacı kârdır. Burjuva zenginleşirken isçilerin haklarınısömürmesi de bunun doğal sonucudur.

Marks kar açıklarken artık değer kavramından yola çıkar. Bir parça ahşap 10 birim değerindeyken masa haline getirince 15 birim değerindeyse aradaki bu değer artışı artık değerdir. Emek dışındaki tüm üretim faktörleri artık değerüretmekte etkinsizdir. Kar oranı bu orana eşittir. S (artık değer) IV (emek) + C (diğer üretim faktörleri) o halde kârı artırmak için emek gücü azalırken artık değerin artırılması gerekir. Bu da isçinin daha fazla çalıştırılması ve ücretlerin artırılması ile mümkün olur. Marks'ın devlete bakış açısı tam bu noktada ortaya çıkmaktadır. Eğer toplumun tek üretken kesimi işçiler, kendi ihtiyacından daha fazlasını üretiyor,ürettiğinden pay alamıyor ve refahı azalıyorsa burjuva işçi sınıfını sömürüyor demektir.. O halde isçiler birleşerek bu sömürü düzenini yıkmalı, kendileri için üretecekleri, kendi isleyişlerini demokratik yöntemlerle düzenleyecekleri bir toplum oluşturmalıdırlar. Böylelikle sosyalizm sağlanmış olur ancak asıl hedef sınıfsız, ulusuz, patriarkal[42] olmayan, özgürce birleşmiş üreticilerin oluşturduktan toplum[43] yani kominizmdir.

Marks sosyalizme getirdiği dinamizm, sosyalizm içinde Marksizm olarak bilinen yeni bir teori meydana geliştirmiştir. 20. yy

---

[42] Ataerkilliğe dayanan, ata erki temelli olan oluşumdur.

[43] David Smıth ve Phill Evans, **Karl Marx Kapital Yeni Başlayanlar İçin,** Versus Yayınları, Mart 2011, çev. Kemal Ülker, s. 186.

ilk çeyreğinde ise Marksizm'i teoride geliştiren Lenin, ekim devrimi[44] olarak bilinen bir hareket ile 6 Kasım 1917'deSosyalist bir devlet kurmuştur. Sovyet Sosyalist devlet ve doğu bloku ülkelerinde kurulan sosyalist devlet Lenin döneminden sonra, Rose Lüksemburg ve Trocki gibi düşünürlerce eleştirilmişler, Stalin'in önderliğindeki sosyalist devletin, yönetici sınıf (nomenklatura) egemenliğinde bir oligarşiye yâda Trockistlerin dediği gibi yozlaşmış işçi devletine dönüştüğünü savunmuşlardır.

1.3.14. Anarko Kapitalizm

Libertarianizm veya Anarko-Kapitalizm liberal düşüncenin uç noktalarından biridir. Onlara göre önemli olan birey ve pürözgürlüktür. Bireylerin davranışları kanunlarla düzenlenmemeli bunun yerine bireyler arası anlaşmalarla düzenlenmelidir. Devlet sınırlayıcı güce sahip olduğu için tehlikelidir. Anarko Kapitalistler devletin bu tehlikesine karşın değişik çözümler üretmiştir. Onlara göre devlet ne gereklidir ne de ahlaken meşrudur. Devlet kaçınılması gereken bir fenadır. Bu akımın önemli temsilcilerinden David Friedman (Milton Friedman'nın oğlu) ve Murray Newton Rothbard, devlete bütünüyle karşı çıkmışlardır.

David Friedman, Libertarian bir toplumu şöyle anlatmaktadır. "Libertarianizm, insanların yaşamlarını istedikleri şekilde düzenlemelerine izin verilmesini ifade etmektedir. İnsanların baskı ile kendilerinden korunmaları gerektiği düşüncesini reddediyoruz. Libertarian toplum uyuşturucuya, kumara, pornografiye ve taşıtlarda zorunlu emniyet kemeri takılmasına ilişkin hiçbir zorlamaya ve kanuna sahip değildir. Libertarian toplum, bir refah programı

[44] David Smıth ve Phill Evans, s. 187.

uygulanmasıya da sosyal güvenlik sistemi oluşturulmasına da karşıdır. Başkalarına yardım etmek isteyenler, bunu özel bağışlar yapmak suretiyle gönüllü olarak yapabilirler. Ayrıca vatandaşlardan devlet hizmetlerinin finansmanı için vergi tahsil edilmesi düşüncesine karşıyız. Yaklaşık sigortasına sahip olmak isteyenler de bunu özel sigortalar aracılığıyla yapabilirler."[45]

Devlete aynı açıdan bakan Rothbard devlet hakkındaki görüşleri şöyledir. "Öyleyse, üstüne basa basa belirtmeliyiz ki biz devlet değiliz; devlet de bizdeğildir. Devlet halkın çoğunluğunu doru anlamda temsil de etmez. Fakat öyle olsaydı ve halkın % 70'i geri kalan % 30'u öldürmeye karar verseydi bile, bu yine de boğazlanan azınlığın gönüllü intiharı değil, fakat cinayet olurdu. Hiçbir organizmacı benzetmenin, "hepimiz birbirimizin parçasıyız" gibi hiçbir alakasız, nahoş sözün bu temel gerçeği karartmasına izin verilmemelidir. Şu halde, Devlet eğer "biz" değilse, karşılıklı problemleri çözmekiçin bir araya gelen "insan ailesi" değilse, bir cemiyet toplantısı veya sosyal kulüpdeğilse, o zaman nedir Devlet?

Kısaca, devlet toplumuniçinde yeralan ve belli bir toprak üzerinde güç ve şiddet kullanımı konusunda tekel iddiasında bulunan bir örgüttür. Devlet özellikle de toplumdaki, gelirini gönüllü katkılardan veya sunduğu hizmetlerin bedelinden değil de cebir yoluyla elde eden yegâne örgüttür. Başka bireyler ve kurumlar kendi gelirlerini mal ve hizmet üretimiyle ve bu mal ve hizmetlerin başkalarına barışçı bir şekilde ve gönüllü satım yoluyla elde ederken, devlet kendi gelirini cebri yoldan, yani hapishane ve süngü kullanarak veya bunlarla tehdit ederek elde eder. Gelirini elde etmek

[45]Coşkun Can Aktan, **Libertarian İktisat,** http://www.canaktan.org/ekonomi/iktisat-okullari/okullar/libertaryan.htm, (20.07.2014).

için güç ve şiddete başvuran devlet genellikle daha da ileri giderek tek tek vatandaşların başka eylemlerini de düzenler ve emreder. Yeryüzündeki gelmiş geçmiş bütün devletler hakkındaki basit gözlemin bu iddia için yeterli bir kanıtolduğunu herkes anlayabilir."[46]

1.3.15. Minarşizm

Bir diğer Libertarian iktisatçı Nozick ise klasik liberallerin jandarma devletinden çok daha küçük bir devletin olması gerektiğini savunmuş ve libertian ilkelerden hareketle farklı bir fikir ortaya atmıştır. Nozick, devletin varlığını gerekli ve ahlaken meşru görmüştür. Ancak bu meşru devlet minimal bir devlet olmalıdır. Minimal devlet sadece bireylerin haklarının korunması görevini yerine getirmelidir. Minimarşizm[47] olarak adlandırılan bu devletin meşruluğunu kanıtlamak için Nozick koruma şirketi örneğinden yola çıkmıştır.

Devletin olmadığı doğal bir ortamda bireylerin birincil amacı kendilerini koruma olacaktır. Bu doğrultuda elbette kendilerini koruma,saldırganı engelleme,yargılama, cezalandırma ve bu cezayı uygulama hakları olacaktır. Ancak verimlilik, partiklik ve çeşitli pratik sebeplerden dolayı bireyler bu tür hizmetleri özel koruma şirketlerinden almay tercih edeceklerdir.[48] Bu şirketler, görünmez elin tesiriyle belli bir coğrafi bölge de tek bir koruma şirketine

---

[46] Murray N. Rothbard, Devletin Anatomisi , çev. Mustafa Erdogan, Liberal Düşünce, Sayı: 36, Güz 2004., http://www.liberal.org.tr/incele.php?Kategori=mtg=&id=mzyo, (20.07.2014).

[47] Latince mini-(küçük) , archon (devlet) ve –ism (sistem) kelime ve eklerinden meydana gelmiştir.

[48] Robert Nozick, Anarşi, Devlet ve Ütopya, (ilk basım 1974), çev. Alişan Oktay, İstanbul: İstanbul Bilgi Üniversitesi Yayınları, 2000 , sy. 39-42 'den Uslu, Cenet. Robert Nozick:Anarko-Kapitalizme Karşı Minarkizm, Liberal Düşünce Sayı 47-48, Yaz-Sonbahar 2007,s.152

dönüşecektir. Daha sonra ise bireylerin bağımsız olarak adaleti sağlaması yasaklanacak ve müşterilen tarafından ödenecek tazminat ile koruma hizmeti sunulmaya başlanacaktır. Sonuç olarak devletin olmadığı anarşist bir ortamda minimal devlete ulaşılmaktadır. Ancak bu devletin tek amacı ve kurulma gerekçesi insan haklarının korunmasıdır. Bu sınırı geçen bir devlet hem meşruiyetini hem kuruluş amacını kaybedecektir. [49]

Minimarşi'nin bir diğer önemli ismi Ayn Rand'dır. Özgür bir toplumda minimal bir devletin varlığını savunmuştur. Bu devlet meşru hizmetlerini sunarken bunların finansmanı için vergi gibi cebri yöntemlere başvurmamalıdır. Çünkü bu anlayış devleti bedava hizmet sunan velinimet devleti doğurur. Bu ise baskı gruplarıın da etkisiyle kamu sektörün genişlemesine sebep olacaktır. Oysa devletin ne tür hizmetler sunacağı ve bu hizmetlerin sınırları anaysal kurallarla sınırlandırılmalıdır. Sunduğu hizmetler için ise gönüllü finansman sağlanmalıdır. Böylelikle devlet efendi olmaktan çıkar halkın hizmetkarı olur. Bu finansman bir sözleşme ile sağlanabilir. Vatandaşlar hizmeti kendileri belirleyeceği için finansmanda gönüllü olacaklardır. Böyle bir finansmanda ödeme gücü olmayanlar için katlanılacak fedakarlık ise devletin zenginliklerin tekrar dağıtılması gibi özgürlükleri gazbeden uygulamalarının yanında katlanılabilir bir fedakarlıktır. Arada şöyle bir fark vardır: Bir demir yolu şirketi, ödeme gücü olmayanları trenlerdeki boş koltuklara oturtabilir ancak bu hiçbir zaman bu kişilerin birinci sınıf vagona oturmasını sağlamaz. [50]

---

[49] Ahmet Taner, Çağdaş Liberalizmde Yeni Yol Ayrımı: Anarko Kapitalist Liberalizme Karşı Minimal Devletçı Lıberalızm, liberal duşünce, Yıl 18, Sayı 69-70, Kış-Bahar 2013,s. 235

[50] Ayn Rand, THE VIRTUE OF SELFISHNESS, New American Library,New York City, 1964, S.111-113

1.3.16. Anarşizm

Antik yunan dilinde "Arches" yani yönetici sözcüğüne "an"olumsuzluk ekinin getirilmesiyle türetilmiş "Anarşizm" kelimesi, her türlü otoritenin reddedildiği düşünceyi ifade eder. Proudhon şöyle der: "yönetilmek, yetkileri de bilgileri de, faziletleri de olmayan yaratıklar tarafından gözaltında bulundurulmak, casuslaşmak, sürüklenmek, onların kanunlarına boyun eğmek, kurallarına lebbeyk demek, güdülmek, tartaklanmak, damgalanmaktır... "[51]

Anarşistlere göre, yönetici otoriteye ihtiyaç olmadığı gibi kanunlara da ihtiyaç yoktur. Çünkü suç ve ahlaksızlık baskının eseridir. İnsanlara sonradan öğretilen mülkiyet kavramı ve bu sistemin uzantısı olan eğitim sistemi insanıahlaksız kılmaktadır. İnsan tabi halinde bırakılırsazaten ahlaklı olacaktır. Fourier bu ideal düzeni şöyle anlatır: "Çakıl taşlarını bir kutuya koyun, hemen yerleşirler, hem de özene bezene yerleştireceğinizden çok daha iyi. İnsanlar da öyle, kendi başlarına bırakılırsa daha iyi teşkilatlanırlar. Ama bu teşkilatlanma aşağıdan yukarıya olmalıdır. Devletin merkezileşmesi gibi yukarıdan aşağı değil. Hür fertler bağımsız kominalarda toplanır kominalar bölgeler arası komina federasyonlarında,onlar da milletlerarası büyük federasyonlar halinde bir araya gelir. Kısaca, anarşi düzeni ... "[52]

Anarşizm, kominizim, sosyalizm ve liberalizm gibi pek çok düşünce içinde kendine yer bulmuştur. Örneğin liberalizme öncülük eden düşünürlerden William Godwin, hem devleti hem de kanunları gerekli olmayan "kötüler" olduğuna inanır ve onların yerine

---

[51] Cemil Meriç, **Mağaradakiler**, illetisin Yayınları, 1997, İstanbul, s. 167
[52] Meriç, s.170

desantralizasyonu[53] ve otonom topluluklardan oluşan sivil bir toplumu önerir.[54] Özel mülkiyet, bireylerin fayda çatışmasına izin vermeyecek şekilde olmalıdır. Para ise sadece değişim aracı olarak görülmeli, emeğin karşısında alınan paranın ihtiyaçtan fazlası yoksullara dağıtılmalıdır. Liberalizm temelli anarşizme literatürde bireyci anarşizm olarak bilinir ve mülkiyetin bireyin elinde tutulmasını daha doğru bulurlar.

Sosyalist ve komünist anarşistler ise özel mülkiyete karşı çıkarlar. Örneğin, Proudhon göre , "Mülkiyet hırsızlıktır". Üreten tek faktör emektir.Bu yüzden, mülkiyet sadece emekçiye verilmelidir ve herkes ürettiğinin kazancının almalıdır. Ancak sosyalistler ve komünistler mülkiyetin kimin eline geçeceği bölüşümün nasıl gerçekleşeceği üzerinde ve emeğin örgütlenmesi konusunda hem fikir olamamışlardır. Sosyalistler mülkiyetin isçilerin eline geçmesini, kolektivist bir toplum benimserler. Herkes çalışmak sosyal tencereye bir şeyler eklemek zorundadır. Bunun karşılığı olarak temel ihtiyaçlarını giderirler. Ancak Anarko-komünistler bu çalışma düzeninde devlet otoritesinin şekil değiştirildiğine ve sistemin isleyişini sağlayacak bir ustabaşı sınıfının oluşacağını savunmuşlardır. Anarko- komünistler sosyal tencereyi tamamen reddederler. Herkes dilediği gibi üretecek ve ortak kümeden dilediği gibikadar alacak. Sosyal tencere yerine ayrı mutfaklar olacak, mallar mübadele edilecektir.[55]

---

[53] Yönetim Yetki Ve Sorumluluğunun, Belirli Ölçüde Merkezi Yönetimden Yerel Yönetimlere Bırakılması, Yerelleşmedır.
[54] Coşkun Can Aktan, İstiklal Y. Vural ve Tülay Aktan, "Liberalizme Katkıda Bulunan Düşünürler", **Yeni Türkiye Dergisi,** Yıl: 1999, Sayı: 25, Cilt:1, s. 583.
[55] Meriç, s.172.

İKİNCİ BÖLÜM
KONJONKTÜREL DALGALANMALAR

Çalışmamızın teorik çerçevesinin bir diğer ayağı konjonktürel dalgalanmalardır. Bu bölümde öncelikle konjonktürel dalgalanmalar kavramı üzerinde durulacak, tanımı, aşamaları, nedenleri ve sonuçlarına değinilecektir. Sonuçlar tek tek sıralanılırken bu sonuçlarla mücadelede kullanılan uygulamalara da yer verilmiştir. Bu uygulamalar çoğunlukla Keynesyen eksende olmasına rağmen çalışmamızda belli başlı tüm iktisadi düşünce akımlarının konjonktür teorilerine yer verilmiştir. Bu yapılırken düşünce akımları, üç büyük küresel krizin dikkate alındığı kronolojik bir sınıflandırılmaya tabi tutuldu. Akabinde ise bu üç konjonktürel dalgalanması olan 1929, 1973 ve 2008 krizleri üzerinde durulmuştur. Bu küresel krizlerin nedenleri, kriz döneminde uygulanan anti-konjonktürel politikalar ve krizlerin sonuçları açısından ele alınmıştır.

2.1. KONJONKTÜREL DALGALANMALAR KAVRAMI

Latince bağlantı anlamına gelen "juncture" kelimesinden türetilen, konjonktürel dalgalanmalar kavramı ekonomide, ekonomik istikrarda meydana gelen dönemsel sapmaları ve dalgalanmaları ifade eder. Kavramın, bağlantı anlamında bir kelimeden türetilmesi, birçok nedenin birbirine bağlı olarak ekonomik dalgalanmaları meydana getirdiği anlamını katmaktadır. Sabri Ülgener, bu kavramı şöyle izah etmektedir. "Ekonomik yaşamda yükselme ve alçalma şeklinde ortaya çıkan inişli çıkışlı dalgalanmalardırhareketlerin tümüne konjonktür adı verilmektedir. Canlanma, yükselme, buhran (kriz) ve durgunluk safhalarından oluşan bu hareketler ekonominin yalnızca bir kesimiyle sınırlı olmayıp, iktisadi sistemin tamamında meydana gelen değişimleri ifade etmektedir. Belirli bir ritme veya periyodik harekete sahip olmayan konjonktürel dalgalanmalar, bu görünümleriyle düzenli olmayan bir görünüm sergilemektedirler."[56]

Kavramın mucidi Fransız istatistikçi ve Doktor Clement Juglar'dir. Juglar, Fransa'da evlilik, doğum ve ölüm oranlarında, devrelerin olduğu tespitinden hareketle 1862'de yayınladığı "Fransa, İngiltere ve Birleşik Amerika'da Ticari Krizler ve Onların Dönemsel Tekrarı" adlı eserinde ekonomik hayatta da döngüsel dönemler olduğunu öne sürmüştür. Konjonktürel dalgalanmalar, dalgalanmaların sürelerine farklı iktisatçılarca incelenmiş ve onların isimleri ile anılmışlardır. Örneğin,3-4 yıl gibi kısa sürede tekrarlanan iniş çıkışlara Kitchen Dalgaları, 10-12 yıl gibi orta vadede yaşanan azalma ve canlanmalara Juglar dalgalanmaları ve daha uzun sürede yaşanan dalgalanmalara ise Kondratif Dalgalar denilmektedir. Konjonktür dalgalanma terimi ise genellikle Juglar dalgalarıyla eş anlamlı kullanılmaktadır.

Konjonktürel dalgalanmanın dört aşaması vardır. Bu aşamalar şekil 1'de gösterilmiştir. Aşamalardan ilki Refah veya Gelişme Aşamasıdır (1). Bu nokta, üretim düzeyi, istihdam ve milli hasılanın zirve noktasıdır. Yeni yatırım talepleri kredi taleplerini dolayısıyla faiz haddini yükseltir. Ücretler ve hammadde fiyatları çok yüksektir. Öyle ki bu noktadan sonra ne üretimi neücretleri ne de hammadde alımınıarttırmak mümkün olmaktadır. Bu aşamayı Daralma (Duraklama-Gerileme) Aşaması (2) takip eder. Bu dönemdefaizler yükseldiği için girişimcilerin yeni yatırımyapma isteği sona erer. Eğer

---

[56] Sabri F. Ülgener, **Tarihte Darlık Buhranları ve İktisadi Muvazenesizlil Meselesi,** Derin Yayınları, İstanbul, 2006, s.13

budönem beklenmeyen aniden ortaya çıkan bir dönemse buna ekonomik krizde diyebiliriz.

Şekil 1: Konjonktürel Dalgalanma Evreleri

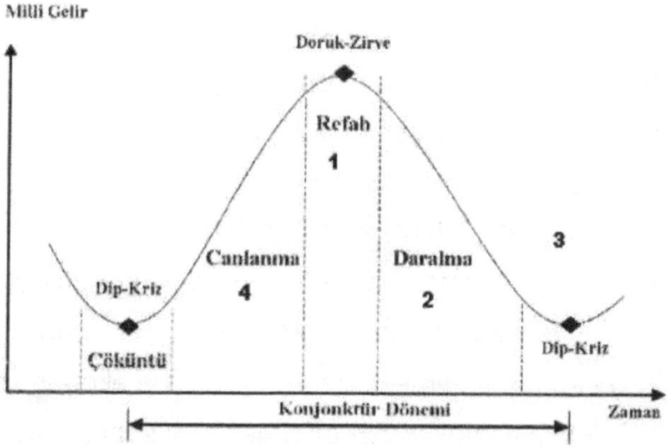

Kaynak: Göktan Görmezöz, **Türkiye Ekonomisinde Yaşanan Dalgalanmaların İstihdam Üzerindeki Etkisi Ve Olumsuz Etkilerin Azaltılmasına Yönelik Önlemler**, T.C. Çalışma Ve Sosyal Güvenlik Bakanlığı Türkiye İş Kurumu Genel Müdürlüğü Yayınları, Ankara, 2007, s. 29

Yunanca karar vermek anlamına gelen "Krisis" kelimesinden türetilen kriz kelimesi birden bire ortaya çıkan kötüye giden durum manasında kullanılır. Ekonomik kriz, ekonomide aniden ve beklenmedik bir şekilde ortaya çıkan olayların makro açıdan ülke ekonomisini, mikro açıdan ise firmaları ciddi anlamda sarsacak sonuçlar ortaya çıkması demektir. Ekonomik krizler çok değişik şekillerde ortaya çıkabilir. Üretimde hızlı bir daralma, fiyatlar genel seviyesinde ani düşme, iflaslar, işsizlik oranında ani artış, ücretlerde gerileme, borsada çöküş, düşüntülü hareketler vb. faktörler ekonomik krizlerin başlıca örnekleridir.Bu aşamayı çöküntü (depresyon-dip noktası) aşaması (3) takip eder. Zararlar iflaslara sebep olur. İşsizlik oranı yükselir. Sosyal bir çöküntüye girilir. GSMH, kapasite kullanım oranı ve istihdam seviyesi en düşük düzeydedir. Talep şoku veya devletin ekonomiye müdahalesi ile üretim artışı ve istihdam düzeyi yükselmeye başlar. Sanayi üretimi artar. Bu hammadde ve iş gücü piyasalarını canlandırır. Sosyal rahatlama dolayısıyla yatırım talepleri olur. Talep genişler böylelikle yatırım, istihdam ve milli gelir artar. Girişimler artar işletmeler çoğalır.

2.2.1. Konjonktürel Dalgalanmaların Nedenleri

Konjonktürel dalgalanmaların nedenleri hakkında pek çok fikir ortaya atılmıştır. Bunlardan ilki aşırı üretimdi. Aşırı üretim tartışmaları, 17 yy kadar uzanmaktadır. Bu dönemde ekonomide ana dinamik efektif talepti. Ancak hâkim olan genel düşünce yani klasik görüş, aşırı üretimi mümkün görmemekteydi. Mill' e göre tasarruf eden bir birey bile aslında gelirini farklı bir biçimde tüketmiş olmaktadır. Tüketim mutlak surette vardı ve tüketilmeyecek ürün üretmek imkânsızdı. Klasik iktisadın diğer önemli ismi Maltus ve Ricardo aşırı üretimin varlığı ve bunun krize sebep olacağı konusunda hemfikir olmuşlar ancak çözüm konusunda farklı düşünceleri benimsemişlerdir. Maltus'a göre aşırı üretim, üretime dönüşmeyecek tüketim ile eritilebilirdi. Ricardo ise aşırı üretimi eritmenin yolunu uluslararası karşılaştırmalı ticaret teorisinde bulunmuştur. Dış ticarete yönelik üretim yapan sektörler, aşırı üretim ve tasarrufu eritecek ekonomiyi tekrar dengeye getirecektir.

Aşırı üretim kavramının taraftarı bir diğer iktisatçı Karl Marks'tır. Ona göre Homo Economicus talep için değil piyasa için üretim yapacak ve sonuçta aşırı üretim doğacaktı. Ona göre, bu dengesizlikler kapitalist sistemin kendi çelişkilerinden doğmakta ve bu sistem içerisinde yapılacak her türlü müdahale geçici olacak her kriz kendinden sonraki krizi besleyecek ve bir sonraki kriz çok daha büyük olacaktır.

Bazı iktisatçılarda aşırı tüketim, aşırı yatırım, kapital yetersizliği ve oransız yatırım kavramları üzerinde durmuşlardır. Sabit kapitale rağmen aşırı yatırım ve tüketim ekonomiyi depresyona sürükleyecektir. Bu görüşün en önemli savunucularından Bonamy Price bunu verdiği çiftçi örneği ile açıklamaktadır. Tarlasını ıslah için elli bin pounda ihtiyacı olduğunu öngören bir çiftçi, ıslah çalışması sırasında yüz bin pounda ihtiyacı olduğunu anlarsa ya çalışmasını durdurmak zorunda kalacak veya borçlanacaktır. Bu durum bir çiftçi değil de bir ulusun başına geldiğinde ise depresyon doğacaktır. Bazı iktisatçılar teknolojinin gelişmesini bazıları ise piyasa aktörlerinin birbirlerini psikolojik olarak etkilemesini konjonktürel dalgalanmaların nedeni olarak görmüşlerdir.

Bu teorilerde önemli bir diğer isimde William Stanley Jevons'dur. Güneş Lekeleri Teorisi'ni geliştirmiştir. Ona göre güneşte meydana gelen lekeler konjonktürel dalgalanmaların sebebidir. Görüşlerini 1862'de yayınladığı Güneş Dönemi ve Buğday Fiyatı adlı eserinde şu şekilde dile getirmişti: "Eğer gezegenler güneşi, güneş de bağ bozumunu ve harmanı ve bu yoldan da yiyecek ve hammadde fiyatları ile para piyasanın durumunu yönlendiriyorsa bu gezegenlerin durumunun, büyük ekonomik felaketlerin uzaktaki nedeni olduğunu gösterir". Bir diğer iktisatçı Juglar ise, bu devrelerin nedenlerini kırdırma ve avans miktarı, mevduat ve cari hesap tutarları, kıymetli maden rezervleri ve kâğıt para sirkülasyonunda aramıştır.

2.2.2. Konjonktürel Dalgalanmaların Sonuçları

Konjonktürel dalgalanmaların sonuçları ekonominin üç ana değişkeni, fiyatlar genel seviyesi, ekonomik büyüme ve işsizlik üzerinde etki gösterir. Literatürde de bu üç değişken ve bunların birbirleri ile ilişkileri üzerinde durulmuş, iktisatçılar bu değişkenlerin farklı kombinasyonları üzerine eğilmiştir. Örneğin Keynes'e göre ekonomik büyüme ve işsizlik aynı yönde hareket etmektedir. Yani büyüme oranı arttıkça istihdam da aramakta tersi durumda her ikisi de azalmaktadır. Neo-Keynesyen Arthur Okun da böyle bir ilişkiyi kabul etmiş, yaptığı deneye dayalı çalışmalar sonucunda %3-7,5 Aralığındaki bir işsizlik döneminde işsizlik oranındaki her %1 'lik düşüş ile milli gelirde hacim olarak üç katı oranında bir artış olduğunu tespit etmiştir.

Bir diğer Neo-Keynesyen Samulsen de, fiyat istikrarı ve büyümenin tersyönlü hareket ettiğini ileri sürmüş ve ikisinden birinin tercih edilmesi gerektiğini savunmuştur. OPEC krizi ile öğrenilen durgun şişkinlik olgusu bunu doğrular niteliktedir. Hatta bunun ötesinde hem enflasyon hem de durgunluk durumunun yaşanabileceğini göstermiştir. Yine Neo-Keynesyen iktisatçı William Phillips fiyat istikrarı ve istihdam arasındaki asimetri üzerinde çalışmıştır.

Literatürde genelde konjonktürel dalgalanmaların üç sonucu enflasyon, para kısıtlaması ve durgun şişkinlik üzerinde durulur ve bu sorunların çözümü literatürde Keynesyen temelli politikalarda aranır. Bu bölümde öncelikle bu üç sorunun tanımı ve çözümü üzerinde durulacak daha sonra literatürde geçen diğer konjonktürel dalgalanma sorunlarına değinilecektir.

2.2.2.1. Enflasyon

Enflasyon, sürekli fiyat artışı ve yaparanın sürekli değer kaybetme sürecidir. Enflasyon fiyatlar genel seviyesindeki bir defalık veya kısa dönemde meydana gelen bir artış değildir. Benzer şekilde enflasyon, ekonomik dalgalanmanın genişleme dönemlerinde ortaya çıkan ve daralma döneminde düşen fiyat düzeyindeki artışlar da değildir. Enflasyon çeşitli kıstaslar yönünden sınıflandırılmıştır. Örneğin devlet müdahalesinin söz konusu olmadığı piyasa ekonomisi hâkim bir ekonomide gözlenen enflasyon açık enflasyondur. Ancak devlet kontrolü ile toplam talep fazlası giderilmeden, parasal ücretler ve mal fiyatlarındaki yükselmeler engellenmeye çalıştığı durumlarda ise bastırılmış enflasyon söz konusudur.

Şiddetlerine göre bakıldığı zaman ise enflasyon sürünen, ılımlı, yüksek veya dörtnala ve hiperenflasyon olmak üzere dörde ayrılır. Sürünen ve ılımlı enflasyon ekonomi üzerinde ciddi sorunlar oluşturmazlar. Hatta sürünen enflasyonun ekonomi üzerinde olumlu etkilerinden bile bahsedilebilir. Ancak yüksek veya dörtnala enflasyon piyasaların işleyişini bozan, gelecek beklentilerini belirsizleştiren, paranın değerini düşürüp bir tasarruf aracı olma niteliğini ortadan kaldıran bir enflasyon türüdür. Yıllık enflasyon oranı % 100' ler civarındaysa ya da biraz daha yüksekse böyle bir enflasyona yüksek oranlı enflasyon denilmektedir. Bu konuda paracı açıdan sistematik bir araştırma yapan PhillipCagan aylık %50 fiyat artışlarını hiperenflasyon olarak nitelendirmektedir. Milton Friedman da bu orana katılırken, Samuelson yıllık %200'leri aşan enflasyonu hiperenflasyon olarak nitelendirmektedir.

Hiperenflasyon, iktisat tarihinde ilk defa I. Dünya Savaşı sonrasında görülmüştür. Bunların en ünlüsü 1922-1923'teki Alman hiperenflasyonudur. I. Dünya savaşından sonra müttefikler,Versay Anlaşmasıyla Almanya'yı savaş tazminatı ödemeye zorladılar. Toplam 33 milyar dolarlık tazminatın, müttefiklerin para birimiyle (örneğin İngiliz sterlini ve Fransız Frank'ı) ödenmesi kabul edildi. Ancak böyle bir durum Almanya için olanaksızdı. Bu yüzden Alman hükümeti, emisyona başvurdu.Almanya'da fiyatlar, 1914-1923 yılları arasında 1.000 kat artmıştır. 1 milyon markla 1919 yılında bir fabrika, 1920 de bir villa, 1921 de bir evcik, 1922 de bir otomobil, 1923 yılının ilk yarısında ancak bir kat elbise satın alınabilirken, 1923'ün ikinci yarısında bu marklar ancak atık kağıt değerindeydi. Hiperenflasyon, Hitlerin ekonomi bakanı Hjalmar Horace Greeley Schacht tarafından, mark basımı durdurularak ve 1 trilyon eski marka eşit Rentenmark denilen bir yeni para çıkarılarak durdurulmuştur. Bugüne kadar en hızlı hiperenflasyon ise, 2. Dünya savaşından sonra Macaristan'da görülmüştür. Fiyatlar, Ağustos 1945-Temmuz 1946 arasında aylık ortalama %19800 oranında artmıştır. Bu dönemde Macaristan'da bir ürünün fiyatı 15 saatte bir iki katına ulaşıyordu.

Enflasyon, kaynaklarına göre ise üç türde gözlenmektedir. Talep enflasyonu, toplam talebin toplam arzdan fazla olmasından kaynaklanırken, maliyet enflasyonu üretim girdi fiyatlarındaki artışın fiyatlar genel seviyesini yükseltmesi ile meydana gelir. Fiyat enflasyonu ise bazı grupların ürünlerini piyasa fiyatlarının üzerinde satması ile gerçekleşir. Enflasyonist süreçte enflasyonun kaynağı bu üç etkenden sadece biri olarak seyretmez çoğu kez beraber gözlemlenir.Enflasyonun diğer nedenleri isepara basmak, metal paranın değeri ile oynaması ya da metal paranın miktarının aşırı artması olarak sıralanabilir. Tarihte, ilk yüksek enflasyon 3.yy. da Roma imparatorluğunda görülmüştür. %3-4 oranında gerçekleşen bu enflasyonun sebebi savaş giderlerini karşılamak için paranın gümüşe oranın düşürülmesiydi. Yine 1551-1552 yıllarında İspanya'da yaşanan %20 enflasyon, Meksika ve Peru sömürgelerinden getirilen büyük miktardaki altın ve gümüşün iç piyasa dengelerini bozması ile görülmüştür.

Yüksek enflasyon, devletin karşılıksız olarak para basma yetkisine sahip olmasıyla hız kazanmıştır. Örneğin ABD'de 1775-1883 yıllarında yaşanan bağımsızlık savaşının maliyetinin %80' i parabasılarak sağlanmış sonuçta (1779-1780) yıllık %230 oranında enflasyon görülmüştür. Yine para basarak finanseedilen Fransız İhtilali 1794'te %100, 1795'te %3000 enflasyona sebep olmuştur. 1861-1865 ABD ile savaşında da aynı yöntemle finanse edilmesinin enflasyon maliyeti aylık %10 'du. Yüksek enflasyondan hiperenflasyon geçişkâğıt para sistemine geçişin tam gerçekleştiği 20 yy.' a rastlar. Bu dönemde 15tane hiperenflasyon yaşamıştır bunların hemen hemen hepsi devletin karşılıksız para basmasından kaynaklanmıştır.

Enflasyon, klasiklerce miktar teorisine atıf yapılarak parahacminde artış olarak görülmüş, fiyat artışına bağlanmıştır. Enflasyonu sadece parasal bir sorun olarak görme geleneğini M. Friedmanda sürdürmüştür. Friedman şöyle der: " Enflasyon, her zaman ve her yerde parasal bir olgudur ve enflasyonsadece hâsıla miktarındaki artıştan para miktarındaki daha hızlı bir artış tarafından üretilebilir". Keynes konuyu talep ile açıklamıştır. Şekil 2'de Keynesyen modelde enflasyon ve para kısıtlaması boşluğu gösterilmektedir.Toplam talebin tamistihdam hasılasını aşması halinde (Y1 <Y*) enflasyon boşluğu oluşur. Literatürde enflasyonla mücadele politikaları Keynesyen kaynaklıdır. Keynes'e göre enflasyon toplam talebin, toplam arz-talep dengesinin üstünde olmasıyla oluştuğuna göre çözüm yolu da toplam talep ve arz seviyesini denge noktasına getirmektir. Bunun için ya toplam arz artırılmalı veya toplam talep kısılmalıdır. Toplam arzın artırılması uzun vadede gerçekleştirebileceği için toplam talebin artırılması tercih edilmektedir.

Şekil 2: Enflasyon ve Deflasyon Boşluğu

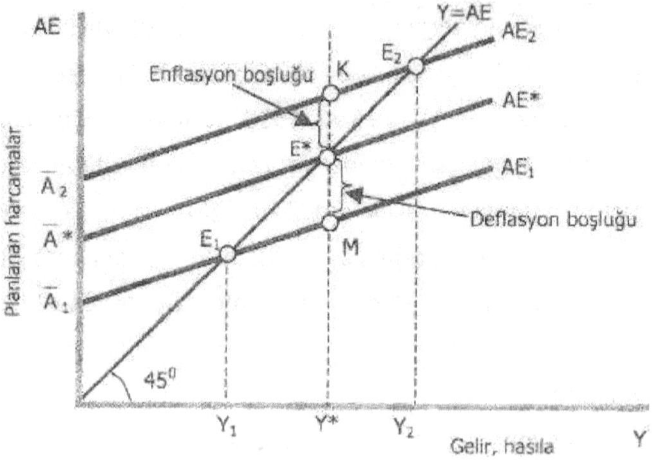

Kaynak:Yıldırım, Karaman, s. 385.

Keynes'e göre toplam talep; yatırım harcamaları (I) , tüketim harcamaları (C) , hükümet alımları (G) ve net ihracattan (X) oluşur. O halde toplam talebi artırmak için bu unsurları kısan politikalar güdülmelidir. Örneğin hükümot alımlarında yani harcamalarda kısıtlamalara gidilmelidir ki bu harcama politikasıdır.

Bunun için bayındırlık gibi kısa vadeli yatırım harcamaları acilen sonuçlanmalı yeni yatırımlara girilmemeli daha uzun vadeli yatırım planları ise yavaşlatılmalı veya durdurulmalıdır. Sübvansiyonlar özellikle harcamayı arttırıcı olanlar kaldırılmalıdır. Cari harcamalar karşılamaya çalışmalıdır. Hatta cari harcamalar içinde önemli yer tutan milli savunma harcamalarında kısıntıya gidilmeli diğer yandan silahaltındaki askerlerden bir kısmının terhisleriyle istihsal faktörleri, tüketimden alıp üretime sevk edilir. Zira enflasyonun sebebi işgücünün yetersizliği ise terhis edilen askerlerden bir kısmını üretimde kullanmak mümkün olacaktır.[57]

Uygulanacak vergi politikasında ise kısa vadede toplam talebi kısmak için vergi yükünü artırarak bireylerin harcanabilir gelirleri, likiditeleri kısılır. Burada önemli olan vergi artışını hangi tür vergi üzerinde yapacağıdır. Bir görüşe göre vergi oranı dolaysız vergiler üzerinde artırılmalıdır çünkü özellikle üst gelir grubu enflasyon sayesinde gelirlerini arttırmaktadır. Eğer bu sınıf enflasyondan fayda elde ediyorsa enflasyondan kurtulmak için gerekli fedakârlığa da onlar katlanmalıdır.Ancak tasarruflarını yatırıma dönüştürecek sınıf da budur. O halde dolaysız vergi özellikle üst gelir gruplarına yönelik vergi uzun vadede arzı kısıcı etki yapacaktır. Oysa ki alt gelir grubundan bireyler gelirlerini tasarruf etmekyerine harcama eğilimine sahiptir. Ancak vergi düşük gelir grupları üzerinden alınırsa bu sefer gelir dağılımı eşitsizliği artırılacak üstelik vergilemenin temel ilkelerinden adalet ilkesi çiğnenmiş olacaktır.

Bir diğer görüş ise bu verginin dolaylı vergiler üzerinden alınması yönündedir. Çünkü dolaylı vergilerde gelir etkisi, dolaysız

---

[57] İsmail Türk, **Maliye Politikası: Amaçları, Araçları ve Çağdaş Bütçe Teorileri,** Sevinç Yayınevi, Ankara, 1988, s. 104

vergilerde ikame etkisi görülmektedir. Bu verginin hangi ürünler üzerinden alınacağı tartışma konusudur. Lüks mallar üzerinden alınması adalet ilkesine daha uygun gibi görülse de hangi ürünlerin lüks mal olduğunu belirlemekte başka bir sorundur. Lüks tüketim mallarının bir diğer sorunu ise esneklik konusudur. Lüks tüketim ürünlerinin talep esnekliği yüksek olduğu için bu ürünlerin talebi düşebilir beklenen hâsıla sağlanamayabilir.

Literatürde bu konuyla ilgili bir kural mevcuttur. Ramsey vergisi olarak anılan bu görüşe göre, zorunlu tüketim mallarının talep esnekliği düşük, lüks tüketim ürünlerinin talep esnekliği ise yüksektir. Bu yüzden zorunlu tüketim ürünlerindeki vergi artışındadaha fazla gelir elde edilecektir. O halde vergi artışı lüks tüketim ürünlerinde değil zorunlu tüketim ürünlerinde olmalıdır. Ancak bu kural vergileme adaletine zıt olduğu açıktır. Ayrıca vergi artışının dolaylı vergilerden alınması, John Robinson'un ifadesi ile sentetik enflasyona[58] sebep olacaktır.

Tüketimi kısmanın bir diğer yolu ise harcama politikası ile mümkün olur. Devlet bireylerden borçlanarak onların harcanabilir gelirlerini dolayısıyla tüketimlerini azaltabilir. Burada üzerinde durulması gereken mesele, devletin tahvil satışı ile borçlanması sırasında bu borçlanmanın kesinlikle bankalara yapılmaması, bireylere yapılması, bireylerin bu tahvilleri tüketimlerini kısarak almaları ve uzun vadede bu tahvilleri elinde tutmalarıdır. Bunun için devlet, tahvilleri gerek faiz gelirlerini piyasa haddinin üzerinde belirleyerek gerekse vergisel avantajlar sağlayarak bireyleri bu alıma teşvik etmelidir. Enflasyonla mücadelede uygulanabilecek bir diğer

---

[58] Fiyatlar genel seviyesindeki artışın devamlı değil bir defalık yüksek oranda gerçekleşmesidir.

maliye politikası aracı ise bütçe politikasıdır.Bütçe enflasyonist dönemde mutlaka küçültülmeli ve fazla vermesi sağlanmalıdır. Bunun için, giderler azaltılmalı, gelirler artırılmalıdır.

2.2.2.2. Deflasyon

Toplam talebin toplam arzı karşıladığı, toplam arz-talep dengesinin kurulamadığı, toplam talep eksikliğinin yaşandığı bir durum olan deflasyonda ülkenin üretim kapasitesi optimalin altında gerçekleşir. Bu negatif büyümeye yani milli gelir seviyesinin azalmasına neden olur. Ayrıca bu dönemde işsizlik, fiyatlar genel seviyesinde düşme, para arzında azalma görülür.Tüm bu sonuçlar toplam talep seviyesini daha da aşağıya çeker.

Deflasyon, fiyatlar genel düzeyinde ki sürekli bir düşüş ve bununla birlikte ekonomide küçülme durumudur.Örneğin 1990'larda ABD'de bilişim teknolojilerinin artması ve bunun KOBi üretim artışları verimliliğin artmasına neden olması fiyatlar genel seviyesinin düşmesine neden olmuştur. Ancak aynı dönemde kişi başına düşen milli gelir 23.000 dolardan 32.000 dolara yükselmiş, büyüme %3 oranında gerçekleşmiştir. Yine 19. yy son çeyreğinde demiryollarının gelişimi ve üretim teknolojilerinin gelişimi sonucu fiyatlar genel seviyesi ABD'de % 50 düşmesine neden olmuş ancak ekonomik büyüme %4 oranında gerçekleşmiştir.Dolayısıyla fiyatlar genel seviyesinde yaşanan düşme para kısıtlaması gibi algılanmamış ve bir sorun teşkil etmemiştir.

Deflasyonda yaşanan temel sorun toplam talep eksikliğidir. Dolayısıyla çözümde toplam talebin denge düzeyine çıkartılması yani artırılması şeklinde olacaktır. Deflasyonla mücadelede uygulanacak maliye politikasında üç enstrüman vardır. Kamu gelirleri, kamu harcamaları ve borçlanma. Kamu harcamalarının toplam talebi artıracak şekilde artırılmaları gerekir. Reel harcamaların çoğaltan katsayısı 1/(1-c), transfer harcamaların çoğaltan katsayısından c/(1-c) büyük olduğu için, daha büyük deflasyonlarda reel harcamalar artırılmalı aksi durumda yani hafif deflasyonlardaise transfer harcamaları artırılmalıdır. Reel harcamaların artırılmasında yatırım harcamalarına ağırlık verilmesi durumunda işsizlik sorunu da ortadan kaldırılmış olacaktır. Transfer harcamaları çoğaltan katsayı her ne kadar düşük olsa da özellikle düşük gelirler desteklenirse toplam talebi artırıcı bir etkisi olacaktır.

Durgunluğu gidermek için başvurulacak yollardan biri de vergilerin azaltılmasıdır. Burada,vergilerin çoğaltan katsayısının reel kamu harcamaları katsayısından küçük olduğunu anımsatalım. Bu durumda ekonomide şiddetli bir durgunluğun olması halinde vergilerin pek tercih edilmeyeceği sonucuna varılabilir.[59] Ancak durgunlukla mücadelede vergi politikası kullanılmak istenirse vergi indirimlerine gidilir politikanın etkinliği için vergi konusunun geniş olması gerekmektedir. Vergi indirimi ne kadar çok kişiyi etkilerse o kadar çok kişinin kullanılabilir geliri artacaktır. Ancak burada dikkat edilmesi gereken bir diğer husus ise indirimlerle hedef alınan kesimdir.

Vergi indirimi daha çok düşük gelir gruplarına yönelik olmalıdır. Çünkü düşük gelir gruplarının tüketim eğilimi daha çoktur. İndirime konu olacak verginin dolaylı veya dolaysız olması yine hedef kitle ile ilgilidir. Genel tüketim vergisi niteliğindeki dolaylı vergilerin talep artışına etkisi en büyük olacaktır. Eğer dolaysız vergilerde bir

---

[59] Nihal Avcı, **Bütçe ve Para Politikalarının Makro Ekonomik Etkileri**, Devlet Bütçe Uzmanlığı Araştırma Raporu, Ankara,1998, ss. 19-20.

indirim söz konusu olacaksa bu düşük gelir gruplarının gelirine ilişkin olmalıdır. Yüksek gelir gruplarına uygulanacak bir vergi indirimi ise bu gelir gruplarındaki bireylerin artan kullanabilir gelirlerini ya tasarruf ya dayatırım yapmasına neden olur. Kurumlar vergisindeki bir indirim ise girişimcilerin gelecek beklentilerini iyileştirecek ve yatırım kararlarına neden olabilecektir. Bu ise daha uzun vade de ekonomiye canlandırıcı bir etki sağlayacaktır.

Deflasyonla mücadelenin gerektirdiği kamu harcamalarının artırılıp kamu gelirlerinin kısılması politikası bütçe açığına neden olacaktır. Bu açığın telafisi ise ancak borçlanma ile mümkün olacaktır. Çünkü kamu gelirlerindeki azalma, karar alıcıların mali hareket alanını daraltacaktır. Öyle ki, özellikle uzun süren durgunluk dönemlerinde işsizlik sigortası gibi otomatik stabilizatörler bile etkisiz kalacaktır. Ayrıca borçlanmanın toplam talebi kısıcı etkisinin en az olduğu kaynağın seçilmesi gerekmektedir. Bu açıdan en iyi kaynak merkez bankasıdır. Merkez bankasından yapılan borçlanma para arzı arttırılarak yapılacağı için toplam talep üzerinde hiçbir azaltıcı etki oluşturmaz.

Borçlanma ticari bankalardan veya bireylerden olursa bunun atıl tutulan paralardan veyahut fonlardan yapılması gerekir aksi halde arzu edilen genişletici politikanın etkinliği azalır. Bireylerden yapılan borçlanma atıl olan paralardan değil de bireylerin tüketimde kullandıkları paralardan yapılırsa toplam talepte bir değişme olmaz. Çünkü bireylerin tüketimlerinin kısılmasıyla meydana gelen daralma yapılan kamu harcamasıyla meydana gelen genişleme eşit olacaktır. Ticaret bankalarından yapılan borçlanma atıl fonlardan değil de kişilere ve firmalara verilecek kredilerden yapıldığında, genişletici etki atıl fonlardan yapılacak borçlanmaya nazaran daha az olacaktır.

20 yy da rastlanan en büyük para kısıtlaması 1929 Büyük Buhran sırasında gerçekleşmesine rağmen deflasyonla mücadelesi uzun yıllar alan en önemli ülkelerden birisi Japonya'dır. Özellikle geçen yüzyılın sonlarında ekonomik büyümesi zaman zaman sıfırın altına düşecek kadar azalmıştır. Bu azalışa 21 yy da enflasyon oranı da eşlik etmiştir. 2008 yılında başlayan küresel krizde benzer şekilde deflasyonist bir eğilim ortaya çıkmış özellikle gelişmiş ülkelerde 2008 yılından itibaren büyüme oranları sıfırın altına inmiş, enflasyon değerleri ise 2009 yılında aynı seyri izlemiştir.

2.2.2.3. Stagflasyon

Durgunluk ve enflasyonuneş zamanlı olarak yaşanmasını ifade eden stagflasyon kavramı 1970'lerde literatüre girmiştir. Stagflasyon İngilizcede stagnant (durgun) ile inflation (enflasyon) kelimelerinden türetilmiştir. Bu dönemde ücretler vefiyatlar birbirini takip ederek yükselir kenmal ve işgücü talepleri artmamaktadır. Başka bir ifade ile stagflasyon, reel ekonomik büyüme olmaksızın fiyatların artmaya devam etmesi halini ya da GSYH'nin nominal olarak büyümesine karşılık reel olarak büyümemesi halini ifade ediyor.

Stagflasyon'un oluşumu hakkında iki farklı görüş vardır. İncelenecek ilk oluşum Dual Stagflasyon oluşumudur. İşsizlik ve enflasyon kavramları ile stagflasyon oluşumu açıklanmaya çalışırmıştır. Bazı yüksek ücretler neden olarak gösterilir, işgücü piyasasında kalifiye iş görenlere verilen yüksek ücret, fiyatları dolayısıyla enflasyonu yükseltmektedir. Ancak piyasada genel ve kalifiye olmayan kesim iş bulamamaktadır. Sonuç olarak hem fiyatlar genel seviyesinde artış hem de işsizlik gözlenmektedir. Stagflasyon ekonominin yapısal sorunlarından kaynaklanabilir. Yani yapısal işsizlik genel işsizliğe, yapısal enflasyon genel enflasyona sebep olur ve sonuçta stagflasyon oluşur. Kullanılmayan kapasiteden doğan artan birim maliyetleri talep resesyonuna sebep olabilir bu da stagflasyonun oluşumuna neden olur. Stagflasyonun oluşumu hakkında diğer görüş ise Aktüel Stagflasyon Oluşumu' dur. Bu görüşte enflasyon ve işsizlik teorilerinden hareket eder. Ekonomide enflasyon ve işsizliği doğuracak ortak nedenlerin varlığı söz konusu olabilir. Ya da karar alıcıların uyguladığı yanlış politikalarda oluşumun bir başka nedeni olabilir. Enflasyon ve işsizliği önleyici politikaların birbirleri ile çatışması sorunlardan birinin çözümünün tercih edilmesine neden olabilir. Dolayısıyla diğer sorun körüklenmiş olur. Ancak sonuçta artmasına göz yumulan sorunla birlikte diğer sorunda baş gösterir ve stagflasyon oluşur.

Stagflasyon hem klasikler hem de Keynesyenler için bir paradoks olmuştur. Çünkü klasikler, klasik miktar teorisinden hareketle ekonomide böyle bir dengesizliği öngörmezken Keynesyenler ise enflasyon ve işsizliğin aynı da olmayacağını savunmaktaydılar. Neo-Keynesyen A.W. Phillips, parasal ücretlerdeki değişme ileişsizlik oranı ilişkiyi İngiltere'nin 1861-1913 dönemi için araştırmış ve bu ikideğişken arasında doğrusal olmayan ters yönlü bir ilişkinin mevcut olduğunu bulmuştur. Phillips, 1861-1913 dönemi için geçerli olan ilişkinin 1913-1957 dönemi içinde geçerli olduğunu göstermiştir. Buna göre, işsizlik oranı yükseldikçe parasal ücretlerdeki artış oranı azalmaktadır ve bu ilişki zaman içinde istikrarlıdır. Phillips elde ettiği verileri kendi adıyla anılan şekilde göstermiştir. Buna göre işsizlik oranı % 5,5 iken ücretler değişmemekte (w=0) ve parasal ücretler, işsizlik oranı düşerken daha hızlı, işsizlik oranı artarken ise daha yavaş yükselmektedir.Yani Phillips eğrisi üzerinde saatin tersi yönünde bir hareket söz konusudur. [60] Orijinal Phillips eğrisi Şekil 3'de gösterilmiştir.

1960'lara gelindiğinde ise birbirlerinden ayrı olarak yaptıkları çalışmalarla Milton Friedman ve E. Phelps, Phillips eğrisine yeni bir boyut getirmişlerdir. Kısa ve uzun dönem dengelerindeki farka dikkat çekmişlerdir. Literatürde de Friedman ve Phelps'in geliştirdiği bu yeni eğri uzun dönem Phillips eğrisi olarak adlandırılmıştır. Bu eğri sekil IV'de gösterilmiştir. A noktasında işsizlik oranı doğal işsizlik oranında ve enflasyon oranı ile beklenen enflasyon eşit ve sıfırdır. Uzun dönemde uygulanacak bir genişletici maliye politikası toplam talebi artıracaktır. Bu üretim seviyesini dolayısıyla istihdamı ve ücretleri artıracaktır. İşsizlik doğal işsizlik oranının altına düşerek B noktasına gelecektir. Bu noktada enflasyon % 5 olacaktır. Ancak bir noktadan sonra işçiler enflasyonu aldanmasına düştüklerini fark edeceklerdir. Çünkü ücretleri yükselmesine rağmen istedikleri kadar mal ve hizmet satın alamamaktadırlar. Bir enflasyon beklentisine girerek daha yüksek maaşlı iş aramaya başlayacaklardır ki bu uzun dönemde istihdam seviyesini doğal işsizlik sınırına kadar düşürecektir. Ancak bu noktada (C noktası) enflasyon oranı hâlâ %5 dir. Bu noktada beklenen enflasyon ve enflasyon oranı aynıdır. Bu da yeni bir Phillips Eğrisi PC_1 oluşacak. İşsizliğin tekrar %4'e indirilmesi için % 10 enflasyona katlanmak gerekecektir. Bu da önce D noktasına sonra E noktasına ve sonuçta yeni bir Phillips eğrisini PC_2 ortaya çıkaracaktır. Uzun vadede tüm kısa vade denge

---

[60] Yıldırım ve Karaman, s. 396.

noktalarının kesişiminden Uzun Dönem Phillips Eğrisine ulaşılacaktır.

Şekil 3: Orijinal Phillips Eğrisi

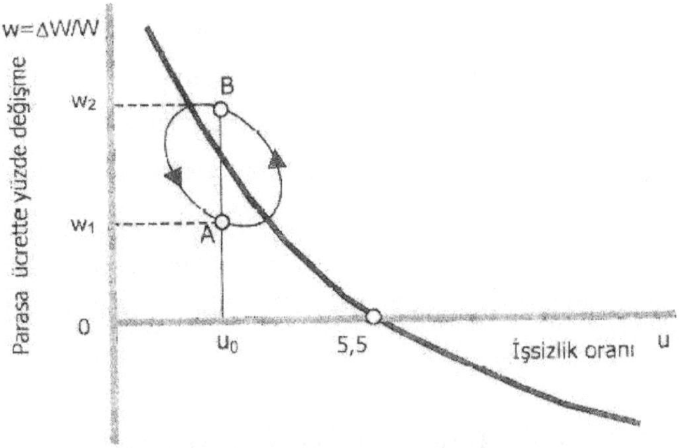

Kaynak: Yıldırım ve Karaman, s.396.

1960'lara gelindiğinde ise birbirlerinden ayrı olarak yaptıkları çalışmalarla Milton Friedman ve E. Phelps, Phillips eğrisine yeni bir boyut getirmişlerdir. Kısa ve uzun dönem dengelerindeki farka dikkat çekmişlerdir. Literatürde de Friedman ve Phelps'in geliştirdiği bu yeni eğri uzun dönem Phillips eğrisi olarak adlandırılmıştır. Bu eğri sekil 4'de gösterilmiştir. A noktasında işsizlik oranı doğal işsizlik oranında ve enflasyon oranı ile beklenen enflasyon eşit ve sıfırdır. Uzun dönemde uygulanacak bir genişletici maliye politikası toplam talebi artıracaktır. Bu üretim seviyesini dolayısıyla istihdamı ve ücretleri artıracaktır. İşsizlik doğal işsizlik oranının altına düşerek B noktasına gelecektir. Bu noktada enflasyon % 5 olacaktır. Ancak bir noktadan sonra işçiler enflasyonu aldanmasına düştüklerini fark edeceklerdir. Çünkü ücretleri yükselmesine rağmen istedikleri kadar mal ve hizmet satın alamamaktadırlar. Bir enflasyon beklentisine girerek daha yüksek maaşlı iş aramaya başlayacaklardır ki bu uzun dönemde istihdam seviyesini doğal işsizlik sınırına kadar düşürecektir. Ancak bu noktada (C noktası) enflasyon oranı hâlâ %5 dir. Bu noktada beklenen enflasyon ve enflasyon oranı aynıdır. Bu da yeni bir Phillips Eğrisi PC_1 oluşacak. İşsizliğin tekrar %4'e indirilmesi için % 10 enflasyona katlanmak gerekecektir. Bu da önce D noktasına sonra E noktasına ve sonuçta yeni bir Phillips eğrisini PC_2 ortaya çıkaracaktır. Uzun vadede tüm kısa vade denge noktalarının kesişiminden Uzun Dönem Phillips Eğrisine ulaşılacaktır.

Şekil 4: Uzun Dönem Phillips Eğrisi

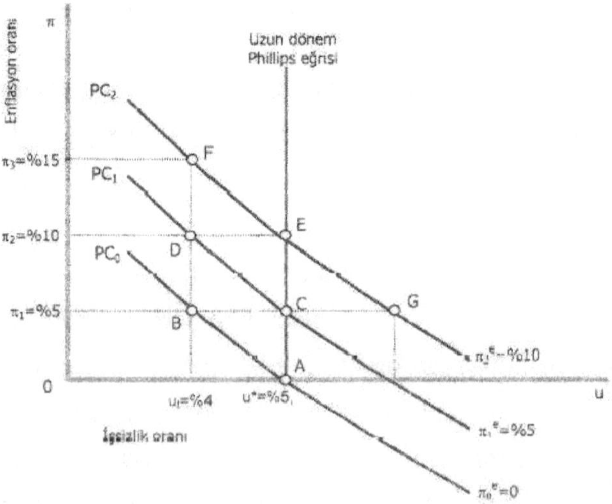

Kaynak: Yıldırım ve Karaman, s.404.

Monetaristler iki stagflasyon nedeni ileri sürmüşlerdir. Bunlardan ilki ekonomide üretim kapasitesinin azalmasıdır. Kapasite azalışı kısa dönemde hem reel hasılayı düşürecek hem de işsizliğe sebep olacaktır. Kapasite azalışının nedeni ise enerji maliyeti gibi üretim faktör maliyetlerinin artışıdır. Örneğin stagflasyon kavramı ile ilk kez karşılaştığı 1973 OPEC krizinde petrol fiyatlarındaki artış, üretim maliyetini artırmış ve üretimin azalmasına neden olmuştu Maliyetin artması toplam arzda bir azalışa, fiyatlarda dolayısıyla enflasyonda bir artışa ve eş zamanlı olarak işsizlikte bir artışa neden olur. Stagflasyona sebep üretim maliyetlerindeki artış olduğu içinde monetaristler bu tür stagflasyonu maliyet itişli stagflasyon olarak adlandırmışlardır.

Bir diğer stagflasyon nedeni isenominal para stokundaki devamlı artışın toplam talebi kalıcı olarak artırmasıdır. Bu fiyatlar veücretleri artıracaktır. Ancak işçiler ücretlerindeki artışla beraber fiyatlardaki artış da algıladıkları içindaha azemek arz edeceklerdir. Bu reel hasılanın düşmesine ve işsizliğin yaşanmasına neden olacaktır ancak fiyatlar ve enflasyon artmaya devam edecektir. Uzun dönemde yani fiyat düzeyi ve enflasyon beklentileri ayarlayıncaya kadar budurum yanistagflasyon devam edecektir. Monetaristler bu stagflasyonu da talep çekişli stagflasyon olarak adlandırmışlardır.

Yeni Keynesyenler'e göre stagflasyonun nedenleri ekonomik yapıda ve dışsal faktörlerde aranmalıdır.Örneğin eksik rekabet şartlarında talebin azalması karşısında fiyatlar düşmez aksine üretim azalır dolayısıyla işsizlik artar vefiyatlarda artış olur. Aynı şekilde hem işverenlerin hem de iş görenlerin sendikalaşması ücretlerin aşağıya doğru esnek olmamasına neden olur. Ücretlerdeki yapışkanlık sendikaların toplu sözleşmelerinin bir yılı kapsaması ücretlerin konjonktüre uyum sağlamasını engeller. Yine işgücü piyasasında bölgesel ve/veya sektörle mobilizenin yeterli düzeyde olmaması ve teknolojik gelişime yeterince uyum sağlanamaması gibi nedenlerle yapısal hale gelenişsizlikte stagflasyon nedenlerindendir. Yine gelir dağılımında ki eşitsizlikte kazançlı olan tarafın bunu devam ettirme gayretinde olması da bir başka nedendir. Son olarak ta OPEC krizinde olduğu gibi dışsal etkenlerde diğer bir sebeptir. Stagflasyona karşı uygulanacak anti-konjonktürel maliye politikaları birbirini izleyen daraltıcı ve genişletici maliye politikaları şeklinde uygulanabilir.

Uygulanacak politikalardan ilki vergi politikasıdır. 1970' lerde ABD ve Avrupa ülkelerinde bu politika uygulanmıştır. Öncelikle 1971-1973 yıllarında fiyat ve ücret kontrolü uygulanmış ancak kontrolün kaldırılmasından sonra ücret ve fiyatlarda büyük bir artış yaşanmıştır. Kontroller yerine vergi temelli gelir politikaları uygulamasına geçilmiştir. Aşırı yüksek ücretler dışsal zarar gibi düşünülerek vergiile cezalandırılmış belli değerin altındaki ücretler ise dışsal fayda gibi değerlendirilip vergisel olarak ödüllendirilmiştir. Ancak bu da uygulandığı dönemde başarılı olamamıştır. Stagflasyonla mücadelede kamu harcamaları mümkün olduğunca kısılmalıdır. Aynı zamanda sübvansiyonlar da politik karakterden kurtarıp üretimi teşvik edici karakter kazandırılmalıdır.

Stagflasyonla mücadelede maliye politikasının etkin olabilmesi veya etkinliğinin arttırılmas ıiçin para politikasının da uygulanması gerekebilir. Para politikası temel olarak ekonomideki likidite oranın artırılması ve azaltılmasışeklinde uygulanır. Stagflasyonla mücadele sırasında faiz hadleri ile tüketim, para arzıylada faiz hadleri kontrol altına alınması hedeflenir. Örneğin merkezbankası aracılığı ile kredi hacmi genişletilebilir veya daraltabilir. Enflasyonist baskının arttığı dönemde reeskont hacmini kısıp deflasyonist baskının artığı dönemde ise reeskont hacmini arttırabilir. Kredi politikasında tıpkı vergi tabanlı gelir politikasında olduğu gibi üretimi ve istihdamı teşvik eden sektörler de kredi olanağının artırılması üretim ve istihdamı artırmayacaktır. Bu artış kaynak israfına neden olacak uzun vadede ekonomiye katkısı olmayacak ve sektörlerde kredi imkânı kısabilecektir. Yine merkez bankası, ticari bankaların kanuni karşılık oranlarının düşürülmesi bankaların kredi verme imkânını arttırır bu da toplam talebin artmasına neden olur.

Türkiye, stagflasyon benzeri ekonomik koşullarla geçmişte birkaç kez karşılaşmıştır. Bunlardan birisi 1991 yılıdır. Ekonomik büyüme % 0,4, enflasyon % 71, GSYH 634,4 milyar TL yani 151,8 milyar dolardı. 1990 da GSYH'miz reel fiyatlarla 397,2 milyar TL di. (152 milyar dolar.)

2.2.2.4. Resesyon

Resesyon, ekonomide üst üste iki çeyrek dönemde, GSYH'da küçülme yaşanmasıdır. Eğer resesyon sadece iki çeyrek dönemde yaşandıysa V tipi, daha uzun dönemdeyse U tipi, kısa sureli çıkışın hemen arkasından tekrar kısa süreli bir iniş ve çıkış yaşanırsa W tipi ya da çift dipli resesyon denir. 2008 Küresel Krizinde resesyonun her tipine rastlanmıştır. Örneğin Türkiye V tipi resesyonyaşarken İngiltere'de W tipi resesyon yaşanır.

2.2.2.5. Depresyon

Bir ekonomide, GSYH'nin % 10'dan daha büyük oranda küçülmesine neden olacak ölçüde ekonomik faaliyetlerin uzun süreli olarak aşağı yönlü olması depresyon olarak adlandırılır. Resesyon ile depresyon arasında iki temel fark vardır. İlk fark,Resesyonda küçülme, depresyona göre daha kısa sürelidir. Resesyon, genelde iki çeyrek veya birkaç yıl sürer. Depresyon ise daha uzun sürmektedir. Örneğin 1873'de ABD ve İngiltere'de başlayan depresyon 1896'ya kadar sürmüştür. 1929 Büyük Buhranı ise 1933 yılına kadar devam etmiştir. İkinci olarak resesyonda daha GSYH'da gerçekleşen küçülme daha azdır. Depresyondan söz edebilmek için en az % 10 oranında küçülme gerçekleşmelidir. 1929 Buhranının başlangıcında 103,6 milyar dolar olan ABD GSYH 'si krizin sonunda 56,4 milyar dolara gerilemişti.

2.2.2.6. Slumpflasyon

Slump (çökmek) ve inflation (enflasyon) kelimesinin birleştirilmesiyle oluşan bu kavram, çöküş içerisinde enflasyonu ifade eder. Stagflasyondan farklı olarak, yüksek enflasyonla birlikte ekonomide küçülmenin gerçekleşmesidir. Konjonktürel dalgalamaların en kötü sonucudur. Çünkü ekonomik küçülme ve yüksek enflasyon ile mücadelede uygulanacak politikalar birbirleri çatışmaktadır. Ekonomiyi tekrar büyüme seviyesine getirmek için uygulanacak genişletici maliye ve para politikaları enflasyon artışına neden olacaktır. Enflasyon ise slumpflasyon durumunda çözülmesi gereken bir diğer sorundur. Enflasyon ile mücadelde kullanılacak daraltıcı maliye ve para politikaları ise ekonomide durgunluğa sebep olacaktır. Slumpflasyon durumunda GSMH'da küçülme yaşandığı için bu tür politikalar küçülmeyi daha da arttıracaktır. Slumpflasyonla mücadelede stagflasyon ile mücadele poltikaları uygulanmaktadır. Ancak bu poltikaların uygulanması sırasında daha dikkatli olunmalıdır çünkü slumpflasyon, stagflasyondan daha kırılgan bir durumdur.

Dünya çapında en bilinen örneği 1929 büyük buhrandır. Türkiye ekonomisin de geçmişte Slumpflasyon ile birkaç kez karşılaşılmıştır. En yakın olanı 2001 krizi sonucunda yaşanan krizdir. Cari fiyatlarla GSYH'miz 2000 yılında 166,7 milyar YTL, sabit fiyatlarla 72,4 milyar YTL idi. Buna karşılık 2001 yılında %50'nin üzerindeki enflasyona eşlik eden yüzde 5,7'Lik bir küçülme yaşayan ekonomide GSYH cari fiyatlarla 240,2 milyar YTL, sabit fiyatlarla 68,3 milyar YTL olmuştu. Yani nominal olarak büyümüş görünen Türkiye reel olarak küçülmüştü.[61]

2.2.KONJONKTÜREL DALGALANMALARIN TEORİK BOYUTU

Konjonktürel dalgalanmalar, iktisat tarihinin yazarıdır. Çünkü konjonktürel dalgalanmalar pek çok iktisatçının ve pek çok ekolun ilgi alanı olmuş hatta onların ortaya çıkmasına neden olmuştur. 1873 krizinden sonra sarsılmaya başlayan klasik iktisadın tahtını korumak için Neo-klasikler, 1929 buhranı ile kendi tahtlarını kuran Keynesyenler, 1973 krizi ile yeni liberal akımlar ve nihayetinde 2008 krizi ile kimilerine göre tekrar Keynesyen olan iktisat dünyası konjonktürel dalgalanmaların bir sonucudur. Hatta Markizimin 1825 bunalımı ile doğduğu bile söylenebilir.

Konjonktürel dalgalanmaları açıklarken pek çok sınıflandırmaya gidilmiştir. Örneğin kimine göre konjonktürel dalgalanmalar ekonomik nedenlere dayanmaktadır, kimine göre ise bunun nedeni ekonomide değil, savaş, doğal afetler, politik nedenler

---

[61] Eğilmez, 2008.

gibi ekonomi dışı nedenlerdedir. Bu ayırım, içsel teoriler ve dışsal teoriler olarak ikili bir sınıflandırma halini almıştır. Ortodoks ve Heterodoks iktisat akımları açısından konuya bakıldığında ise Ortodoks akım taraftarları konjonktürel dalgalanmaları dengeden sapma olarak görür oysa Heterodokslara göre zaten bir denge yoktur, konjonktürel dalgalanmalarda iste bu olgu çerçevesinde açıklanır.

Konjonktürel dalgalanmalar, her ne kadar yakın döneme ait bir kavram gibi görülse de ilk çağda da bu kavrama rastlamaktayız. Örneğin, Aristophane (İÖ 448-388) "Kurbağalar" adlı tiyatro eserinde kötü paranın iyi parayı kovacağını ileri sürmüştür. Kötü paranın yani maden değeri düşürülmüş paranın konjonktürel dalgalanmalara neden olduğu bilinmektedir. Keza tarihte ilk yüksek enflasyon, 3.yy. da Roma İmparatorluğunda görülmüştür. Savaş giderlerini karşılamak için paranın gümüş oranın düşürülmesi %3-4 oranında enflasyon yaşanmasına neden olmuştu. Eski Yunan' da Sokrates'in öğrencisi Xenophon (İ.Ö. 430-355) ev yönetiminin ilkelerini incelediği " Qeconomicus" adlı eseri ile ekonomi biliminin isim babalığı yapmıştır. Xenophon" Attiqu' in Gelirleri" adlı eserinde de mali krizleri incelemiş devletin ekonomi içerisindeki faaliyetlerin kurulacak devlet işletmeleri ile arttırılmasını önermiştir.

Bu bölümde genel olarak üç zaman dilimine ayırdığımız iktisadi akımlar çerçevesinde de konjonktürel dalgalanma kavramını inceleyeceğiz. Bahsedilen zaman dilimleri, konjonktürel dalgalanmalara göre ayarlanmıştır. Şöyle ki; birinci dönem büyük buhrana kadar olan iktisadi düşünceler ikinci kısım büyük buhrandan 1970'lerdeki buhrana kadar olan düşünceler, üçüncü kısım ise 1970'lerden günümüze kadar olan düşüncelerdir.

2.2.1. Klasik Dönem

Adam Smith'in Ulusların Zenginliği adlı eserinin 1776 yılında yayımlaması ile başlayan klasik dönem 1930'lara kadar yaklaşık 155 yıllık bir zaman aralığında hüküm sürmüştür. 1929 buhranında görünmez elin ekonomiyi tekrar dengeye getirememesi, Klasik Düşünceye olan güveni ve Klasik Düşüncenin tahtını yıkmıştır. Bu bölümde klasik dönemde ortaya çıkan iktisadi düşünce akımlarının toplu durum teorileri üzerinde duracağız.

2.2.1.1. Klasik İktisat

Klasik iktisat öğretisi daha çok uzun vadeli büyüme sorunları üzerine yoğunlaşmış konjonktür kavramını dikkate almamıştır. Zaten Klasikler, görünmez el sayesinde ekonominin daima dengede olacağını savunmuşlardır. Fiyatlar genel düzeyindeki bir yükselme, tam istihdam bozucu bir etki yapmayacak, emek talep ve arzındaki değişme ile telafi edilecektir. Sonuçta nominal ücret enflasyon ile aynı oranda artmakta ve reel ücret değişmemekte, ekonomi de tam istihdam korunmaktadır.[62]

Jean Baptiste Say,1803 yılında yayımladığı: "Politik İktisat Üzerine İncelemeler" (Treatise on Political Economy) adlı eserinde bu dengeyi görmekteyiz. Ona göre her arz kendi talebini doğuracaktır. Bir birey belli bir dönemde ürettiği mal ve hizmetin ihtiyacı haricini satacak ve elde ettiği geliri başka mal ve hizmetleri almak için kullanacaktır. Harcamaya dönüşmeyen gelir ise tasarrufa gidecektir. Ancak faiz oranlarındaki değişim ile hane halk tasarrufa harcadıkları gelirleri firmalarca harcamaya dönüştürülecektir. Ancak

[62] Yıldırım ve Karaman, s. 143.

bazen yatırımcıların yanlış kararları geçici üretim fazlalığına sebep olabilir bu ise dengeden sapmalara neden olur. Ancak bu dengeden sapmalar yani konjonktürel dalgalanmalar, ekonomi içi mekanizmalar ile tekrar dengeye gelecektir.

David Ricardo, "Siyasal İktisadın ve Vergilendirmenin İlkeleri" adlı eserinde "Ticaretin Akışında Ortaya Çıkan Ani Değişiklikler Üzerine" başlığı adı altında ekonomide meydana gelen bazı sıkıntılı durumlardan bahsetmiştir. Bu sıkıntılı durumlar her zaman ulusun sermayesinin azalmasıyla ve toplumun gerileme sürecine eşlik eden bir durum arz etmeye bilir. Bu sıkıntının pek çok nedeni olabilir. Sermaye ve emeğin bir iş kolundan diğerine aktarılması, teknoloji yatırımları, beğeni ve heveslerin de değişebilir olması bu nedenler arasında sayılmıştır. Ayrıca uzun bir barış döneminden sonra bir savaşın patlak vermesi ya da uzun bir savaştan sonra barışın sağlanması, vergiler, devletlerarası ticaret kısıtlama ve yasaklamalar nedenler arasındadır. Tüm bu nedenler, bir ürünün üretimini düşürüp bazı kayıplar verdirebilir. Bu sıkıntı ve kayıp yalnızca kısa bir süreliğine olmaz, sermayelerini ve çalıştırdıkları emeği bir işkolundan diğerine aktardıkları tüm süre içinde devam eder. Bu türden sıkıntılar yalnızca söz konusu zorlukların ortaya çıktığı ülkede değil, aynı zamanda bu ülkenin daha önce ihracat yaptığı ülkelerde de hissedilecektir. [63]

Ricardo sanayi toplumlarının tarım toplumlarına göre daha çok konjonktürel dalgalanmaya maruz kalacağını savunmuştur. Ona göre, büyük bir sanayi ülkesi, sermayenin bir işkolundan diğerine aktarılması sonucunda ortaya çıkan geçici gerilemeler ve beklenmedik olaylara özellikle maruz kalır. Tarım mahsullerine talep

---

[63] Ricardo, s. 233.

değişmez; bunlar modanın, ön yargıların ya da heveslerin etkisi altında değildir. Yaşamını sürdürmek için besin zorunludur ve besin talebi, her çağda, her ülkede varlığını korur. Mamul mallar için ise durum farklıdır. Her hangi bir mamul mala talep, alıcının yalnızca gereksinmelerine değil, beğenilerine ve heveslerine de tabidir. [64]

Ticaretin akışında ortaya çıkacak sapmalarda, makinelere büyük sermayelerin yatırıldığı zengin ve güçlü ülkeler, daha ufak bir bağlı sermayeye ve çok daha büyük dönen sermayeye sahip olan, işlerin kotarılması için çok büyük ölçüde insan emeğine gereksinme duyan yoksul ülkelere kıyasla daha büyük sıkıntılar yaşayabilir. Dönen sermayeyi kullandığı iş kolundan çekmek, bağlı sermayeyi çekmekten daha kolaydır. Hatta bir imalata göre tasarlanmış makineyi başka bir imalata koymak çoğunlukla olanaksızdır oysa bir işkolunda kullanılan giysi, besin ve emekçi barınağı, kolaylıkla başka bir iş kolunu takviye etmede kullanılabilir; ya da bir emekçi, işi değişmesine karsı aynı besini, giysiyi ve barınağı kullanabilir.[65]

Ricardo'ya göre konjonktürel dalgalanmalara neden olacak talep dengesizlikleri sistem içerisinde otomatik olarak çözülecektir. Görünmez ele olan inancın yanı sıra ortaya attığı bir diğer çözüm ise Uluslararası Karşılaştırmalı Ticaret Teorisi. Ricardo şöyle der; " serbest ticaretin kusursuz uygulandığı bir sistemde, her ülke doğal olarak sermayesini ve emeğini kendisi için en yararlı olan işkollarına yatıracaktır. Bireysel yararını kollama yolundaki bu arayış, hayranlık uyandıran bir biçimde, bütünün genel iyiliği de beraberinde getirir. Bu arayış, çalışmayı kışkırtarak, marifeti ödüllendirerek, doğanın bahsettiği özgün güçlerin en etkin biçimde kullanılmasını sağlayarak

[64] Ricardo, ss. 231-232.
[65] Ricardo, s. 231.

emeği en verimliye en tutumlu iş göreceği biçimde dağıtır, genel mal kütlesini artırarak herkese yarar sağlar, ortak çıkar ilişkileri ve etkileşim kurarak tüm uygar dünyayı evrensel bir uluslar topluluğu halinde birbirine bağlar.[66]

Thomas Robert Malthus ise dengeden sapmalar "Politik Ekonominin Prensipleri" adlı eserinde efektif talebin yetersizliği ile açıklamıştır. Bireyler daha fazla gelir elde etmek isteği dengeden sapmalara neden olabilir. Örneğin daha verimli üretim yollarının tercih edilmesi işgücü istihdamın azalmasına neden olacaktır. Bireyler artan tasarruf eğilimleri ile aşırı tasarrufa yönelebilir ve bu tasarruflar Say'ın savunduğu tekrar üretime katılamayabilirdi. Ya da bireyler aşırı tasarrufları yatırımın dönüştürebilir ancak bu da aşırı üretime neden olabilirdi.Tasarruf, üretim ve tüketim arasındaki bu dengesizliğin çözümü ise Malthus'a göre yatırıma dönüşmeyecek tüketim yani üretken olmayan tüketimdir.

Sonuç olarak, klasikler ekonomi de konjonktürel dalgalanmaların ekonomiyi krize neden olacak ölçekte yaşanması ihtimalini genel olarak reddetmişler. Gizli el sayesinde oluşabilecek dalgalanmaları da ortadan kaldırılabileceğini savunmuşlardır. Gizli elin bazen aksayabileceğini kabul eden klasikler bile çözümü yine sistemin kendi işleyişi içinde aramışlardır. Literatürdeki klasik dikotomi olarak geçen ayrıma göre Klasikler, Reel sektör ve parasal sektörü birbirinden ayırmışlardır. Hem parayı daima tarafsız yani yansız hem de parasal değişkenlerin reel sektör değişkenleri üzerinde etkinsiz kabul etmişlerdir. Mesela para arzındaki azalış veya artış, ne üretim ne de istihdam seviyesini etkileyecektir. Ve bunun bir sonucu olarak da ekonomi üzerinde para politikası

66 Ricardo, s. 230.

etkinsizdir. Bununla berber mutlaka bir politika uygulanması gerekirse bu maliye politikası olmalıdır. Uygulanacak maliye politikaları da yansız olmalıdır. Yani kişi ve firmalar tarafından alınan ekonomik kararları etkilememesidir.

2.2.1.2. Neo-KlasikYaklaşım

Neo-klasikler, tıpkı klasikler gibi konjonktürel dalgalanmaları önemsememiştir. Onlara göre, her birey kendine maksimum fayda sağlayacak mal bileşeni tercih edecektir. Her bireyin maksimum fayda arzusunda olması ise fiyat mekanizması ile en uygun piyasayı yaratacaktır. Ekonomi tam istihdam düzeyinde dengeye ulaşabilir ve görünmez el sayesinde bu denge devam edecektir. Devlet müdahalesi ise dengeyi bozacaktır. Bazı Neo-klasikler göre konjonktürel dalgalanmalar parasal bir olgudur. Genişleme ve daralma dönemleri ile para akımındaki değişmelerin örtülmesi de bunu doğrulamaktadır. Genişleme döneminde hem reel üretim hem para dolaşım hızı hem de fiyatlar genel seviyesi artmaktadır. Daralma döneminde ise bu üç unsurda da daralma görülmektedir.

William Stanley Jevons bunu güneşteki lekelerden etkilenen tarım sektörüne, Irving Fisher de tarım sektöründeki dalgalanmalara bağlamıştır. Zaten nasıl nüfus dalgalanmaları, iklim dalgalanmaları oluyorsa iktisadi faaliyette de dalgalanmalar olabilirdi. Bu bir sorun değil işin doğasıydı. Arthur C. Pigou ise meseleye başka bir açıdan bakmıştır. Ona göre dalgalanmaların sebebi reel sektörde ve psikolojide aranmalıydı. Piyasa aktörleri kısa vadeli verilere bakarak orta ve uzun vadede hatalı beklentilere ve taahhütlere girerler. Orta ve uzun vadede dışsal etkenler bu olumlu beklentilerin gerçekleşmemesine neden olur. Bireylerin içinde bulunduğu bu durum onları karamsar beklentilere iter ve bu durum tüm topluma yayılır. Böylelikle ekonomi daralma dönemine girer. A. Hansen ve J.M. Clark ta konjonktürel dalgalanmalar önemsenmemiş, bu dalgalanmalar geçici olduğunu ve ekonominin tekrar dengeye geleceğini savunmuşlardır. Walras'a göre ise, tam rekabet piyasasında tüketicilerin fayda, üreticilerin kâr en üst düzeye çıkarma çabaları toplam gelir ve tüketimi eşitleyecek dolayısıyla toplam talep ve toplam arz dengesi sağlanması olacaktır. Denge fiyatında, konjonktürel dalgalanma yaşanmayacaktır. Piyasaya yapılacak herhangi bir müdahalede dengeden sapmaya neden olacaktır.

Ralph Hawtrey'e göre konjonktürel dalgalanmalar tamamen parasal bir olgudur. 1870-1930 arasında dünya ekonomisi altın para çağı dönemini yaşıyordu. Hawtrey de konuya, bu olgu açısından bakmıştır. Ülkeye altın girişi banka kredileri faizlerinin düşmesine neden olacaktır. Böylelikle ödünç verilebilir para fonu, dolayısıyla gelir artacaktır. Bu tüketimin, talebin ve üretimin artmasına neden olacaktır. Bu zincirleme reaksiyon, stokların azalması ve ekonominin genişlemesi ile sonuçlanır. Bu genişleme ancak Altın standarttı veya diğer yasal kısıtlamalara kadar devam edecektir. Bu noktadan sonra ise aynı süreç daralma dönemi için işleyecektir. Eğer derin bir kriz söz konusu değilse, bu dönemde kredilerin geri ödenmesi ile banka rezervleri artacak ve tekrar genişleme dönemine geçiş başlayacaktır. Ancak genişleme dönemine geçilemezse merkez bankasının açık piyasa işlemelerine başvurması gerekecektir.

Wicksell'de konjonktürel dalgalanmaların parasal bir olgu olduğunu savunmuştur. Wicksell konjonktürel dalgalanmaları para ve kredi mekanizmasının yarattığı dengesizliklere bağlamıştır. Para arz esnektir ve faiz oranı ile fiyatlar genel seviyesi arasında fonksiyonel bir ilişki vardır. İki tür faiz vardır. İlki bankalar tarafından belirlenen piyasa faiz oranıdır. İkincisi ise doğal faiz oranıdır ve bu sermayenin kar oranıdır. Eğer doğal faiz oranı piyasa faiz oranından büyükse toplam talep artacak ve bu da fiyatlar genel seviyesini arttıracaktır. Böylelikle enflasyonist bir etki olacaktır. Eğer piyasa faiz oranı doğal faiz oranının üzerinde olursa toplam talep düşer ve bu fiyatlar genel seviyesini de düşürecektir. Bu ekonomide deflasyonist bir etki yaratacaktır. Doğal faiz oranı ile piyasa faiz oranı ve yatırımlarla tasarruf arasında eşitlik sağlandığında ise tam istihdam denge noktası sağlanmış olur.

2.2.1.3. Sosyalizm

Jean Charles Sismondi'nin (1773-1842) fikirleri Sosyalizme ve Marks'a öncülük etmiştir Toplumu burjuva ve proleter olarak iki sınıfa ayıran Sismondi, konjonktürel dalgalanmaların temelinde bu iki sınıf ve bu iki sınıfın çıkarlarının çatışmasını görür. Ona göre üretim ve tüketim süreci arasında bir denge yoktur. Kapitalist üretim süreci üretim arttıkça işçinin geçim düzeyinde de aynı oranda bir artışa izin vermez. Bu üretim süreci, uzun çalışma saatlerini, daha düşük ücretlerini ve aşırı üretime sebep olacaktır. Bu, kapitalist sistemi sürekli krizlere sürükleyecektir. Laisser-faire anlamsızdır ve devletin müdahalesi gereklidir. Emekle mülkiyet birleştirilmeli, üretim ve tüketim arasındaki denge sağlanmalıdır. Bunun için küçük çiftçi veya zanaatkâr gibi küçük burjuva sınıf oluşturulmalı, bunların üretim araçlarının mülkiyetini elde etmesine izin verilmelidir. Böylelikle büyük burjuva sınıfı dağıtılır, sanayileşme ve makinalaşma süreci yavaşlatılabilir.

Sosyalizmin en önemli isimlerinden Marks'a göre ise kapitalist sistemin kendi içindeki çelişkileri konjonktürel dalgalanmalara sebebidir. Bu sistem içinde yapılan hiçbir müdahale dalgalanmaları engelleyemeyecektir. Her bir dalgalanmayı 10 yıllık bir sure olarak tahmin etmiş ve bu dönemler içerisinde, refah-aşırı üretim-kriz-durgunluk gibi dört evre belirlemiştir. Konjonktürel dalgalanmalar geçici değildir ve her bir konjonktürel dalgalanma bir sonraki dalgalanmanın hazırlayıcısıdır ve bir sonraki dalgalanma ilkine göre daha şiddetli olacaktır.

Marks konjonktürel dalgalanmaların ilk nedenini üretim dengesizliğinde görmüştür. Öncelikle Say'ın Kanuna karşı çıkar. Ona göre "Her satışın bir satın alanı, her satın almanın da bir şans olduğu, dolayısıyla, metaların dolaşımının, alış ve satış arasında bir denge temsil ettiği düşüncesinden daha çocukça bir şey olamaz."[67] Say'ın parayı sadece basit bir mübadele aracı olarak görmeside ayrı bir hatadır. Para ekonomi içerisinde önemli, bağımsız bir yere sahiptir ve krizin oluşumuna neden olur. Özellikle tasarruf ve yatırım sürecinde dengesizlik, sınai ve ticari alışverişler arasındaki bağın kopması krizlere yol acar.

Marks bunu şu şekilde izah eder: "üretici kapitalin unsurları, sürekli olarak piyasadan çekilip, bunların yerine, eşit miktarda para piyasaya geldiğinden, metalar için nakit ödeyenlerin (satıcıların) talebi, satın alınacak metalar arz etmeksizin artar. Böylece, üretim vasıtaları ve geçimlik eşya fiyatları yükselir. Daha kötüsü, büyük kapital transferlerine yol açan dolandırıcılık faaliyetleri de, bu dönemde artar. Spekülatör,komisyoncu, mühendis, avukat takımı

[67] Karl Marx , **Kapital(Ekonomi Politiğin Eleştirisi),** çev. Mehmet Selik, Yordam Kitap, 1. Baskı, İstanbul, 2011; Küçükkalay, s. 328.

zenginleşir. Bunlar, piyasada tüketim için aşırı bir talep yaratır.Bu sırada ücret de yükselir.Madencilik, imalat vb. gibi üretimin süratle artırılabildiği alanlarda fiyatlardaki artış, ani bir genişlemeye yol açar. Bunu kısa bir süre sonra kriz izler. "[68]

Marks konjonktürel dalgalanmaları açıklarken ortaya attığı iki dalgalanma nedeni "üretim fazlası" ve "sermaye fazlası", kendinden sonra gelen Marksistleri de iki ana gruba ayırmıştır. Üretim fazlası üzerinde duranlar, orantısızlık teorisini geliştirmiştir. Kapitalistin, maksimum kâr güdüsü, onu daha karlı alanlarda üretim yapmaya itecektir. Bu alanlarda yoğunlaşan üretim ya da arz, denge düzeyi için gerekli satın almayı ya da talebi göremeyecektir. Sonuçta, telafi edilemeyen bir dengesizlik doğacak bu da daralmanın bir diğer ifade ile ekonomik krizin sebebi olacaktır.

Sermaye fazlalığı üzerinde duran grup ise Eksik Tüketim Teorisi'ni geliştirmiştir. Marksist yaklaşımda kapitalist, üretim için değişmez yani verimsiz sermayeyi kullanır. Üretim sürecinde değişir sermaye ya da üretken sermaye emektir. Kâr anlamına gelen artık değeri yalnız emek ile üretebiliriz. . Ancak artık değer üreten işçi sınıfı olmasına rağmen, artık değeri kâr adı altında alan kapitalisttir. Kapitalist aynı zamanda elde ettiği kârda tam anlamıyla üretime katmaz bir kısmını yastık altında tutabilir. Bu durumda elinde yeterli geliri olmayan bir işçi sınıf ve üretim sürecine dâhil edilemeyen para, dolayısıyla bir talep eksikliği ortaya çıkar. Bu da ekonomik krizi doğurur.

2.2.1.4. Avusturyacı İktisat Okulu

Avusturya İktisat Okulu'nun konjonktür teorisini, ikinci kuşağın en önemli isimlerinden Ludwing Von Mises, birinci kuşak

---

[68] Marx, ss. 102; Küçükkalay, s. 329.

temsilcilerinden Friedrich Wieser' in "Kümülatif Süreç Teorisi"nden hareketle geliştirmiştir. Mises'in teorisini ise üçüncü kuşaktan Hayek geliştirmiş ve teorinin son şeklini vermiştir. Avusturya okulu konjonktür teorisinde kilit rol paranındır. Genişletici bir para politikasını takip eden kredi genişlemesi dalgalanmalarının başlangıç noktasıdır. Genişletici para politikası faiz oranlarında bir düşmeye neden olacaktır. Genişletici para politikası doğal faiz oranı yeni bir faiz oranı meydana gelir. Sonuçta ekonomide, doğal faiz oranı ve piyasa faiz oranı olmak üzere iki tür faiz gelişecektir ve bu iki faiz arasındaki uyuşmazlık hem tasarruf eğilimini azaltarak tüketimin artmasına hem de üretim olanaklarının artması sonucu yatırımın artmasına neden olacaktır. Bu tüm kaynakların kullanım artışına ve ekonomiyi tam istihdam seviyesinin üstüne çıkmasına neden olacaktır. Ekonomideki bu genişleme üreticinin yatırım yapma arzusu ve tüketicilerin tüketim yapma arzusunu rakip haline getirir. Ancak bu rekabetin galibi yatırımcı olacaktır çünkü para yalındır.

Ekonomideki bu genişleme dönemi kalıcı olamayacaktır. Çünkü artan üretim sermayeye olan talebi arttıracaktır. Bu artış ise faizlerin yükselmesine neden olacaktır. Üretim uzun vadeli bir süreçtir ancak faiz oranlarının kısıtlayıcılığı üretim sürecinin kısaltılmasına neden olacaktır ki bu da üretim faktör fiyatlarını düşürecek hem de başta emek olmak üzere üretim faktörlerinin bir kısmını atıl hale getirecektir. Bu süreç fiyatlar genel seviyesini de yükseltecektir. Ekonomi artık çöküş sürecine girer ancak bir ayarlama olmaksızın ekonomi eski seviyesine ulaşamayacaktır. Çünkü yatırım kararları faizlerin düştüğü dönemde uzun vadeli olarak alınmıştır.ve daha fazla yatırım daha az tüketimin olduğu bir noktaya gelinecektir. Ekonomiyi tekrar eski düzeyine getirmek için nihai mal ve hizmetlerin ayrıca üretim faktörlerinin fiyatla ayarlanması gerekmektedir. Hayek'e göre bu ayarlama ortaya çıkan işsizliğin piyasa mekanizması ile diğer sektörlere aktarılması ve bu yolla tasarruf yatırım dengesinin sağlanmasıdır.

Hayek kriz nedeni olarak gördüğü sermayenin yanlış yönlendirilmesini stagflasyonu açıklarken de kullanmaktadır. Genişletici para politikası faizhaddinin oluşmasınave doğal faiz oranın altında bir piyasa faizi oluşmasınaneden olur. Girişimciler ancak düşük faiz oranlarında yapılabilecek sermayemallan yatırımlarına yönelecektir. Artan gelir düzeyi de tüketim mallan talebiniakabinde tüketim malları fiyatlarını arttıracaktır. Bankalar düşük faiz vermeyi de bir süre sonra kesecektir. Bu durumda ise sadece düşük faiz de üretimisürdürülebilen sermaye ürünlerinde üretim duracaktır. Burada oluşacak işsizliktüketim mallan sektöründe iş bulana kadardevam edecektir. Bu işsizliği gidermek için uygulanan genişletici politikalar yalnızca işsizlik ve enflasyon olgusunun artmasına neden olacaktır.[69]

Ekonomide karşılaşılan krizlerin, özellikle stagflasyon olgusunun, tamamen piyasaya yapılan müdahalelerden kaynaklandığını belirtmektedir. Fertlerin gönüllü kararları ile belirlenebilen dengeler suni talep artışları ile bozulduğunda, eldeki kaynakların bir kısım yanlış yönlere kayacak ve kesinleşmekte olan denge bir başka zamana ertelenecektir. İstihdam edilmemiş kaynaklarla budengeyi yakalamaya çalışmak mümkün olsa bile, yeni dengesizlik ve karışıklıklara yol açacaktır. Bundan dolayı, bütün mevcut kaynakların kalıcı bir şekilde mobilize edilebilmesinin tek

---

[69] Turan Yay, F.A. **Hayek'e İktisadi Düşünce: Hayek Ve Keynes/Keynesçiler Tartışması**, Ezgi Kitabevi Yayınları, Bursa, 1993, s. 159.

yolu, suni dürtüler vesaikler kullanmak değil, kriz olsun olmasın, sürekli tedavinin oluşumuna zaman bırakmaktadır. [70]

Onlara göre, konjonktürel dalgalanmalar ekonomi de istenmeyen ve beklenmeyen birdurum değildir. Her şeyden önce ekonomide doğal faiz oranı ve piyasa faiz oranı arasında devamlı bir dengesizlik vardır. Bu dalgalanmaların temel nedenlerindedir. Ayrıca piyasalarda eksik bilgi, hatalı koordinasyon, dışsal şoklara açıklık, heterojenlik sorunu bulunmaktadır. Tüm bu etkenler ekonomiyi yanlış yönlendirmektedir. Ekonomik krizler, Schumpeter'in ifadesiyle piyasalar için iyi bir soğuk duştur ve ekonomideki yanlış yönlendirilmiş yatırımları verimli alanlara kaydırır.

Hayek esasen krizlerin çözümü ile radikal önerilerde ortaya atmıştır. Örneğin, ekonomik krizlerin kaynağıpara miktarındaki aşırı artışlar olduğu içinpara miktarının kontrolü ve paranın değerinin korunması gerekmektedir. Bunun için ise kesin çözüm otomatik altınstandardına dönülmesi hiç olmazsa sabit döviz kuruna geçirilmesidir. Ancak para arzının kontrolü için Hayek 'in ortaya attığı en radikal çözüm bu değildir. 1975 yılında Lozan'da yapılan ikinci altın ve para konferansında bir şaka olarak oraya attığı devletin elindeki para basma yetkisinin özel sektöre yani bankalara devridir.

Dünya ekonomileri 1970'lerde "Stagflasyon Krizi" olarak adlandırılan ve Büyük Buhranın sonraki en etkili krizini yaşamıştır. Kriz karşısında Keynesçi açıklamalar geçerliliğini yitirirken, daha 1930'larda işsizlikle enflasyonun bir arada bulunabileceği bir ekonomik daralma dönemi öngören Hayek'in konjonktür teorisine olan ilgi artmıştır. Ayrıca Hayek' in 1974 yılında para ve konjonktür

---

[70] Yay, ss. 98-99.

teorisindeki öncü çalışmaları nedeniyle Nobel Ödülü alması da bu eğilime katkıda bulunmuştur. [71]

Günümüzde de 2008 Krizini izah edebilen ve hatta öngörebilen bir ekol olarak karşımıza çıkıyor. Okulun günümüz temsilcilerinden M. Thomton, S. Karlsson, F. Shostak, FED'in düşük faiz oranlarıyla desteklenen ABD konut piyasasındaki genişlemenin devam ettirilemeyeceği ve sonunda birçok bankanın batacağı ciddi ve geniş ölçekli bir krizin oluşacağı konusunda uyarıcı çalışmalara imza atmışlardır. Avusturya Okulu iktisatçılar, Küresel Krizin temel sorumlusu olarak, FED'in 2002-2004 döneminde uygulandığı düşük faiz oranı politikasını göstermektedirler. [72]

M. Thomton, yaşanan bu krizden çıkmanın yolunu üç madde halinde belirliyor. İlk olarak kamu harcamaları azaltılarak denk bütçe sağlanmaktadır. Bu yolla kamu sektörünün elindeki reel kaynaklar piyasada daha verimli alanlara kayacaktır. İkinci olarak vergilerin azaltılarak üretimin artması sağlanmalıdır. Üçüncü olarak kamunun elindeki doğal kaynak, emlak gibi sermaye unsurlarıözel sektöre devredilmelidir. Ayrıca minimum ücret belirlemelerigibi uygulamalarla işgücü piyasasına müdahale edilmemeleridir.

Bir diğer Avusturyacı İktisatçı R.P. Murphy 2008 krizi için önerdiği çözüm şöyledir; " Eğer hükümet ekonomiyi mümkün olduğunca çabuk biçimde iyileştirmek istiyorsa, çözüm basittir; harcamaları kıs, vergileri kıs, para arz: artışını durdur ve her üç günde bir kuralları değiştirmekten vazgeç. Fakat bu çözüm,

---

[71] Ersan Bocutoğlu ve Aykut Ekinci, "Küresel Krize Farklı Bir Teorik Çerçeve: Avusturyacı Konjonktür Teorisi", **Bankacılar Dergisi,** Cilt:1, Sayı:73,2010, s. 20.

[72]Ersan Bocutoğlu, **Krizin Makro İktisadından Makro İktisadın Krizine: Eleştirel Bir Değerlendirme, Küresel Bunalım Ve İktisat Eğitimi**, Ed.: Ercan Uygur, Tek Yayınları, 2011, s. 10

politikacıların cömert kurtarıcı olarak görünmelerine izin vermediğinden dolayı benimsenmeyecektir."[73]

2.2.1.5. Kurumsal İktisat

Kurumsal iktisadın kurucularından Veblen, konjonktür teorisini endüstriyelve parasal faaliyet ayırımıüzerine inşa etmiştir. İşçive mühendislerin yaptığı üretim endüstriyel faaliyetken, yüksek gelire sahip aylak sınıfın yaptığı finansman faaliyetleri de parasal faaliyettir. Konjonktürel refah dönemlerinde, parasal faaliyetler fazladır. Bu kredi olanaklarının arttırır böylelikle kaydi kaynakların işletme yönetiminde önemi artar. Bu süreç kapitalin değerini arttıracak dahabüyük kredi imkânlar doğacaktır. Bu ise yatırım mallarının fiyatlarının yükseltecek ancak bir süre sonra kârın düşmesine neden olacaktır ve işletmeler küçülme politikalarına gidecektir. Sonuçta, fiyatlar, üretim ve istihdam düşecek vedurgunluk dönemine girilecektir. Durgunluk döneminde iseküçük ve orta ölçekli işletmeler kaybolacak ve monopolleşmeye gidilecektir. Durgunluk dönemi kendiiçinde iyileştirici etkenlere sahiptir. Reel ücretlerin düşük olduğu bu dönemdekârlar artacaktır. Bu da tekrar refah ekonomisine doğru bir harekete neden olacaktır.

2.2.2. Keynesyen Dönem

1929 ekonomik buhranı görünmez ele olan inancı sarmıştır. Çünkü krizden yaklaşık on yılda çıkılamamış, ekonomi tekrar dengeye gelememiştir. Jandarma devlet yerine müdahaleci devletin egemen olduğu bu görüş, 1973 krizine hakimiyetini sürdürmüştür. 1973 krizinde Keynesyen görüşe olan inanç sarsmıştır. Çünkü

---

[73] Bocutoğlu, 2011, s.11.

Keynesyen görüş, hem stagflasyonu öngörememiş hem de müdahaleci devlet anlayışı kamu kesiminin aşırı büyümesine neden olmuştur. Bu da krizi besleyen bir başka neden olarak görülmüştür. Bu bölümde başta Keynes'in görüşleri olmaküzere bu dönemde ortaya atılan iktisadi düşünce akımlarının konjonktür teorilerine değinilecektir.

2.2.2.1. Keynesyen Yaklaşım

Keynes modelini, Büyük Buhrana çözüm arama üzerine geliştirmiştir. Keynes'e göre Büyük Buhranın başlıca nedeni toplam talepteki yetersizliktir. Bu talep yetersizliği eksik istihdamın ana kaynağıdır ve kapitalist sistemin, klasik ekonomistlerin iddia ettiğinin aksine tam istihdamı garanti edecek bir mekanizması yoktur.[74] Burada eksik olan mekanizmayı tamamlayan devlet müdahalesidir. Ekonomide bireylerinde bu yönde bir beklentisi vardır. Devlet işadamlarının beklentilerini etkilemek ve yatırımlarını güvenle sürdürebilmelerini sağlamak üzere ekonomiye müdahale etmelidir. [75]

Keynes'e göre krizin başladığı nokta sermayenin marjinal etkinliğinin çöktüğü noktadır. Bireyler, sermaye mallarının gelecekteki getirisi hakkında iyimser bir beklenti içine girerler ve bu beklenti söz konusu mallarının üretimini, üretim maliyetinin ve faizin giderek artması ile son bulur. Bu noktaya kadar borç yaşayan ekonomi hızla çöküntü dönemine geçer. Sermayenin marjinal

---

[74]Ayşe Buğra, **İktisatçılar ve İnsanlar, Bir Yöntem Çalışması**, Remzi Kitabevi, İstanbul, 1989, s. 147
[75] Yıldırım ve Karaman, s. 159

etkinliğindeki çöküntü, tüketim eğilimlerini ters yönlü[76] etkileyecektir. Tüketicilerin "borsa odaklı" davranışları tüketimi, harcanabilir gelirin değil yatırımların değerlerinden etkilenir hale getirir. Bu durum, sermayenin marjinal etkinliğinin azalması üzerine daha da baskılayıcı bir etki yaratarak kötüleşmesine hizmet etmektedir. Artan faizlerin düşürülmesi diğer faktörleri göz ardı edersek, sermayenin marjinal etkinliğini dolayısıyla yatırımı canlandırmak için çare gibi görülebilir. Ancak sermayenin marjinal verimliğinietkileyen tek faktör faiz değildir. Cari üretim maliyetlerinin, daha sonra gerçekleşecek üretim maliyetlerinden daha yüksek olmasının düşünülmesi, sermayenin marjinaletkinliğinde meydana gelecek bir azalmanın başka bir nedenidir.[77] O halde istenen canlanma için bireylerin güvenlik duygularının geri getirilmesi gerekmektedir.

Keynes'in konjonktürel dalgalanmalar izah ederken kullandığı beklentiler, literatüre yeni bir terim kazandırmıştır "Animal Spirit" . Bu kavram yatırımcıların gelecek hakkındaki beklentilerini anlatır. Yani borç dönemindeki olumlu beklentiler, hızlandıran ve çarpan etkisiyle üretim düzeyini, istihdamı ve milli geliri arttırır. Ancak olumsuz beklenti yani yatırımcılar gelecek hakkında olumsuz öngörüleri diğer bir değişle kredi faiz oranı ile sermayenin marjinal etkinliğinin karşılaştırılması yatırım yapmama kararına neden olur bu da hızlandıran ve çarpan mekanizmalarının tersine çalışmasına ve üretim düzeyinde, istihdamda ve milli gelirde azalmaya neden olur.

Keynes' e göre krize neden olan faktör, borç da meydana gelen aşırı yatırım değildir. O'na göre sorun "pesimizm hatası" dır. Yani, bireyler yüksek getiri beklentisi ile yatırım yaparlar ancak

---

[76] John Maynard Keynes, **Genel Teori, İstihdam, Faiz ve Paranın Genel Teorisi,** çev. Uğur Selçuk Akalın, Kalkedon Yayınları, İstanbul, 2008, s. 272
[77] Keynes, s.272

yatırımın reel değeri bu beklentinin altındadır. Keynes'e göre çözüm,muhtemelen yararlı olabilecek yatırımlardan vazgeçilmesine neden olacak yüksek bir faiz oranına alkış tutmakla ve tüketim eğilimini daha azaltmakla değilde gelirin tüketim eğilimini uyaracak bicimde yeniden dağılımının sağlanması için ciddi adımların atılmasında aranmalıdır. Çare borçları yok ederek, ekonomiyi yarı çöküş durumu içinde bırakmada değil, çöküşleri ortadan kaldırarak yarı borç içinde tutmakta aranmalıdır. Aksi haldeçare bulmak için faiz oranında gerçekleştirilecek bir artış hastaları öldürerek hastalığa çare bulan bir çare niteliğindedir. [78]

Devlet ekonomiye, maliye politikası ile müdahale eder ve maliye politikası ise kamu harcamalarını, vergi veyatransfer harcamalarını vebütçeyi araç olarak kullanır. Bu araçlar ile ekonomide daraltıcı veya genişletici etki sağlanabilir. Burada dikkat edilmesi gereken husus bütçenin suresidir. Klasiklerin denk ve bir yılık bütçesinin aksine Keynes konjonktür dönemlerine göre ayarlanmalı veesnek olmalıdır. Her ne kadar ekonomi kendi kendini dengeye getiren bir mekanizmaya sahip olmasa da otomatik stabilizatörlerin varlığı söz konusudur. Örneğin gelir vergisi otomatik stabilizatörlerden biridir. Bunun anlamı gelir vergisinin varlığı otonom harcamalardaki bir değişmenin denge gelir düzeyinidaha az etkileyeceği ve ekonomik dalgalanmalarının şiddetini hafifleteceğidir. Özellikle gelir vergisi artan oranlıysa otomatik stabilizatör olma özelliği daha da artacaktır. [79]

İşsizlik sigortası talep fazlalığın da yani genişleme dönemlerinde harcanabilir geliri azaltacak dolayısıyla toplam talebi

---

[78] Keynes, ss. 273-275
[79] Yıldırım ve Karaman, s. 181

kısacak ve ekonomiyi daraltacaktır. Daralma dönemlerinde ise işsizlere gelir olarak ödeneceği içinharcanabilir geliri dolayısıyla toplam talebi artıracak ve ekonomiyi genişletici etkiye sahip olacaktır. Konjonktürel dalgalanmalarda maliye politikalarına başvurulabilir ancak para politikası etkinsizdir. Çünkü konjonktürel dalgalanmaların temel sebebi talep eksikliğidir ancak talep her zaman parapolitikası ile arttırılamaz.

Aslında konjonktürel dalgalanmalar doğal bir süreçtir. Ekonomide yukarı ve aşağıya doğru düzenli hareketler vardır. Ekonomiyi yukarı doğru çıkartan etkenler zıt yönlü etkenlerin baskın olacağı noktaya kadar ekonomiyi yükseltir ancak bu noktadan sonra zıt yönlü etkenler ekonomiyi aşağı doğru çekmeye baslar. Kriz olgusu işte bu aşağıya doğru harekette meydana gelir. Aşağı doğru harekete ani ve sert olur. Yukarı doğru harekette ise böyle bir davranış yoktur.

2.2.2.2. Neo-Keynesyen Yaklaşım

Neo-Keynesyen yaklaşımınen önemli temsilcilerinden biri John Hicks'dir. Hicks, Klasik iktisat ve Keynesyen teoriyi sentezlemiştir. Ayrıca Walras'ın Genel Denge Model'inden etkilenmiş ve Keynes'in Genel Teorisi'ndeki açıklamaları buçerçevece yorumlanmıştır.[80] John Hicks, Alvin Hansen ile birlikte modem makroekonominin temel taslarındanbirisi olan IS-LM modelini geliştirmiştir. Model, ekonominin reel yönünü parasal yönü ile birlikte ele almaimkânı vermekte ve ekonominin genel seviyesinin mal ve piyasalarının eş

[80] Coşkun Can Aktan, Lord Keynes, **Keynesyenler ve Fonksiyonalistler,** http://www.canaktan.org/ekonomi/kamu_maliyesi/maliye-iflas/lord-keynes.htm, (21.07.2014)

zamanlı olarak dengeye gelmesiyle sağlanacağını göstermektedir. Otonom harcamalar vemaliye politikası yanında faizoranlan ve para politikası da toplam talebi ve gelir düzeyini etkileyen unsurlar olarak ortaya konmaktadır. [81]

Hicks-Hansen modelinde konjonktürel dalgalanmaların çözümümaliye vepara politikalarının etkin bileşiminde aranmıştır. Çünkü hem para politikasınınhem de maliye politikasının, güçlü ve zayıf yönleri vardır. Ayrıca bu iki politikada uygulamada bazı yan etkilere sebep olmakta bir sorun çözülürkenbaşka birsoruna razı kalınmaktadır. Örneğin kamu harcamlarının arttırılmasına dayanan genişletici maliye politikası, toplam talepte yatırımların payında bir azalmaya ve faizlerin yükselmesine neden olacaktır. bu olumsuz etki eş zamanlı bir genişletici para politikası yani para arsıznın artırılması ile telafi edilebilir.

2.2.2.3. Post Keynesyen Yaklaşım

1970'li yıllarda yaşanan ekonomik kriz, Keynesyen Teorinin sorgulanmasına, Klasik görüş temelli yeni yorumların ortaya çıkmasına veKeynesyen görüş içerisinde yeni akımların doğmasına neden olmuştur. Neo-Klasik ve Keynesyen görüşün yakınlaşmasına tepki duyan, Keynes'in yanı sıra Kalecki ve Harrod'un teorilerini benimsenyen post Keynesyen yaklaşımın en önemli temsilcileri; Robinson, Richard, Abba P. Lemer, Nicholas Kaldor, Sidney Weintraub'dır. Kalecki, büyüme ve fiyatlar ile gelir dağılımı arasında bir ilişki kurarken, Harrod büyüme modeli ile Keynesyen yaklaşıma dinamizm ve zaman boyutu kazandırmıştır.

---

[81] Yıldırım ve Karaman, s.199

Keynes, yatırımların faiz oranlarından etkilendiğini ve yatırımlarında tasarruflardan etkilendiğini öne sürmüştür. Post-Keynesyenler bunoktada farklı düşünmüşlerdir. Onlara göre yatırımlar kâr oranlarından etkilenir ve asıl tasarruf yatırımlardan etkilenmekteydi. Ayrıca yatırım temelde cari ürün vesermaye varlıklarının fiyatlarından, ayrıca finansman ve kredi kurumlarının şartlarıve yapısından etkilenir. Burada finansman ve kredi kurumların teoriye dâhilederek bukurumların yatırım içindeki etkilerine dikkat çekmişlerdir. Ayrıca uzunvadede büyümenin, sermaye dolaşımı, reel ücret oranları, teknolojik ve işgücü gelişim düzeyi bağlı olduğunu savunmuşlardır.

Ekonomik sorunlara, gerçek hayatın belirsizliği, tam rekabet piyasasının kurulamayışı, teknolojik gelişimi gibinedenler çerçevesinden bakmıştır. Ekonomik büyüme vegelir dağılımında belirleyici aktör olarak yatırım oranını görmüşlerdir. Keynesyen teoriye inancı sarsan stagflasyon için sadece toplam talebi arttırıcı politikaların etkin olamayacağını aynı zamanda gelir politikası gibi başka politikalarında uygulanması gerektiğini savunmuşlardır. Devlet müdahalesinin özellikle piyasadaki tekelleşmeyi ortadan kaldırmak vegelir dağılımıadaleti için kullanılması gerektiğini belirtmişlerdir.

Post Keynesyen iktisatçıların en önemli isimlerinden Hymen Minsky, "finansal istikrarsızlık hipotezi" ile konjonktürel dalgalanmaları açıklamıştır. Buna göre konjonktürel dalgalanmaların nedeni borç birikimidir. Finansal sistemde üç borçlanma tipi vardır: Hedge borçlanıcı, spekülatif borçlanıcı ve ponzi borçlanıcısı.[82] Hedge borçlanıcısı, yaptığı yatırımın cari nakit akışı ile hem borcun anaparasının hem de faizini ödeyebilir. Spekülatif borçlanıcı, yatırım

[82] Bocutoğlu ve Ekinci, s. 12.

cari nakit akışı ile sadece borç; faizini ödeyebilir, anapara ödemesi için aynı kaynaktan yâdabaşka bir kaynaktan tekrar borçlanması gerekir. Ponzi borçlanıcı ise, yatırımın cari nakit akışı ile ne borç faizini nede anaparayı ödeyebilir, borcu ödemek için finansal varlığının değerindeki artışa güvenir. Ekonomide hedge borçlanması hâkim ise ekonomi dengede yada dengeye yakındır. Ancak ekonomide spekülatifborçlanıcı ve ponzi borçlanıcısı hâkim iseekonomi dengeden sapmıştır

Minsky, ekonomideki uzun süre denge dönemi, dengesizlik dönemine geçişe neden olacaktır. Çünkü uzun sureli istikrar dönemlerinde bankalar vediğer finans kurumlan daha fazla riskalmaya teşvik edecektir. Hedge borçlanıcı önce spekülatif borçlanıcıya daha sonra ponzi borçlanıcıya dönüşecektir. Ekonomide istikrarsızlığa götüren aktörler piyasadadır. Minsky, yüksek seviyede kaldıraç olan fonların, sistematik olarak fiyat riski altında bulunan bir ekonomik ortamda, gelir akışı ile sermaye kazançlarından oluşan toplam getiriyi maksimize etme eğilimi ile karakterize edilen ve krize yol açan kapitalizmin bu yeni aşaması para yöneten kapitalizmolarak nitelemektedir. [83]

Minsky, 2008 Krizini öngören iktisatçılardan biridir. ABD hükümetinin faiz oranına %1'e düşürmesi, bankaların ve diğer finans kurumlarının daha riskli kredi alanlarına yönelmesine zemin hazırladılar. Bankalar büyük orandaki fon mevcutlarını, Mortgage kredisi olarak pazarladılar. Böylelikle düşük faizli ve uzun vadeli kredi ile ev almak isteyen herkes bu krediden yararlanmak istedi. Bankalar kredi satışlarının cazibesi ile gelir düzeyi düşük yüksek riski gruplarına da kredi vermeye başladılar. Asıl sorun ise artan

---

[83] Bocutoğlu ve Ekinci, s. 12.

para arzının etkisiyle açılan yeni bankaların Mortgage kredisi veren finans kuruluşlarınınalacaklarını satın alıp, bunları menkul kıymetleştirip finansal piyasalarda satması[84] ile ortaya çıkmıştır.

Menkul kıymetleştirme uygulaması sonucunda bankalar, aktiflerindeki riskli konut kredilerinden kurtulma şansı elde ettiler vekredi artışı sonrasında elde edilen kaynakları tekrar konut kredisi olarak kullandırdılar. Yükselen piyasa koşullarının cazibesine kapılan bankalar,yeni şubeler açmak için sıraya girdiler ve ABD hükümeti son dereceyanlış bir karar vererek, kredi kuruluşlarına yeni şube açma iznini belli oranlarda yüksek riskli (subprime) kredi vermiş olma şartına bağladı. Ayrıca ABD hükümetinin bu kredi kuruluşlarına çeşitli garantiler vermesi, bu kuruluşların yapay olarak büyümesine ve rasyonel iktisadi davranıştan uzaklaşmalarına yol açtı. Sonuç olarak, ödeme gücü çok düşük olanları kapsayan subprime Mortgage piyasası oluştu.[85]

Minsky'ın aşırıticaret dediği durum oluşmuştur ve yine Minsky'in öngördüğü gibi bu durum başka ülkelere yayılma eğilimi göstermiş ve baştagelişmiş ülkeler olmak üzere pek çok ülkeye yayılmıştır. Mortgage kredilerininödenmemeye başlaması, evlerin satılmasına neden oldu. Ancak kurulan sistemipotek edilen finansal varlıkların değerindeki artışa bağlanmıştı ama evlerin fiyatları düşmeye başlamıştı. Ortaya çıkan zarar bu finans kurumlarının çıkarmış olduğu tahvillerin fiyatlarının hızla düşmesi ile katlanmıştır. Bu finans kurumların batması ise finans kurumlarını sigortalayan sigorta şirketlerinin batması izlemiş ve kriz böylelikle patlak vermiştir.

---

[84] Mehmet Burak Kahyaoğlu, Ali Akaytay ve Sema Ülkü,**Minsky Modeli Bağlamında Yüksek Riskli İpotekli Konut Kredisi Krizinin Anatomisi**, Cilt:1, Sayı:21, 2010, s.7.
[85] Kahyaoğlu,Akaytan ve Ülkü, s.8.

Küresel çapta olmamakla beraber 1990yılların önemli krizleri yine bu teori çerçevesinde açıklanabilir. Örneğin, Meksika krizinin ülkeye yönelen yabancı yatırımların bir sure sonra spekülatif balonlara dönüşmesinden kaynaklanmıştır. 1997 Güneydoğu Asya krizi de 1990'ların ortalarından itibaren gerçekleştiren liberallizasyon uygulamalarının, bu bölgeye yabancı yatırımların ilgisine fazlasıyla açık bir hale getirmesi sonucunda ortaya çıkmıştır.[86] Bu dönemde Tayland'da bu ülkeye giren yabancı sermaye miktarı GSMH'n %12,5'ine ulaşmıştır.[87]

2.2.2.4. Yapısalcılar (Strüktüralizm)

Arjantinli iktisatçı Raul Prebisch ve Brezilyalı iktisatçı Celso Furtado tarafından kurulmuş bir ekoldür. Konjonktürel dalgalanmaların ekonominin yapısından kaynaklandığını savunan yapısalcı yaklaşım, daha çok Latin Amerikalı iktisatçılar arasında ilgi görmüştür. Strüktüralizm olarak da bilinen bu ekole göre, özellikle enflasyon için geliştirilen çözüm önerilerinin gelişmekte olan ülkelerde geçersizdir. Çünkü bu ülkelerde asıl sorun o ülkenin ekonomikyapısından kaynaklanmaktadır.

Az gelişmiş ülkeler tarımağırlıklı bir ekonomiye sahiptir ve sektörünyapısal sorunları arz-talep dengesizliğine neden olur. Bu da enflasyona sebep olmaktadır. Tarım ürünleri arz talebi karşılamaktagüçlük çekmektedir. Her şeyden önce mevsimler ve hava koşulları tarımsal ürünler konusunda belirleyicidir. Aynı zamanda sektörde bilgi ve teknoloji yetersizliği, sermayeyoğun

---

[86] Gökhan Karabulut, **Gelişmekte Olan Ülkelerde Finansal Krizlerin Nedenleri**, Birinci Baskı, İstanbul, 2002, ss. 111-123.
[87] Koray Duman, "Finansal Krizlere Karşı Politika Tercihleri", **Akdeniz İktisadi ve İdari Bilimler Fakültesi Dergisi,** 2004, Cilt: 4, Sayı: 8, s. 43.

işletmelerin kurulamaması da arz yetersizliğinin sebeplerindendir. Gelişmekte olan ülkelerde nüfus artış hızının yüksek olması datarımsal ürünlere olan talebi artıran bir faktördür.

Gelişmekte olanülkelerde bir diğer yapısal sorun da dış ticaret dengesininsürekli açık vermesidir.Yapısalcı ekolun kurucularından Prebisch bu konu üzerinde çalışmış ve Alman bir iktisatçı ilebirbirlerinden habersiz olarak bir tez ortaya çıkarmışlardır. Bu tez Singer-Prebisch tezi olarak bilinmektedir. Bu teze göre, gelişmiş ülkeler sanayi ürünleri gelişmekte olan ülkeler ise tarım ürünleri ihraç etmektedir. Ancak tarım ürünleri talebinin gelir esnekliği, sanayi ürünleritalebinin gelir esnekliğinden daha küçüktür. Bu da gelişmekte olan ülkenin dış ticaret dengesini uzunvadede ithalat fazlalığı seklinde bozacak ve bu dengesizlik zamanla daha da artacaktır.

Gelişmiş ülke açısından tarımürünü ithal etmek bu ürünleri daha ucuza elde edildiği için kârlıdır. Sanayi ürünlerini ithalatı gelir artırıcıdır. Gelişmiş ülkelersanayi ürünlerinde tekelci oldukları için rekabetle karşılaşmazlar ve gelirlerinde bir azalma olmaz. Gelişmekte olan ülkeler ise tarım ürünü ihracatında yoğunlaştıkları için sanayi gelişimine engel olacaktır.Tarım ürünleri üretimi arttırılsa bile hasılada bir değişme olmayacaktır. Sanayi ürünü ithali ise gelişmekte olan ilke için artan bir ihtiyaç olarak kalacaktır

Dengesizliğe karşı, ithalat kısıtlayıcı korumacı önlemler alınmalı aynızamanda sanayinin ve sermayenin gelişmesi için para politikaları kullanılmalıdır. Ancak ithalatı kısıtlayıcı önlemler ithal malların yurtiçi fiyatlarını arttırır. Dolayısıyla da enflasyonist etki ortaya çıkar. Ayrıca bürokrasi, sermaye piyasalarının gelişmemiş olması, bazı sektörlerin monopolcü yapısı, kredi ve banka sisteminin yetersizliği, üreticiler karşısında tüketicilerin örgütlenmemi olması vb.faktörler mevcut darboğazların daha da genişlemesine neden olmaktadır. [88]

Bu yapısal sorunların göz ardı edilmesi istikrar politikalarının başarısızlığınaneden olacağı gibi aşırı kapasite oluşumu ve kaynak dağılımı eşitsizliğininartması gibi yeni yapısal bozukluklarda doğurabilir. Bunun için yapılacakpolitikaların hem uzun vadeli hem de reformcu nitelikte olması gerekir. Toprak reformu, vergi reformu gibi böylesi köklü çözümler ancak devlet müdahalesi ile mümkün olabilir.

2.2.3. Yeni Liberal Dönem

Keynesçi Phillips Eğrisinin, 1970'li yılların ilk çeyreğinde baş gösteren stagflasyon olgusunu açıklayamaması Keynesçi yaklaşıma ağır bir teorik darbe indirdi ve R. Lucas'a göre Keynes öldü. [89] Bu dönemden sonra Friedman'ın görüşleri egemen olmuştur. Başta ABD ve Birleşik Krallık'ta olmak üzere tüm dünya da deregülasyon faaliyetleri önem kazandı. Bu bölümde daha çok Friedman ve taraftarlarının düşüncelerine yer verilmiştir.

2.2.3.1. Monetarizm

1960'lardan itibaren Milton Friedman ve diğer monetarist iktisatçılar Keynesyen görüş yoğun şekilde eleştirmişlerdir. Ancak Friedman'nın görüşlerinparladığı dönem 1973 krizidir. Çünkü Keynesyen ekol bu krizi ve stagflasyonolgusunu açıklayamamaktaydı. Friedman'a göre dengeden sapmanın nedeni talep eksikliği değil parasal şoklardır. Parasal şoklarda merkez

---

[88] Aktan, ss. 173-174.
[89] Bocutoğlu ve Ekinci, s5.

bankasının paraarzı ile oynamasından kaynaklanmaktadır. Para arzındaki artışlar geçici bir konjonktürel genişlemeye, para arzındaki kısılma ise konjonktürel daralmaya neden olur. Friedman bufikrini 1963 yılında Schwartz ilebirlikte yaptıkları, 1867-1960 dönemi ABD ekonomisi incelemesi ile elde ettikleri verilerle desteklemiştir. Bu verilere göre parastoku sürekli yükselme eğilimindedir. Ancak sadece konjonktürün daralma döneminde para stokun azalmaktadır. İncelenen dönemde 1929-1933 tarihleri arasında para arzı %35,2 oranında azalmıştır.

Tam rekabet şartlarının sağlandığı bir ekonomide parasal şokların yaşanmaması halinde konjonktürel dalgalanmaların minimum düzeyde kalacaktır. Konjonktürel dalgalanmalara karşı uygulanan maliye politikalarının etkisizliğini hatta istikrarsızlığa sebep olacağını savunmuşlardır. Örneğin uygulanacakgenişletici maliye politikaları, kamu borçlarının faizoranlarını yükselterek özelsektör yatırımlarını azaltması ile etkinliği büyük ölçüde azalacaktır. Literatürde dışlama etkisiolarak geçen bu durum sebebiyle maliye politikasıda etkinsiz olacaktır.Konjonktürel dalgalanmalarla mücadelede uygulanacakpolitika para politikasıdır. Enflasyonist bir ortamda, para arzı kontrolü, kamu açıklarının azaltılması, döviz kurunun devalüasyonu, fiyatların serbest bırakılması, sübvansiyonların kaldırılması[90] güdülecek istikrar politikalarıdır.

Ancak durgunluk döneminde para arzı arttırıcı, genişleme dönemlerinde para arzı azaltıcı politikaların uygulanması taraftarı değildirler.Milton Friedman'a göre merkez bankaların para arzı artışları geçici konjonktürel genişlemeye, para arzındaki kısıtlamalar

---

[90] Parasız, s. 70.

isekonjonktürel daralmaya dolayısıylakrize sebep olmaktadır. Konjonktür dalgalanmanın önüne geçmek için, şeffaf vegüvenilir merkez bankaları oluşturmak gerekir. Merkez bankaları, sabit parasal genişleme kuralı adı verilen bir prensibe sadık kalarak, ekonominin büyüme oranına eşit bir parasal genişleme politikası izlemelidir.[91] Başka bir ifade ileanayasal bir para arzı artışoranı belirlenmelidir. Sabit parasal genişleme kurallarına sadık kalınmaması ise yeni konjonktürel dalgalanmaların sebebi olacaktır.

1970'lerde ortaya çıkan stagflasyon kavramına da Friedman, Phillips eğrisi yardımı ile açıklamıştır. Ona göre uzun dönemde işsizlik ve enflasyon arasında bir trade-off[92] söz konusu değildir. Çünkü uzun dönemde bir enflasyon beklentisiolacaktır. Bu beklenti işsizlik üzerindebir etki oluşmasına engel olacaktır. Fiyatlar genel seviyesindeki artışücretleri de arttıracaktır. Ancak işçiler kısa dönemde bu ücret düzeyine aldansa bile uzun dönemde reel ücretlerinde birartma olmadığını anlayacaklardır. Böylelikle enflasyon döneminde işsizlik doğal işsizlik düzeyinin altına düşmeyecektir.

İşsizlik konusunda ise çözüm yine para politikasındadır ancak işsizlik asla doğal işsizlik sınırın altına inmeyecektir. Uygulanan para politikaları ile işsizlikdoğal işsizlik sınırına kadar azalacaktır. Ancak bupolitikaların başarılı olabilmesi öncelikle bir serbest fiyat sisteminin olması buna bağlı olarak da kullanılan enstrümanların dağıtım etkisinin yansız olması gerekir. Aksi halde bu politikalar başarısız olacaktır. [93]Ekonomi kendi haline bırakılırsa enflasyon ve işsizlik

---

[91] Bocutoğlu, s.13.
[92] Bir şeyi elde etmek veya sağlamak için başka birşeyden vazgeçmektir.
[93] M. İlker Parasız, **Para Politikası Keynesgil İktisadın Düşüşü ve Yükselişi**, Ezgi Kitabevi Yayınları, Bursa, 2010, s. 70.

yaşanmayacaktır. Bu sorunlar çoğu kez uygulanan maliye ve para politikalarının bir sonucudur.

2.2.3.2. Yeni Klasik Makro Ekonomi Yaklaşımı

Chicago Üniversitesinde, Friedman'ın da bir grup öğrencisi enflasyon kavramına değişik bir açıdan bakarak beklenti kavramı üzerinde durmuşlardır. Bu konuda ilk çalışan iktisatçı John Fraser Muth'tur. Muth' un 1961 yılında yayınlanan "Rasyonel Beklentiler ve Fiyat Hareketleri Teorisi" adlı makalesi ile başlayan bu teori üzerine Lucas, Sargent ve Wallace gibi iktisatçıların önemli çalışmaları olmuştur. Muth'un çalışması rasyonel beklenti kuramı mikro düzeyde incelerken Lucas bunu makro düzeyde incelemiştir.

Lucas'a göre, ekonomi tam istihdam üretim düzeyine yakın bir düzeyde denge halindedir ve bireyler rasyonel beklenti içerisindelerdir. Yani tam enformasyona sahiptir ve sistematik hata yapmazlar. Örneğin enflasyonunyaşandığı bir dönem bir sonraki döneminde enflasyonist olacağı beklentisini doğurur ve bireyler buna göre davranan bireylerin tam enformasyon halinde olmadığı durum ise konjonktürel dalgalanmaların başlangıcıdır. Örneğin merkez bankası uyguladığı para politikası hakkında eksik bilgi verir veya hiç bilgi vermezse,rasyonel beklenti içerisinde olması beklenen bireyler hata yapar. Rasyonel beklenti kuramında sinyal algılama sorunu denen bu hata ile genişletici para politikası sonucunda artan fiyatlar genel seviyesi sonucunda üretim ve istihdamlarını arttırırlar.

Böylelikle üretimi doğal üretim seviyesinin üzerine çıkar. Böyle bir durum ekonomide genişlemeye, yanılgının daha az üretime sebep olması iseekonomide daralmaya neden olacaktır. Ancak karar birimleri daha sonra topladıkları enformasyonun yardım ile sinyal algılama sorununu ortadan kaldırdıklarında, ekonomi tekrar eski denge seviyesine döner. Bu sebeple devletin her hangi bir para ve maliye politikası uygulamasına gerek yoktur. Sadece önceden kurallar belirlenmeli bireylerdehareketlerini basta ona göre uygulanmalıdır.

2.2.3.3. Reel Konjonktür Kuramı

Yeni Klasik Makro Ekonomi Yaklaşımının yandaşlarından, E. Prescott, F. Kydland, C. Plosser, R. King, A. Stockman, S. Rebello ve R. Barro, konjonktürel dalgalanmaların nedenin merkez bankasının eksik enformasyona neden olan davranışlarına bağlanmasına karşı çıkarmışlardır. Onlara göre, konjonktür dalgalanmanın nedeni teknolojik gelişmeler başta olmak üzere reel şokların yol açtığı verimlilik değişmeleridir. Bu düşünce farklılığı yeni klasik okuldan ayrılarak yeni klasik reel konjonktür teorisi okulunu kurmalarına neden olmuştur. Reel konjonktür teorisine göre, konjonktürel dalgalanmalar, parasal faktörlerle değil reel faktörlerle açıklanabilir. Dünya dinamiktir ve dinamik bir dünyada ekonomik verilerin statik olması beklenemez. Bu sebeple konjonktürel dalgalanmalar doğaldır. Reel GSYH de gözlenen dalgalanmaların da nedeni sürekli olarak hareket eden tam istihdam denge seviyesidir. Bu nedenle konjonktür teorisi ile büyüme teorisi beraber ele alınmalıdır.

2.2.3.4. Arz Yönlü İktisat

1970'lerde ortaya çıkan ekonomik sorunlara talep yönlü politikalarınyetersiz kalması ile klasik iktisad yanlısı görüşler ortaya çıkmıştır. Arz yönlü iktisatta bunlardan biridir ve monetarist iktisadın devamı niteliğindedir. Kurucusu Arthur Laffer'in ifadesi ile Arz Yönlü iktisat, klasik iktisadın modern yorumudur. Konjonktürel dalgalanmaların sebebi Keynes'in söylediği gibi talep yetersizliğinde değildir. Çünkü Say haklıydı ve her arz kenditalebini doğurmaktaydı. Asıl sorun talebe cevap veremeyen üretim ve arzdı. Üretim düşüşü veya verimsizlik gibi toplam arzın azalmasına neden olansorunlar ve toplam arz yetersizliğine bağlı gelişen fiyat yükselmeleri ve işsizlik konularını gündeme getirmişlerdi. Talep genişletici ve açık bütçe politikalaryerine para arzı üzerine yoğunlaşması ve para arzının yavaşlatılması veya kontrol altına alınmasını savunmuşlardır.

Öncelikle özel girişim önündeki tüm engeller kaldırılmalı, iş dünyasınafaydalı olmayan tüm kurallar kaldırılmalıdır. Arzı ve üretimi teşvik için vergiindirimlerine gidilmelidir. İş gücü piyasası da yine vergi indirimleri ile desteklenmeli ve ücretler üzerindeki vergiler düşürülmelidir. Sermaye ve emekarasındaki ilişkileri düzenleyen kurumlar kurulmalıdır.Vergi indirimleri ile arzın canlandırılması politikasında vergi gelirlerinin düşmesinden deendişe edilmemelidir. Vergi indirimi uzunvadede vergi gelirlerini ve toplam üretimi arttıracaktır. Ancak uzun vadede bu etkinin sağlanması için ekonomide etkinliğin ve büyümenin sağlanması gerekir. Bu gerçekleşebilirse uzun vadede ekonomik istikrar ve adil gelir dağılımı da sağlanmış olur.

2.2.3.5. Yeni Keynesyen Yaklaşım

1970'lerde gözden düşen Keynesyen iktisada yeniden itibar kazandırmak, bu amaçla Yeni Klasik iktisatçılar tarafından yöneltilen eleştirilere ikna edici cevaplar vermek için kurulmuştur. Kurucuları;

G. Akerlof, G. Mankiw, A. Okun, J. Stiglitz, J. Yellen, A. Blinder gibi iktisatçılardır. Yeni Keynesyen Yaklaşıma göre konjonktürel dalgalanmaların nedeni uygulanan paracı veyeni klasik tedbirlerdir. Konjonktür teorilerine, mikro temeller getirmişlerdir. Örneğin, makroekonomik düzeyde firmaların karlarını, tüketicilerin ise refahlarını maksimize etme çabalarının makroekonomik düzeyde nasıl ters sonuçlara yol açtığını göstermeye çalışmıştır.

Özellikle para piyasasında meydana gelebilecek krizleri açıklarken oyuncuların bu davranışlarından hareket etmişlerdir. Ekolun önemli isimlerinden George Akerlof ve Joseph Stiglitz asimetrik bilgi teorisi üzerinde çalışırlar ve bu çalışmaları onlara 2001 yılında Nobel ödülünü kazandırmıştır. Ödülü Michael Spence ile paylaşmışlardır. Bu çalışma da tüm oyuncuların eşit miktarda bilgiye erişemeyeceği ve asimetrik bilgiye sahip olacakları belirtilerek piyasanın eksik işlediğini ispatlamışlardır.

Akerlof "Limon Pazarı Kalite, belirsizlik ve piyasa mekanizması" isimli makalesinde dört tür otomobilin olduğu bir otomobil piyasasını ele almıştır. Bu piyasada eski, yeni, iyi ve limon olmak üzere dört tür otomobil bulunmaktadır. Yeni biraraba iyiveya limon olabilir aynışekilde eski biraraba da iyi veya limon olabilir. Yeni araba alanlar arabanın iyi veya limon olma bilgisinden yoksundur vealdıkları araba iyi veya limon çıkabilir. Otomobil limon çıkarsa ve bu otomobil satılmak istenirse bu arabayı alacak kişi de bu arabanın kalitesi konusunda bilgiye sahip değildir. Ancak arabayı satan bilgiye sahiptir. Otomobil için piyasafiyat teklif edilecektir ve buteklif onun için karlıdır. Çünkü otomobil limondur vekalitesine göre fazla fiyat verilmiştir. Piyasada limonların olması ise iyi arabasatıcılarının aleyhinde olacaktır. Çünkü otomobillerini satmak istediklerinde teklif edilen fiyat otomobillerinin değerinin altındadır. Bu durumda otomobil piyasasında daha az otomobil satılacak ve alınacaktır.

Finansal piyasada da bu asimetrik bilgi sorunu vardır. İyi hisse senetlerine sahip firmalar piyasadaki fiyat beğenmeyecek ve hisse senedi satmak istemeyecek ve kötü hisse senetli firmalar bu fiyattan hisse senetlerini satmak isteyeceklerdir. Sonuçta sermaye piyasası etkin çalışamayacaktır. Aynı durum borç piyasasında tahvil ve bonolarda da yaşanacak daha düşük kaliteli firmalar ödemeleri gereken faizin altında borçlanacak, daha kaliteler firmalar daha ödemeleri gerekenin üzerinde bir faizle karşılaşacak ve verimli olabilecek yatırımlardan vazgeçeceklerdir.

Asimetrik enformasyon bankaların kredi tayınlamasına başvurmasına neden olacaktır. Banka için iyi firma krediyi geri ödememe riski oluşacak olan firmadır kötü firma iseriski yüksek firmadır. Ancak bankalar bu riski sıfırlayacak bir bilgiye sahip değildir. Üstelik kötü firmaların kredi talebi daha yüksek olmaktadır. Bu durumda bankalar kredi arzını kısmaktadır. Bunu iki şekilde yapabilirler. Birincisinde kredi taleplerini reddederler ikincisinde ise istenen miktarın altındakredi verirler. Bu durum kredi arzusunu aşan bir kredi talebinin oluşmasına neden olur ki bu da piyasanın etkinsiz çalışmasına neden olur.

Asimetrik bilgisebebiyle ters seçim probleminin entipik örneği 2008 krizi ile Amerikan finans piyasalarında da yaşanmıştır. Kredi arz edenler, daha fazla kredi verebilmek için riski yüksek kreditaleplerini de karşılaşmışlar. Oluşan likidite bollaşması ile risk faktörünün gittikçe daha az dikkate almaya başlamışlardır. Kredi talep edenlerden sadece gelirlerini belirten bir evrak istenmiş ancak bunu kanıtlamaları beklenmemiştir. Ayrıca subprime borçlanmalarda, borç talebinde bulunanlardan gelirlerine ilişkin daha az evrak istendiği kaydedilmiştir. Sonuçta da kredi geri dönüşlerinde sıkıntıyaşayan finans kuruluşları krize girmiştir. Asimetrik enformasyon sebebi ileortaya çıkan piyasa aksaklıkları devletin müdahalesi ile çözülebilir. Devlet, enformasyon olanaklarını arttırmalı ve asimetrik enformasyona neden olarak bundan fayda elde edenleri cezalandırmalıdır.

Yeni Keynesyen yaklaşıma, temiz olmayan piyasa modeli de denilmektedir. Piyasaların temiz olmamasının en önemli nedeni ücret ve fiyatların yapışkanlığıdır. Fiyat ve ücretlerin yapışkan olmasının birçok nedeni vardır. Ücretlerin yapışkanlığı sağlayan nedenler Örneğin, zımni sözleşmeler, etkin ücretler, içeridekiler dışarıdakiler vb. gibi durumlardır. Zımni sözleşme durumunda işçive işveren arasında zımni anlaşmalar önemlidir. Bu durumda ücret hem emeğin bedeli hem de gelir dalgalanmalarını önleyecek bir miktar olarak belirlenmekte ve böylece işçiler çalıştıkları süre içinde temiz piyasa oranının üstünde reel ücret elde etmektedir. Böyle bir durumda arz ve talepşokları ile satılan malın fiyatı değiştiğinde ücret zımni anlaşmalar ile düzeyini koruyacak, buna karşılık işverenler toplam istihdam hacmini işçilerin herhangi bir tepkisiyle karşılamaksızın ayarlama olanaklara kavuşmuş olacaklardır.

Etkin ücret durumunda verimlilik ile işçinin aldığı reel ücret arasında birilişki kurulmaktadır. Bu durumda emek fazlasının bulunması, firma için ücretleri düşürmenin bir gerekçesi olmayacaktır. Çünkü firma düşen ücretlerin verimliliği olumsuz etkileyeceğinden çekinmekte, bu nedenle talep daralmaları ile karşılaşan bir firma ücretlerde kesintiye gitmemektedir. Böylece, piyasaları temizleyecek ücret düzeyi aşılmış olacaktır. İçerdekiler dışarıdakiler durumunda ise herhangi bir ekonomik kriz nedeniyle bazı işçiler istençıkarılabilir yani dışarıdakiler durumuna geçebilir. İşlerin yeniden canlandırılacağı dönemlerde o sırada içerdekiler durumunda olanlar kendi ücretlerinin yükseltilmesi durumunda daha fazla çalışacaklarını beyan ederek dışarıdakilerin yeniden işe alınmasını engelleyebilirler. [94]

Fiyat yapışkanlığının bir diğer sebebi ise katalog maliyetidir. Katalog maliyeti, firmaların tüketicilere fiyat değişikleri hakkında bilgi aktarmak için katlandıkları maliyettir. Firmalara böyle bir maliyete ancak bumaliyetin marjinal faydasının marjinal maliyetini geçtiğinoktada katlanacaktır. Ayrıca firmalar kataloglarını değiştirirken rakip firmaların davranışlarını da gözlemleyecek ve bir oyun teorisi çerçevesinde hareket edecektir. Sonuçta fiyat belirlemede bir dengesizlik olacak ve bu ya aşırı arz fazlasına ya da eksik istihdama neden olacaktır.

Yeni Keynesyen iktisatçıların, literatüre kazandırdığı bir diğer kavram Histerisis'dir. Bu terim arkadan gelen ya da gerisindeki anlamına gelen yunanca bir kelimedir. Bir cismin üzerinde etkili olan güçler değişince bir içsel sürtünme varmış gibi o cisimdeki tepkinin gecikmesini ifade eder. Bu hipoteze göre doğal işsizlik oranı otomatik olarak cari işsizlik oranın yolunu izler. Eğer cari işsizlik oranı genişletici politikalarla düşürülürse otomatikman doğal işsizlik oranı da azalacaktır. Bu görüşe göre teşvik edicitalep politikası enflasyonun hızlanmasına neden olacaktır. Ekonomi daha düşük işsizlik seviyesine yerleştikten sonra enflasyonun düşeceğini

[94]Engin Ataç, **Maliye Politikası,** T.C. Anadolu Üniversitesi Yayını No: 1580, Eskişehir, 2007, s.15

savunurlar.[95] Keynesyen ekolden farkı olarak uzun dönemle ilgilenmişlerdir. Bu hipoteze göre uzun vadede ekonomi daima eksik istihdam düzeyinde olacaktır. Çünkü konjonktürel dalgalanmalara karşı uygulanan politikalar kısa bir süre sonra etkinsiz hale gelecektir. Uygulanan politikalar kısa bir sure sonra etkinsiz hale gelecektir.

2.3. KÜRESEL ÖLÇEKTE KONJONKTÜREL DALGALANMALAR

Sanayi devriminden sonra dünya ekonomisi yaşadığı kısa süreli krizlere rağmen hep büyüme eğiliminde olmuştur. 1929'lara gelindiğinde ise dünya iktisat tarihin en büyük depresyonlarından biri yaşanmıştır. Bu depresyon pek çok ekonomik değişken yarında devlet müdahalesine bakışı da değiştirmiştir. 1929'a kadar ekonomide devlet müdahalesine bakılmazken, krizden sonra devlet müdahalesi zorunluluk olarak algılanmaya başlanmıştır. 1940'larda depresyon sona ermiş ancak devlet müdahalesine bakış açısı sona ermemiştir. 1970'ler de dünya yeni bir küresel krizle karşılaşmış, ekonomik denge için zorunlu görünen devlet müdahale yaşananların suçlusu gibi algılanmış ve iktisadi düşünceler yine jandarma devletine yönelmiştir. Bu yönelim, 2008 de patlak veren son ekonomik krize kadar devam etmiştir. 2008 krizi dünyayı tekrar devlet müdahalesine muhtaç hale getirmiştir. Dünyamız 1929'dan bugüne kadar üç büyük küresel kriz yaşamıştır. Tıpkı bir sarkacın ucunda iki yana gidip gelen küçücük bir top gibi dünyamızda bu üç krizin etkisi ile devlet müdahalesini zorunlu gören ve sorunlu gören iki düşünce kutubu arasında gidip gelmiştir. Bu bölümde bu üç krizi

[95] Parasız, 2010, s. 193

nedenleri, krizi döneminde uygulanan anti-konjonktürel politiklar ve sonuçları açısından inceleyeceğiz.

2.3.1. 1929 Büyük Buhran

19.yy en büyük iktisadi olaylarından biri 1876 yılında gerçekleşen Sanayi Devrimi'dir. Bu devrim, teknolojide, üretimde ve küreselleşmede de bir artışa neden olmuştur. Üretimdeki artış ülkelerin ekonomilerinin büyümelerine neden olmuştur. 19. yy da sekiz 1929'a kadar üç kez olmak üzere toplam 12 kez konjonktürel dalgalanmalara sahne olan dünya ekonomisi, 1914-1918 yıları arasında gerçekleşen I. Dünya savaşına kadar büyümesini devam ettirmiştir. 1929 yılında ise ekonomi tarihinin en büyük krizlerinden birini yaşaması ve resesyondan çıkması yaklaşık on yılını almıştır. Bu bölümde 1929 krizini nedenleri, kriz dönemi ve sonuçları olmak üzere üç başlık altında inceleyeceğiz.Bu bölümde özellikle ABD, İngiltere, Fransa ve Almanya açısından Büyük Buhranın nedenleri üzerinde duracağız. Krizin patlak verdiği ülke olan ABD'ye ise ağırlıklı olarak değineceğiz.

Büyük buhran, sadece iktisadi bir olay değildir. Büyük buhran hem iktisadi hem sosyal hem de siyasi olayların bir sonucudur. Sonuçları da sadece iktisadi olmamış etki ettiği ülkelerin sosyal yapıları ve dünyanın siyasi yapısı üzerinde de etkili olmuştur.

2.3.1.1. Büyük Buhranın Nedenleri

Büyük Buhranın temel nedenlerinden biri, Birinci Dünya Savaşının ekonomik hayattaki tahribatıdır. 10 milyon ölü, 20 milyon yaralı, 8 milyon kayıp askerin birinci dünya savaşında, savaşa katılan ülkelerin savaş esnasında fabrikaların büyük bölümü tahrip edilmişti. Fransa ve Belçika' da çiftlik ve konutların ve İngiliz ticaret filo gemilerinin önemli bir kısmı kullanılamaz hale gelmişti. Ayrıca savaş esnasında savaşa katılan ülkelerin üretim biçimleri sektörle anlamda savaşı destekleyen sanayiler lehine doğru dönüşüm gelişirken, özellikle tarım sektöründeki işgücünün silahaltına alınması temel gıda malları üretiminde bir düşüşe neden olmuştur, ihracat azalmış, ithalat artmıştı.[96]

I. Dünya Savaşı, savaşı kendi coğrafyasın da yaşayan ve mağlup devlet açısından bir yıkım olmuştur. Ancak savaşta tarafsız kalan İskandinav ülkeler ve ABD, Latin Amerika ülkeleri, Japonya gibi kendi topraklarında savaşmayan ve galip devletler bu yıkıcı etkiden kurtulmuşlardır. ABD hem savaşı kendi coğrafyasın da yaşamadığı hem galip olduğu hem de teknik gelişmelerin etkisiyle bu dönemde altın çağını yaşıyordu. Diğer ülkelerin hepsinden daha iyi durumdaydı. ABD dünya altın rezervinin de önemli bir kısmını elinde tutuyordu. Savaşa katılan ülkeler yeniden yapılanma için ihtiyaç duydukları finansmanı ABD'ye borçlarına ile sağlamışlardı. Bu dönemde ABD'nin toplam alacağı faizi ile birlikte 15 ülkeden 11.563 Milyon dolardı. Bu da ABD'yi üstün güç haline getiriyordu.

Ekonomik büyümenin yanında teknolojinin gelişimi ve buna bağlı olarak sosyal hayattın değişimi de ekonomiyi canlandırıyordu. "Kükreyen 20'ler" olarak anılan bu dönemde ABD ekonomisi altın çağını yaşıyordu. Beyaz eşya ve otomobil talebi hızla artması seri başlamıştır. Henry Ford' un daha fazla otomobil satmak için, işçi ücretlerini dönemin çok üstünde bir ücret seviyesine, günlük beş dolara, çıkarması ve her işçinin üretimine katıldığı otomobilin sahibi olabileceği fikrini yayması otomobil alışlarında patlamaya sebep

---

[96] Küçükkalay, s. 291

olmuştur. 1926 da 4.301.000 otomobil üretilirken 1929 da 5.358.000 olmuştur ki bu üretim rakamına bir daha 1950'lerin başlarında rastlanacaktır. Yıllık İzin uygulamasının başlaması turizm ve emlak sektöründe canlanmaya sebep olmuştu. Emlak piyasasında en büyük hareketlilik Florida'da yaşanmıştı. Gayrimenkul alımlarında ki artışla beraber, borsadaki yüksek karlılık oranı, gayrimenkullerin ipotek ettirilerek kredi alınmasına ve borsada yönelinmesine sebep olmuştu.

1923-29 döneminde finans sektörü, aşırı hareketlilik göstermekteydi. Günde iki bankaların batmasına karşı borsa inanılmaz yükselmekte, kâğıt fiyatlarının aşırı değerlere ulaşmaktaydı 1928'de 191 olan Dow-Jones Endeksi (Wall Street Hisse Senetleri Endeksi) 1929'da 382 olmuştu. İnsanlar tüm tasarruflarını banka mevduatlarından çekiyor, evlerini ipotek ettiriyor, % 10 avans vererek taksitli menkul kıymet alıyor, aldığı menkul kıymet teminat gösterilip yeniden borçlanıyordu. 1928 Haziranında kredi ile 5 milyon dolar değerinde hisse senedi varken 1929 Eylülünde 850 milyon dolardı.

Hisse senetlerinin çoğunluğunu emlak piyasası oluşturuyordu, özellikle yılık izin kavramının ortaya çıkışı ile Florida da emlak fiyatlarında artması, taksitli arazi alımları ev fiyatlarının devamlı artaçağı beklentisi, bireylerin gelecekteki artacak fiyatlar dolayısıyla kazançları üzerinden tekrar borçlanarak borsadan hisse senedi almasına neden oluyordu. Ancak 1926 yılında yaşanan iki kasırga buradaki arazi fiyatlarının değerini düşürmüş gelecekteki karlan üzerinden borçlananları zor durumda bırakmıştır. Bu kırılma noktasından sonra finans piyasasında isler ters gitmeye başlamıştır.

Krizin belki de en önemli sebebi, para piyasalarının düzenleyen kanunların olmamasıdır. Öyle ki bir bankanın ne kadar sermaye ile açıla bileceği, rezervlerini ne kadarlık kısmını kredi olarak verebileceklerini belirleyen herhangi bir bankacılık kanunu yoktu. Örneğin krizin patlak verdiği günlerde 4.000 bankanın hızla batmasını nedeni bu bankaların topladıkları mevduatlar ile New York borsasında işlem yapmalarıdır. New York Borsası batınca bankalarda batmıştı. Yatırımcıları sahtekârlıklardan koruyacak yasal önlemlerde alınmamıştı. Menkul Kıymetler Alım Satım Komisyonu da krizden sonra kurulmuştu.

1920'lerde reel sektörde de aksaklıklar mevcuttu. Hâkim iktisadi görüş gereği devletin ekonomiye müdahalesi en az seviyede olması monopollerin oluşması için uygun bir zemin oluşturmuştu. Şirketler birleşerek tekelleşiyor bu yolla rekabeti azaltıp fiyat ve üretimi etkiliyorlardı. Ayrıca finans sektöründe manipülasyonların yaşanmasına neden oluyorlardı. Manipülasyonlar finans piyasasında, hisse senetlerinin değerini aşırı arttırıyordu. Ayrıca şirketlerin holdingleşmesi ve mali açıdan çok büyümesi batmaları halinde ekonomi için önemli sorunlar yaşanması riskini arttırıyordu.[97]

ABD 1920'lerde dünya buğday üretiminde önemli bir yere sahipti. Ancak daha fazla kazanma güdüsüyle 1928-29 döneminde buğday üretimini % 17 artırır. Ancak bu artış dünya piyasasında buğday fiyatlarını aşağıya çekti. Ayrıca SSCB, üretimini ve ihracatını aşırı derecede arttırarak doping yapmıştır. SSCB'nin 1929 ihracatı 100.00, 1930 ihracatı 2.300.00, 1931 ihracatı 5.220.00 olmuştur. Bu

---

[97] Hakan AY, Öznur UÇAR, Üç Küresel Ekonomik Krizin Analizi, Dokuz Eylül Üniversitesi Sosyal Bilimler Enstitüsü Dergisi, Cilt: 17, Sayı: 1, Yıl: 2015, Sayfa: 11-32, S. 15

gelişmeler ülkelerin kendi tarım sektörlerini korumaları şeklinde bir tepkiye sebep olmuş ve dünyaya yayılan bir kriz haline gelmiştir.

ABD savaş boyunca altın rezervlerini artırmış dünya altın rezervlerini yönetebilecek hale gelmiştir. Borçlu ülkelerin altın rezervleri yetersizdi. Buna rağmen, ABD başkanı Hoover, savaşa katılan 15 ülkeye vermiş olduğu 9.851 milyon dolar ve bu borcun 1.715 milyon doları faizini altın olarak tahsil etmek istemişti. Borçlu ülkelerin borçlarını mal veya hizmet ile ödemelerini kabul etmemiş üstelik bunu kendi yurt içi piyasası için bir tehlike olarak görmüş dış ticareti daraltıcı gümrük uygulamalarına gitmişti. Bu tutum krizin patlak vermesinden, 1932 yılına kadar devletlerin genel tutumu haline gelmiş, dünya ticareti %60 oranında gerilemiştir. Ayrıca Hoover, altın standardı uygulamasında ısrar etmiş, paranın değerini düşürmeyi reddetmiş dolaysıyla para arzının daralmasına neden olmuştu. Para arzındaki daralma, uygulanan sıkı para politikası ve faiz artışı reel sektörü daha da daraltmıştı.

Büyük Buhranın bir diğer sebebi ise gelir dağılımında dengesizliği görmekteyiz. ABD de nüfusun en zengin % 1'lik kesimi en fakir %1'lik kesiminin 650 katı kadar para kazanmaktaydı. Yine en zengin %1'in tasarrufları tüm tasarrufların %34'yken nüfusun % 80'nin hiç tasarrufu yoktu. Gelir dağılımında ki bu adaletsizlik şirketler içinde mevcuttu. 1870'lerden sonra hızla kartelleşmeye giden piyasa da kriz dönemine girdiğinde Amerikan ekonomisinin % 50 si 200 holding tarafından kontrol edilmekteydi.

Büyük Buhranın ABD'de başlamasına rağmen dünyaya yayılmasına altında yatan ABD ekonomisinin dünya ekonomisindeki yeridir. 1929'da dünya toplam çıktı düzeyinin %42'den fazlası ABD üretmekteydi. ABD hem dünyanın önde gelen ihracatçısı hem de

İngiltere'den sonra en büyük ithalatçısıydı. Tek başına en çok gelişmiş on beş ulusun tüm ihraç ürünlerinin yaklaşık % 40'ni ithal etmekteydi. Büyük buhran patlak verdiğinde ise ABD ithalatı % 70 gerilemiş, aynı oranda ihracat da azalmıştır.[98]

Birinci Dünya savaşının taraflar arsında yarattığı bu dengesizlik, özellikle savaşı kendi topraklarında yasayan ve kaybeden uluslar savaşın sarstığı ekonomiler, devletleri altın standardının korunduğu sağlam ve istikrarlı para politikalarına dönme çabası içine itmiştir. 1922 ve 1926 arasında bu çabalarda uluslar belli ölçülerde başarısız olmuşlarsa da, Almanya'dan Sovyet Rusya'ya kadar uzanan kuşakta, parasal sistemde büyük ölçüde çöküş yaşanmıştır. Bunun en marjinal örneği, 1923'de Alman para biriminin 1913'deki değerinin milyarda birine inmesidir.[99]

İngiltere ekonomisi de birinci dünya savaşının yıkıcı etkisinden payına düşeni almıştır. 1921 den itibaren üretim, fiyatlar ve istihdam da gerileme başlamıştır. İstihdamla birlikte ücretlerde düşmekteydi. Savaş İngiltere'nin deniz aşırı pazarlarını kaybetmesine dolayısıyla ihracatının da düşmesine neden olmuştu, 1926 yılında ekonomiyi canlandırmak için altın standardına geçilmiş sterlin %10 değer kazanmıştır. Ancak bu yükseliş daha fazla kar elde etme güdüsüyle İngiliz yatırımcılarının ABD borasına yönelmesine neden olmuştur.

1924'den 1929'a kadar olan sürede net biçimde bir daralma döneminin yaşadığı görülmekteydi. Kuzey Amerika'da yer alan çiftlikler de dâhil olmak üzere, bazı hammadde ve gıda maddelerinin

---

[98] İbrahim Bakırtaş ve Ali Tekinşen, "Dünya Savaşları ve Büyük Buhran Arasındaki Etkileşimin Ekonomik Politiği", **Selçuk Üniversitesi Sosyal Bilimler Enstitüsü Dergisi,** Cilt:1, Sayı: 12, 2004, ss. 83-100

[99] James Foreman Peck, **A History of The World Economy: International Econoic Relations Since 1850,Harvester Wheatsheaf,** GreatBritain, 1983, s. 229'dan Bakırtaş,Tekinşen, s. 87.

fiyatları kısa bir iyileşmenin ardından tekrar gerilemeye başlamıştır. Ücret ve fiyatlardaki bu gerileme, Batı Avrupa'nın büyük kısmında işsizlik oranında sürekli ve önemli artışlara neden olmuştur. Her iki göstergeden hareket edildiğinde ekonomide ciddi bir zayıflama olduğu görülmektedir.[100]

2.3.1.2. Büyük Buhran Kriz Dönemi

Büyük buhranın başlangıcı 24 Ekim 1929 Perşembe gününde New York borsasının çökmesi ile başlar. Aslında borsanın çöküşü 21 Ekim pazartesi günü başlamıştır. Çoğunluğu Alman ve Hollanda olan yabancı yatırımcılar borsadan çekilmeye başlamıştı. Dow Jones Sanayi endeksi üç günde 382'den 299'a gerilemişti. 24 Ekimine gelindiği ise insanlar paniğe kapılarak ellerindeki tahvilleri satmaya başladılar.Ancak satışlar arttıkça fiyatlarda hızla düşmekteydi. Günün sonunda New York borsası dibe vurmuş ve 4 milyar dolar kaybetmişti. Ciddi bir panik havası oluşmuştu. Borsada kaybeden yalnızca küçük yatırımcı değil topladıkları mevduatlar ile borsada yatırım yapan bankalardı.

29 Ekim pazartesi günü 4.000 banka batmış ve Dow Jones Sanayi endeksi 230'a gerilemişti. Borsa ile başlayan içine bankaları alan kriz kısa sürede, çökmeye başlayan reel sektörü de etkisi altına almıştı. Domino etkisiyle fabrikalar, aracı kurumlar, ticarethanelerde iflas etti. Aslında ABD'de ciddi bir resesyon başlamıştı. ABD resesyonu uluslararası ticaret kanalıyla pek çok ülkeyi de krize sokmuştu. İngiltere ve Fransa da yüksek enflasyon hâkimdi.

Büyük Buhranın doğurduğu en büyük sorunlardan biri ise kitlesel işsizlikti. O dönemde ABD'de işsizlik oranı %3 'den % 25'e

[100] Bakırtaş ve Tekinşen, ss 87-88.

yükselmişti. Özellikle Amerikan borsasında yaşanan yıkımlarla birlikte yatırım yapma isteği tamamen düşmüştü. 1929-32 arasında ABD borsası %85 değer kaybetmişti. Sanayileşmiş ülkelerde yaşanan bu durum devlet müdahalesi ile de çözülemeyecek boyuttaydı. İşsizlik yardımı da dâhil sosyal güvenlik sisteminin yetersiz olmuştu. Bazı ülkelere ait işsizlik oranları Şekil 5'de gösterilmiştir.

Şekil 5: 1920-1950 Dönemi İşsizlik Oranları

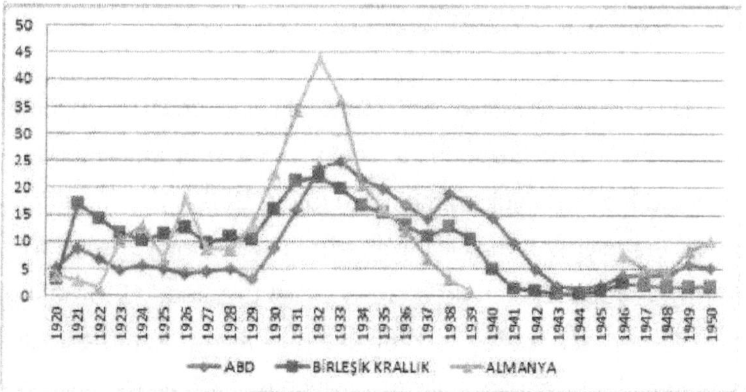

Kaynak: OECD ve Dünya Bankası verilerinden hazırlanmıştır.

Başta sanayileşmiş ülkeler olmak üzere pek çok ülkede ekonomik küçülme yaşanmaya başlamıştı. 1929-33 döneminde ABD'nin GSYH'si 1/3 oranında azalmıştı. Bu küçülme ABD, İtalya ve Kanada 1933' de, SSCB ve Almanya 1932'de dip noktasını bulmuştu. İngiltere ve Japonya dip noktasını 1931'de görmüş, Fransa ise sanayileşmiş ülkeler arasında dip noktasını en geç gören ülke olmuştu. Dönemin sanayileşmiş ülkelerinin büyüme oranları Tablo 1' de gösterilmiştir.

Tablo 1: Büyük Buhran'da Büyüme Oranları

Yıl	ABD	Fransa	Almanya	İtalya	İngiltere	Kanada	SSCB	Japonya
1930	-9.5	-3	-1.4	-5	-0.7	-6.8	4	1.2
1931	-8.4	-5.9	-7.7	-0.9	-5.1	-18	-2.7	0
1932	-13.4	-6.6	-7.5	3.2	0.7	-18.7	-3.3	6.2
1933	-2	7.2	6.3	-0.6	3	-8.4	1.2	7.2
1934	8	-0.9	9.2	0.4	0.2	13.7	10.5	9
1935	8	-2.6	7.5	9.7	10.4	8.2	13	7.2
1936	14.3	3.9	8.9	0.1	4.5	7.9	6.7	2.6
1937	4.9	5.8	10.8	6.9	3.5	13.1	17.9	Veri Yok

Kaynak: İbrahim Atilla Acar ve Muhammed Şahin. M. Kamu Müdahalelerine Dönüş: Yeni Dönemin Manifestosu Ne Olacak? Uluslararası Davras Kongresi Bildirileri, 24-27-Eylül 2009, Isparta, 77-102, s. 88

Diğer bir sorun ise dış ticaretteki daralmaydı. Bunun temel nedenlerinden biri ülkelerin dünyada ki kaostan etkilenmemek için gümrük duvarlarını yükseltmesi geliyordu. Bu konuda ilk adımı ABD attı ve üreticiyi korumak için gümrük duvarlarını yükselttiler. Diğer gelişmiş Avrupa ülkeleri de aynı politikayı uyguladı. 1931'de İngiltere ve ABD serbest ticareti terk etmişti. Ancak bu korumacı tutum iç piyasanın dış piyasaya açılmasını engellemiş böylece kriz daha da derinleşmişti. Dünyanın en büyük ihracatçı hem de İngiltere'den en büyük ithalatçı olan ABD'nin 1929-1939 dönemlerinde hem ihracatı hem de ithalatı % 70 oranında gerilemişti. Bu dönemde dünya ticaretinin %63, fiyatların ise %48 azalmasına sebep olmuştur. Bu dönemde ülkeler arasında takas sözleşmeleri yapılmıştır.

ABD 1932 seçimlerinde Başkan Herbet C. Hoover koltuğunu Franklin D.Roosevelt'e bıraktı. 1932 yılında aynı zamanda içinde bulunulan konjonktürel dalgalanmaların dip noktasına gelinmişti. Bu noktaya kadar hükümet politikaları klasik iktisat temelliydi. Bütçenin denkliği, maliyetlerin kısılması, altın standardını koruma ve sıkı para politikası uygulanması benimsenmişti. Ancak hükümet değişimi uygulanan iktisat politikalarında da değişimi sağlanmıştı.

Roosevelt, New Deal (kartları tekrar dağıtmak) uygulamasına gitmiş, bu uygulama paketini ilk 100 gün ve ikinci 100 gün iki bölüme ayırmıştı. İlk 100 gün uygulanmasında toplumun her kesiminin ihtiyaçları göz önüne alınarak geniş bir yelpazede uygulamalara gidilmiş, ancak temelde işgücünün arttırılması, bankacılık sisteminin düzenlenmesine yönelik tarımsal ve endüstriyel reformlara uygulanmıştır. Bu dönemde Roosevelt'in krizin psikolojik yoluyla da mücadeleye girmiş, her hafta radyodan halka seslenerek yapılanları anlatarak, Amerikan halkına krizlere başa çıkabilecekleri mesajını vermiştir. Bununla oluşan panik havasını kırmaya çalışmıştı.

Öncelikle bankacılık sektörüne el atıldı, hükümete bankaları denetleme hakkı veren Acil Bankacılık Yasasını çıkardı. Bütün bankalar ulusal banka bayramı olarak adlandırılan on günlük bir tatil sürecine alındı, On günlük surede federal hesap uzmanları banka hesapları incelenmiş, tatil sonunda bankaların 1/3 nü kapatmış diğerlerinin lisanslarını yenilemişti. Yine bu uygulama çerçevesinde bir Mevduat Sigorta Şirketi kurularak 5000 dolara kadar olan mevduatlar devlet güvencesi altına alındı. Borsayı düzenleyecek Federal Menkul Kıymetler Yasası çıkarıldı. Federal Menkul Kıymetler Alım Satış Komisyonu ile borsaya ayrıntılı düzenlemeler getirildi. Ayrıca reel sektöre yönelik düzenlemelere de gidilmiştir. Haksız rekabeti önlemek, ücret ve fiyat hadlerini arttırmak için Ulusal Sanayi ıslahat Kanunu yürürlüğe kondu.

Devlet eliyle istihdam oluşturulmasına gidildi. Bu çerçevede iki buçuk milyon günde bir dolara park bahçe işlerine alındı. Orduda istihdamı arttırmak için Sivil Himaye Müfrezeleri oluşturuldu. Büyük kamu tesisleri yapılmaya başlandı örneğin düşük gelir seviyesindeki vatandaşların yaşadığı Tennessee Vadisi'nin üzerine baraj kuruldu.Tarım sektörünü canlandırmak için Tarım Yeniden Ayarlama Kanunu yürürlüğe girdi Bu yasa ile çiftçinin tarlada kalan ürünlerinden doğan zararların karşılanması hedeflenmişti ancak başarılı olunamadı. Federal iskân dairesi çiftçilerin ve ev sahiplerinin ipotek borçlarına kefil olundu.

1935-1937 yıllarında yapısal reformlara ağırlık verilen ikinci 100 gün paketini uygulandı. İkinci pakette sosyal adalet sağlanmaya çalışılmıştır. İşçilerin çalışma koşullarını iyileştirmeye yönelik yasalar çıkarılmış çocuk isçilerin çalıştırılmasına sınırlar getirildi. Emeklilik, iş kazası tazminatı, işsizlik sigortası, ölüm halinde çocuklara ve eşlere ödeme yapılması için sosyal güvenlik yasası çıkarılmıştır. 1935'de Ulusal Emek Piyasaları ile işçi işveren arası ilişkileri düzenlenmiştir. 1938'de yürürlüğe giren Adil Emek Standartları Kanunu ile haftalık en fazla 40 saat çalışma ve günlük en az 40 cent ücret alma prensibi getirilmiştir. Düşük gelir grupları özellikle işçilerin durumları iyileştirirken yüksek gelir gruplarının gelirleri vergilerle (varlık vergisi uygulaması gibi) düşürülmeye çalışıldı. 1932'de Varlık vergisiyle üst dilimdeki mükelleflere uygulanan oran %25'ten %63'e yükseltilmiştir.

Kamu harcamaları artırılarak istihdam oluşturulma çalışmalarına devam edilmiş, bunun için 5 milyar dolarlık kamu harcaması yapılmıştır. İki milyon vasıfsız isçiye iş imkânı sağlanmıştır. Tarım sektöründe ürünler devletçe sigortalanmıştır. Ayrıca Tarım Bakanlığı fiyat ve üretim miktarları belirlemekten piyasa giriş çıkış kadar geniş yetkiler verilmişti. Böylelikle hem tarım sektöründe devlet kanalı ile arttırılamayan istihdamın hem tarım ürünlerindeki fiyat ve miktar dalgalanmaların ekonomiye zarar vermesinin önüne geçilmesi hem de tarım sektöründeki canlanmanın endüstri sektöründe talep artışı oluşturması hedeflenmiştir.

Büyük buhran, özellikle dönemin en büyük iki devletini ABD ve Almanya'yı etkilemiştir. Almanya da işgücünün %25'i işsiz kalmıştı. Ekonomik çöküntü Almanya da Hitlerin iktidara gelmesinde etkili olmuştu. Hitler şaşırtıcı biçimde başarılı olmuş, alt yapı, silahlanma gibi kamu harcamaları ile istihdam yaratmayı başarmış işsizliği sıfıra indirerek 1936'da ülkesini bu çöküntünün etkisinden kurtarmıştı. ABD'nin çöküntüden çıkması ise New Deal uygulamaları ile 1940'ları bulmuştu.Dünya için büyük bir felaket olan ikinci dünya savaşı, başka bir felaketin yani büyük buhranın atlatılmasına yardımcı olmuştu. Çünkü başta ABD olmak üzere silah fabrikaları tam kapasite çalışmaya başlamış ve bu da ekonominin canlanmasını sağlamıştı. ABD ikinci dünya savaşında 500 milyar dolar harcamıştır ki bu rakam büyük buhranın maliyeti ile hemen hemen eşittir.

2.3.1.3. Büyük Buhranın Sonuçları

Büyük Buhranın başlıca sonuçlarından ilki finans sektöründe meydana gelen değişimlerdir. İlk değişim altın standardı uygulanmasından vazgeçilmesidir. Bu uygulama da devletlerin para birimleri altına endeksliydi. Ülkelerin kâğıt parası belli bir birim altına eşdeğerdi. Ancak altın rezervleri özellikle savaş harcamaları için yeterli olamamıştı. Aynı zamanda İngiltere ve Fransa gibi ülkeler de yüksek enflasyon sorunuyla karşı karşıya gelmişti. Bunun için 1944 yılının haziran ayında ABD'nin New Hampshire Eyaletinin Carroll kasabasının bir bölgesi olan Bretton Woods 'de 44 müttefik devletten 730 delegenin katılımıyla düzenlenen uluslararası para ve finans konferansı düzenlendi. Uzun müzakereler sonucunda 1946 Martında yapılan anlaşma ile Altın Standardı uygulaması tamamen ortadan kalkmış Altın Kambiyo Standardına geçilmiş ve tüm para birimleri dolara endekslenmişti.Bu anlaşma ile ayrıca, IMF ve IBRD'nin kurulması kararlaştırıldı. IMF, küresel para istikrarını korumak için kuruldu. IBRD ise az gelişmiş ya da gelişmekte olan ülkelerin kalkınma sorunlarını finansal açıdan desteklemek için kurulmuştur.

Tablo 2: Bretton-Woods Öncesi ve Sonrasının Ekonomi Politikalarının Karşılaştırılması

	1945 Öncesi Dönem	1945 Sonrası Dönem
Ekonomi Anlayışı	İstatistik doğrulama için yeterli değil	İşlevsel: İstatistiksel veriler ekonomik analiz için kullanılabiliyor
Hükümet ve Kamu Müdahalesi	Temel bütçe dengesinin sağlanmasıdır. Ekonominin düzgün işlemesi için tasarrufsa çok önem verilmektedir. İktisatçıların hükümetle münasebeti, sadece eleştiri ve tartışma yoluyla mümkündür.	Hükümet hem tasarım hemde uygulama açısından sürecin merkezinde. Tam istihdam dengesinin altındayken kamusal ve özel tasarruflar durmak zorunda, yani bu durumda tasarruf edilmesi teşvik edilmiyor. İktisatçılar ekonomi politikaların oluşturulmasında oldukça etkin.
Politikaların Esasları	Para politikası yoluyla fiyat istikrarını sağlamak esastır. Bu amaçla ücret kesintileri de kullanılarak işgücü piyasasının dengesi sağlanıyor.	Hedef tam istihdamın gerçekleştirilmesidir. Bu amaçla maliye politikasına ağırlık verilmesi suretiyle politika karması kullanılmaya başlanıyor. Ücret ise maliyet ve talebin bir unsuru olarak düşünülüyor. Ücret kesintileri ve fiyat düşüşleri artık politikaların gündeminde değil.
Paranın Rolü	Çıktı üzerinde herhangi bir etkisinin olmaması yolunda etkinsiz.	Para politikası faizleri dolayısıyla yatırım düzeyini etkilemek için etkin kullanılıyor.
Ekonominin Ufku	Kıt kaynakları etkin kullanmak	İlk başta çıktı ve istihdam düzeyini belirlemek, daha sonra enflasyon ve işsizlik arasında optimal noktayı bulmak.

Kaynak: Çağlar Keyder, **Ulusal Kalkınmacılığın İflası,** Metis Yayınları, İkinci Baskı, İstanbul-1996 s. 76

. Büyük buhranın diğer önemli sonucu ise 1776'dan beri egemenliğini sürdüren Klasik görüşün sorgulanması ve Keynesyen 1973 yılına kadar sürecek egemenliğinin başlamasıdır. Büyük buhrana kadar ekonomiyi dengede tutan ve dengenin bozulması halinde ekonomiyi tekrar dengeye getiren bir gizli ele tutunmuştur. Ancak büyük buhranın yıkıcı ve bir o kadarda uzun seyretmesi gizli ele güveni çürütmüştür. Piyasanın tek başına dengeyi sağlayamayacağı ve başarısız olduğu kabul edilmiş böylelikle devletin görevleri jandarma devletini dışarı çıkarmıştır. 1944 de başlayan ve 1945 de alınan kararların kabul edildiği Bretton Woods Konferansında Keynes İngiliz hükümeti delege heyetine başkanlık etmiş burada Keynes Planını sunmuştu. Bu konferanstan sonra dünya ekonomi politikaları da değişime uğramıştı. Bu değişimin karşılaştırılması Tablo 2'de gösterilmektedir

2.3.2. Petrol Krizi

II. Dünya Savaşının ardından dünya ekonomisi yaklaşık çeyrek yüz yıl süren bir büyüme ve refah dönemi yaşanmıştır. Bu dönemde Keynesyen talep yönlü politikaların uygulandığı ekonominin IMF, Dünya Bankası ve GATT (Ticaret ve Gümrük Vergileri Üzerine Genel Antlaşma) gibi kurumların kontrolü altında bir dünya ekonomisi vardır. Tek geçerli uluslararası para birimi dolardı ve dolar altına endeksliydi. Bu ABD'ye dünya ekonomisini daha doğrusu iki kutuplu dünyanın kapitalist ucunu yönetme üstünlüğü getiriyordu. Ancak bu sistem 1960larda yavaşlamaya 1970'lerdeçökmeye başladı.

Sonuçta 1971 I. Petrol krizi ile başlayan 1973 II. Petrol krizi ile artan bir kriz yaşanmıştır. Bu kriz; işsizlik, dış ticaret dengesi açığı, resesyon ve yüksek enflasyon gibi problemleri ortaya çıkarmıştı. Bu krizle iktisat literatürü yeni bir sorunla karşılaşmıştır. Stagflâsyon yani işsizliğin ve yüksek enflasyonun birlikte yaşandığı bu dönem 19801ere kadar devam etmiştir. Krizden tam anlamı ile çıkış III. Petrol krizinden sonra 1980'lerin ilk çeyreğinde mümkün olmuştur.

2.3.2.1. Petrol Krizinin Nedenleri

Krizin temel nedeni petrol şoklarıdır.1944 Bretton-Woods anlaşmasına göre uluslararası piyasalarda tek geçerli para birimi dolar oldu. Dolar da altına endeksliydi. 1 ons (28 gram) altın 35 dolar seviyesinde sabitti. Ülkelerin rezervlerinde bulunan dolar karşılığı altını, ABD taaddüt ediyordu. 1950'lerden itibaren likidite ihtiyacında artış yaşandı. ABD'nin altın üretimi artış hızı likidite ihtiyacının artış hızından daha yavaştı. 1960'lı yıllara gelindiğinde ise dünyadaki toplam dolar arzı ABD'nin elindeki altın stoklarının değerini aşmıştır. Üstelik ABD bu likidite ihtiyacı uyguladığı para politikaları ile gidermeye çalışsa da bu doların saygınlığını etkiliyordu. Bu yüzden 15 ağustosta 1971'de ABD Bretton-Woods kararlarından çekildiğini ve doları dalgalı kura bıraktığını açıkladı. Daha sonra İngiltere ve diğer gelişmiş ülkeler de para birimlerini dalgalı kura geçirdi. Böylelikle petrol ihraç eden ülkelerin net gelirlerini azaltıcı bir durum ortaya çıkmıştı. Çünkü petrol fiyatları dolara endeksliydi ve dolar değer kaybetmekteydi. Bu yüzden Petrol İhraç Eden Ülkeler, petrolü altına endeksledi ve üretimi kıstı. Bu da petrol ithal eden ülkelerde petrol fiyatlarının aşırı derecede dalgalanmasına neden oldu. Petrol fiyatlarındaki aşırı artış, I. Petrol şokuna neden oldu.

II. petrol şoku ise siyasi temellidir. 6-26 Ekim 1973 tarihlerinde Mısır, Suriye, Lübnan ve Ürdün'den oluşan Arap devletleri ile İsrail arasında Yom Kippur'da dördüncü Arap-İsrail savaşı başlamıştır. Diğer Arap ülkeleri, Arap gücüne, maddi destekte bulundu. 12 Ekim 1973'de ABD, Nickel Grass Operasyonu ile havadan askeri müdahale göndererek, Hollanda ise silah sağlayarak İsrail'e destek verdi. Bunun üzerine Petrol ihraç Eden Arap Ülkeleri, 16 Ekim'de petrol fiyatlarını % 17 arttırdı. 19 Ekimde ABD Başkanı Richard Nixon'un, İsrail için acil yardım paketini kongreden geçirmek istemesi üzerine ABD ve Hollanda olmak üzere pek çok batılı devlete (Japon ya dâhil) 1974 Martına kadar petrol ambargosu uygulandı. İngiltere ve Fransa'ya, İsraili desteklemediği için ambargo uygulanmasa da İngiltere yine de bir enerji krizi yaşanmıştır. Çünkü ülkedeki madenci grevi yüzünden enerji krizine başka bir açıdan dâhil olmuştu. Ambargolar sonucu petrol fiyatları yükseldi ve küresel ölçekte petrol sıkıntısı ortaya çıktı. Böylelikle I. Petrol krizi ile etkisini gösteren kriz iyice derinleşti. III. petrol şoku ise krizin etkisini uzatmıştır.1978'de dünya üçüncü bir petrol şoku yaşanmıştır. Petrol ihracatçısı İran'da şah devrilmiş ve rejim değişmişti. İran da Şii devrimi ile kendi ülkesindeki Şiilerin de kendisine karşı ayaklanmasından endişe eden Irak devlet başkanı Saddam Hüseyin İran'a savaş açtı. Böylelikle III. Petrol Krizi yaşandı. Petrol fiyatları, para ve reel sektöründe dalgalanmalar başladı.

1960'lardan itibaren sanayileşmiş ülkelerin üretken sektörlerdeki kâr oranlarının düşmeye başladı. Bu da sermaye sahiplerini üretimden ziyade finans sektörüne yönlendirmesi ve "Hedge Fonu" talebinin artırmasına neden oldu. Bu yöneliş başta faiz oranlarında ve finans piyasasında istikrarsızlığa sebep oldu.Reel sektörde ise Fordist Üretim Modeli hâkimdi ve bu aşırı üretim ve aşırı kapasite kullanım oranına dolayısıyla dengeden sapmalara neden oluyordu. Bununla birlikte doğal kaynaklara aşırı bağımlılık, esnek üretim tarzının uygulanamaması ve iletişim ve bilişim devrimine ayak uyduramamak da reel sektörü sıkıntıya sokan etkenlerdir.

Yeni Liberaller, krizin nedenini özellikle 1945'den sonra hız kazanan Keynesyen uygulamalar ve değişen devlet anlayışı sebebiyle, devletin ekonomi içerisindeki yerinin artmasına ayrıca para basma ve borçlanma politikalarına bağlanmışlardır. Bu dönemde Paternalist Devlet başka bir ifade ile sosyal devlet anlayışı hâkimdi. Sosyal devlet, vatandaşların belirli bir yaşam seviyesinin altına düşmeden yaşayabilmeleri için sosyal ve ekonomik yönden desteklenmelerine imkân sağlamıştır. Bu dönemde, ülkelerde hem devletin yatırımlardaki payı yükselmiş hem de kamu harcamalarındaki sosyal harcama payları artmıştır. Sosyal devlet anlayışıyla eğitim, sosyal refah, konut ve kamu ulaşımı gibi alanlarda genişleyen bir hizmet sağlanmaya başlamıştı.[101]

2.3.2.2. Petrol Krizi Dönemi

I. Petrol şoku ile para sisteminin çöktüğü, dünya mal fiyatlarının dalgalandığı bir süreç başladı. II. Petrol Şoku ise New York Borsası'nın çökmesine, 97 milyar dolar kaybetmesine neden oldu. Üstelik enerji krizi Amerikan hükümetinin yanlış politikası sonucu daha da büyüdü. Önceden bulunan petrolün fiyatları sabit yeni bulunan petrol fiyatlarının yüksek tutulmuş böylelikle yeni petrol aramalarının teşvik edilmesi amaçlanmıştı. Ancak bu piyasada eski petrolün bulunmamasına ve enerji yokluğunun daha da artmasına

---

[101] Nihat Akbıyık ve Muzaffer Koç, **Küresel Krizler ve Sosyal Politikalara Etkisi Turgut Özal Uluslararası Ekonomi Ve Siyaset Kongresi - I** "Küresel Krizler Ve Ekonomik Yönetişim". Malatya-2010, 1203-1236, s. 1209.

neden oldu. ABD petrol tasarruf tedbirlerine başvurdu. Örneğin otoyol hız limitini saatte 90 km'ye düşürülüp güneş ışığından daha fazla yararlanmak için mesai saatlerini daha erkene alındı.

Petrol şoku petrol ithal eden sanayileşmiş ülkeleri bir krize sürüklerken petrol ihraç eden Arap Ülkeleri için bir kalkınma hamlesi olmuştur. Çünkü petrolden elde ettikleri gelir artmıştı. Suudi Arabistan büyük bütçeli bir beş yıllık kalkınma politikası hayata geçirmişti. Ancak Arap Dünyası'nın zenginleşmesinin kriz açısından başka bir önemi vardır. Araplar elde ettikleri gelirin yaklaşık % 70'ni yani 120 milyar doları, ABD, Avrupa ve Japonya'daki bankalara yatırdılar.Bankalarında dolar rezervi artan bu ülkeler, daralan reel sektörün de etkisiyle finans sektörüne yönelmişti.

Finans piyasalarındaki bu durum gelişmekte olan ülkeleri daha kötü etkilemişti. Çünkü artan enerji ihtiyacı, döviz yoksunluğu bu ülkelerin hem ticaret hadlerini bozmuş hem de iç piyasaları sarsmıştı. Bu da gelişmekte olan ülkeleri dış borç almaya yönlendirdi. Rezervlerindeki dolar yüzünden ödünç para verebilirliği artan gelişmiş ülkeler, ellerindeki bu imkânı rahat para kazanma yolu olarak görmüş ve gelişmekte olan ülkelere borç vermeye başlamışlardı. Gelişmekte olan ülkelere verilen borç, sanayileşmiş ülkelerin bu krizden daha az etkilenmesine neden olmuştu. 1978 de dünya üçüncü bir petrol şoku yaşanmıştır. İran'daki Şii devriminin, Irak'ın siyasi dengesini bozmasından korkan Saddam Hüseyin'in, İran'a savaş açmıştı.Böylelikle III. Petrol Krizi yaşandı. Petrol fiyatları, para ve reel sektörde dalgalanmalar başladı.

ABD'nin artan enflasyon ve cari açıklarına müdahale etmek amacıyla faiz oranlarının daha önce hiç görülmedik düzeylere yükseltti. Faizlerdeki bu artış 1970'ler boyunca düşük (hatta negatif) reel faizlerle borçlanan gelişmekte olan ülkelerin borç anapara ve faiz yükümlülüklerini sürdüremeyecek ölçüde artmasıyla sonuçlanmıştı. Bu parasal şokun yarattığı olumsuz etkiye, 1978'de petrol fiyatlarındaki ikinci şok artış ve gelişmekte olan ülkelerin ihraç ettikleri ham madde fiyatlarında gözlemlenen düşüşlerin de eklenmesiyle, üzere gelişmekte olan ülkelerin borçlarını ödemeleri neredeyse imkânsızlaşması ve borç krizleri olarak adlandırılan bir sürece girilmiştir. Başta Latin Amerika ülkeleri olmak üzere pek çok gelişmekte olan ülke OPEC krizi ile birlikte hem borçlanma ihtiyacı artmış hem de borçları geri ödeyebilme gücü azalmıştır. 1980'e gelindiğinde ise gelişmiş ülkeler gelişmekte olan ülkelere borç akışını kesmiştir. 1982'de ise Meksika, moratoryum ilan etmiş izleyen zamanlarda 34 gelişmekte olan ülke borçlarını ödeyemez hale gelmişti. Gelişmekte olan ülkeler böylelikle borç krizine uzun süre devam edecek borç krizine girdiler.

Şekil 6: 1965-1985 İşsizlik Oranları

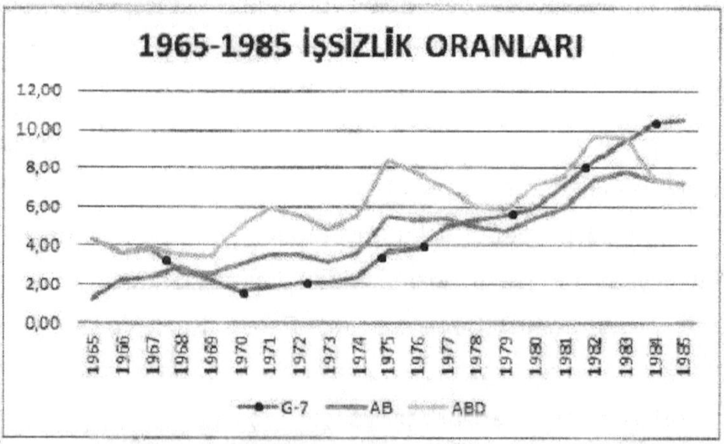

Kaynak: OECD verilerinden hazırlanmıştır.

OPEC krizi gelişmiş ülkelerde yüksek enflasyon, resesyona neden oldu. Yüksek enflasyonla mücadele 1980'lerin ikinci yarısına kadar devam etti. Enerji krizi reel sektöre de ağır bir darbe olmuş, ekonomi durgunluk ve eş zamanlı yüksek işsizlik dönemine girmişti. Teorik olarak aynı anda gözlenemeyecek iki durum pratikte aynı anda yaşanmıştır. Dönemin işsizlik oranları Şekil 6' de, enflasyon oranları Şekil 7'de gösterilmiştir.

Şekil 7: 1965-1985 Enflasyon Oranları

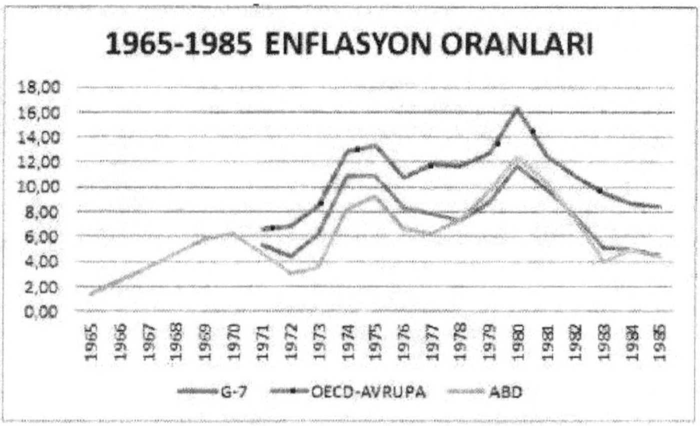

Kaynak: OECD verilerinden hazırlanmıştır.

2.3.2.3. Petrol Krizinin Sonuçları

Keynesyen teorinin stagflasyonu ön görememesi ve keynesyen uygulamaların krize engel olamaması, Keynesyen teoriye güveni sarsmış ve keynesyen uygulamalar terk edilmiştir. Klasik düşünce temelli düşünceler ve politikalar doğmuş, deregülasyon dönemi başlamıştır. Devlet hacminin küçültülmesi için kamu harcamaları kısılmış ve kamu hizmetleri azaltılmıştır. Bunun bir sonucu olarak da özelleştirme, piyasa odaklı ekonomi politika çalışmaları hız kazanmıştır. Deregülasyon ile birlikte kamu harcamalarında da azalmaya gidilmiştir. 1980'lerden itibaren kamu harcamalarının GSYIH içerisindeki payı daha yavaş artmaya başlamıştır.

Şekil 8: 1873-2010 Kamu Harcamalarının GSYİH'larına Oranları

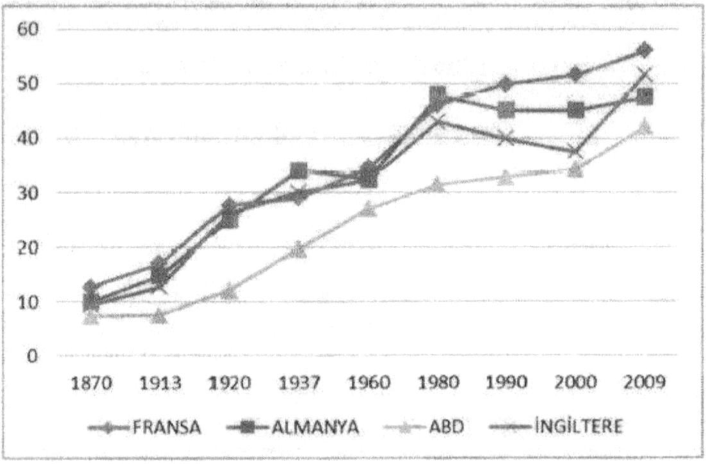

Kaynak: Vito Tanzi, Ludger Schuknecht, Public Spending in The 20th Century A global Perspective, Cambridge University Press, Cambridge-2000, ss. 13-14 ve OECD verilerinden hazırlanmıştır.

Ancak deregülasyon çalışmalarına rağmen kamu harcamalarında azalış gözlenmemiştir.1870'lerden günümüze kadar kamu harcamalarında sürekli artış kaydedilmiştir. Bu artış kamu harcamaları konusunda çalışmalara neden olmuştur. Bu konuda ilk araştırmayı Adolph Wagner yapmış sanayileşmiş ülkelerin artan ekonomik ve sosyal ihtiyaçların kamu harcamalarındaki artışa neden olduğunu ifade etmiştir. Diğer bir teori Peacock ve Wiseman tarafından İngiltere'nin kamu harcamaları üzerine yapılan çalışma sonucunda ortaya atılan sıçrama tezidir. Bu teoriye göre savaş ve benzeri olağanüstü dönemlerde kamu harcamalarının sıçrama yaparak arttığı ve bu artışı devam ettiği yönündedir.1873-2010 Kamu Harcamalarının GSYİH'larına oranları Şekil 8' de gösterilmiştir.

Deregülasyon uygulamaları finans piyasasında da yaşanmış finansal serbestlik doğmuştur. Sermayenin mobilitesi önündeki engellemeler ortadan kalkmış ve çok uluslu şirketler yaygınlaşmıştır. Bu gelişmeler küreselleşmeye hız kazandırmıştır. Küreselleşme, yoğunlaşan rekabet, tarife ve engellerin kaldırılması, mal ve hizmetlerin sınır ötesi üretiminde ki artış, ulaştırma maliyetlerindeki düşüş, devletin sorumluluk alanında daralma ve refah artırıcı fonksiyonunun düşmesi, emek piyasalarını ve sendikaları önemli ölçüde etkilemiştir. İş gücü piyasasının emek yoğun dönemden teknoloji yoğun döneme girmiş, esnek çalışma saatleri yaygınlaşmış, ücretler düşmüştür. Fordist üretim tarzı terk edilmiş yerine Post-Fordist üretim tarzına geçilmiştir. Post-Fordizmde İş görenlere, motorize kariyerler halinde sorumluluk alma ve sınırlı özerklik tanınır. Kalite halkaları ve benzeri yollarla iş görenlerin işle ilgili süreçlere katılması öngörülür. Böylelikle iş görenlerin ve dolayısıyla örgütün verimi ve üretimi arttırmaya çalışır. Post- Fordist üretimde dikkate alınan unsur taleptir.

Küresel rekabet edebilirliği arttırmak için maliyet düşürme eğilimi doğurmuş bu da ilk önce iş gücü piyasalarını da etkilemiş ücretler azalmıştır. Özellikle işverenler için büyük bir yük oluşturduğu ve ekonominin hantallaşmasına yol açtığı savunulan ücretlerin içinde yer alan sosyal yardımların oranında çeşitli indirimlere gidilmiştir.[102] Bu süreç gelir dağılımınıbozmuştur. OECD ülkelerinde Gini Katsayısı 1970'lerde 0,293 iken bu oran 2000 yılında 0,310 olmuştur.

OPEC krizinin en önemli sonuçlarından birisi uluslararası borç krizidir. Borç krizi, borçlanmak zorunda olan gelişmekte olan ülkelerin borçlarını ödeyememesi ile meydana gelmiştir. Borç krizi hem dünya konjonktüründen hem de ülkelerin kendi konjonktürlerinden beslenmiştir. Dünya konjonktürüne ait sorunların başında ekonomik durgunluk gelmekteydi. Sanayileşmiş ülkeler 1973 ve 1979 Petrol Krizleri resesyon dönemine girmişlerdi. Resesyonla birlikte sanayileşmiş ülkeler Keynesyen politikalarından vazgeçerek sıkı para ve maliye politikalarına başvurmuşlar bu da küresel durgunluğu daha da artmıştır. Nitekim gelişmiş ülkelerdeki reel büyüme hızı 1973-79 da yıllık ortalama %2'den 1980-8 'de % 1,2' ye, 1982'de %-0,3'e düşmüştür. Bazı gelişmiş ülkelerin ve OECD'nin ilgili dönemdeki büyüme oranları Şekil 9'da gösterilmiştir.

Bir diğer neden ise dünya ticaret hallerinin bozulmasıdır. Gelişmekte olan ülkelerin yükselen petrol fiyatları ve ithalat hacimleri, gelişmiş ülkelerdeki ekonomik durgunluk ve ihraç ürünlerine olan talebin düşmesi sonucu ciddi ödemeler dengesi açıkları ile karşı karşıya kalmışlardı.GOÜ'lerin dış borçlarının % 70'nin değişken faizli olması ve gelişmiş ülkelerin uyguladıkları sıkı para politikalarla reel faizleri arttırması GOÜ borç maliyetlerini arttırdı. Arjantin, Brezilya ve Meksika'nın borç içerisinde faizin payı 1974-1979 yılları arasında %18'den %30'a, 1982 yılında da %51,5'e yükseldi. Uygulanan sıkı para politikadan diğer bir faktörü doların

[102] Akbıyık ve Koç, ss. 1211-1212.

değerini de etkilemiş dolar diğer uluslararası para birimleri karşısında değer kazanmıştı.Bu yükseliş yine en çok gelişmekte olan ülkeleri etkilemişti. Çünkü bu ülkeler, Avrupa ülkeleri ve Japonya'ya bu ülkelerin para birimleri üzerinden ihracat yapmaktaydılar. Ancak ithalatların dolar üzerinden yapıyorlardı. Bu da ödemeler dengesini olumsuz yönde etkilemekteydi. Bunlar en çok dış borçlarının büyük kısmı dolar cinsinden olan Latin Amerika Ülkeleri'ydi. 1970'lerin sonlarında borçlu ülkeler dış borçlarını kapatabilmek için bir ihracat hamlesi başlattı. Ancak bu hamle uluslararası rekabeti arttırmış ve gelişmiş ülkeleri olumsuz etkilemişti. Bu olumsuz etki firma iflaslarına kadar uzanınca, gelişmiş ülkeler iç piyasalarını koruyucu önlemler aldı. Bu kapsamda piyasa düzenlemeleri, ithal ürünlerine bürokratik engellemeler, üretici sübvansiyonlar yapıldı. 1980-82 döneminde toplam ithalatın tarife dışı engellere tabii bölümü, Avrupa'da %40 oranında artarken, ABD'de iki katına çıkmıştı.

Şekil 9: 1971-1989 Ekonomik Büyüme

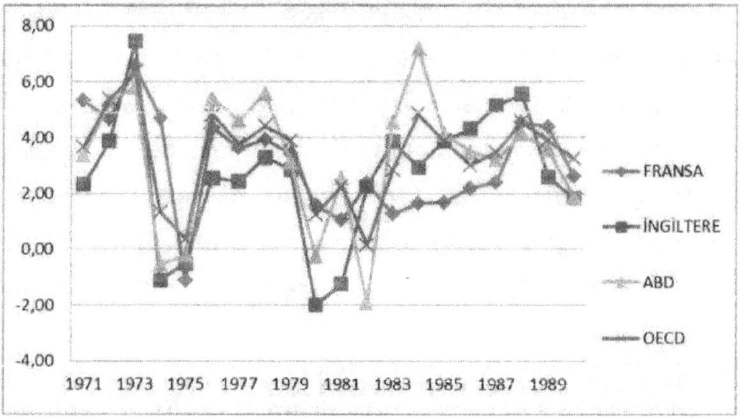

Kaynak: OECD verilerinden hazırlanmıştır.

İçsel faktörlerin başında yetersiz borç yönetimi gelmekteydi. Gelişmekte olan ülkeler dış borçlanmayı ucuz bir finansman yöntemi olarak gördü. Bunun sonucunda ticari banka borçlarında olağanüstü bir genişleme gerçekleşmiştir. Bu dönemde ticari borçların ihracata oranı % 60'dan % 130'a yükselmiştir. 1975-1976 yıllarında gelişmekte olan ülkelerin toplam cari işlemler açığının yaklaşık %70'ini finanse eden dış borçlanma, daha sonraları süreklilik arz etmiştir.Diğer bir içsel neden ise sermaye kaçışıydı. 1976-1987 arasında gelişmekte olan ülkelerde gerçekleşen tahmini sermaye kaçışı Venezüella 40,1, Arjantin 29,1, Brezilya 20,4, Meksika 60,6, Peru 2,9, Filipinler 5,6 milyar dolardır diğer içsel nedenler ise bütçe/kamu harcamaları ve toplam yatırım ile iç tasarruf farkından oluşmaktadır.[103]

Ağustos 1982 Meksika moratoryumundan sonra 34 ülke daha borçlarını ödeyemez duruma gelmişti. Yapılan anlaşmalarla borç ertelemesine gidilmiştir. 1975-80 arasında 13,8 milyar dolar, 1981'de 5,8 milyar dolar, 1982'de 2,4 milyar dolar, 1983'de ise kriz iyice derinleşmiş ertelenen borç miktarı 53,287 milyar dolar olmuş 1984 de ise 16 milyar dolar borç ertelenmiştir. Ertelenen borçların büyük bir bölümü Arjantin, Meksika ve Venezuela' ya ait borçlardır. Krizin başlarında, kriz önemsenmemişti ve kısa sürede çözülebileceği düşünülmüştür. Ancak krizin ciddiyeti fark edilince ortaya pek çok çözüm önerileri atıldı. Baker Plant, Brady Plaru, Paris Kulübü ve Londra Kulübü[104] bunlardan en önemlilerindendir. Ancak bu

[103]Sevim Akdemir, "Uluslararası Borç Krizi ve Dış Borç Azaltma Teknikleri", **Abant İzzet Baysal Üniversitesi Sosyal Bilimler Enstitüsü Dergisi,** Cilt 2003-2, Sayı 7, Bolu, s. 2.

[104] Dış borçlarını ödeyemeyen ülkelerin alacaklısı devlet ve özel bankaların, borç krizine çözüm bulmak için oluşturduğu gayriresmi organizasyonlardır. Borç

planlanın uygulamada birçok aksaklık göstermiş ve tam anlamıyla başarılı olamamıştır. Sonuçta anapara ve faizlerin ödenebilmesi için yeni tahvil ve hisse senedi çıkarılmasına, borçların ertelenmesine ve yeni fonların tahsis edilmesine imkân tanıyan finansal yardımlarla ülkelerin krizden çıkması sağlanmıştır.

Bu krizden dünya para piyasaları iki yönde etkilenmiştir. İlki gelişmekte olan ülkelerin içine girdiği borç krizidir. Hem borç krizindeki ülkelerin bu krizden çıkması uzun zaman almış hem de bu kriz doğu Asya Krizi gibi bölgesel ölçekteki başka krizlerinde tetikleyicisi olmuştur. İkinci olarak dalgalı kur sistemine geçilmesi, finans piyasalarında yeni bir dönüşüme neden olmuştur. Firmaların gerçekleştirdiği faaliyetlerde kur farkından oluşan yeni maliyet ve gelirlerini dengeleme ihtiyacı türev piyasalarının ortaya çıkmasına neden olmuştur. 1972 yılından sonra finans dünyası çok değişik türev ürünlerle tanışmış. Bu da 2008 krizinin tetikleyicilerinden biri olmuştur.

2.3.3. 2008 Küresel Krizi

2008 yılında patlak veren, 2000'lerden itibaren beklenen bu kriz, Büyük Buhran'dan sonra yaşanmış en büyük küresel krizidir. Özellikle gelişmiş ülkeleri etkisi altına almış, finans sektöründe ortaya çıkmış, ancak kısa zamanda reel sektörü de etkisi altına alınmış derin resesyonların yaşanmasına neden olmuştur. Bu bolümde öncelikle bu krizin nedenleri üzerinde durulacak daha sonra bu kriz döneminde yaşananlar ve genel verilere değinilecek daha sonra da krizin sonuçları üzerinde durulacaktır.

---

ertelenmesi, yeniden taksitlendirme ve gerekli hallerde borç indirimi bu organizasyonların çözüm yollarındandı.

2.3.3.1. 2008 Küresel Krizinin Nedenleri

2008 krizini anlamak için öncelikle finans piyasasının kriz öncesi durumuna bakmak gerekmektedir. OPEC Krizi'nden sonra dünyada Friedman'ın görüşleri hâkim olmuştur. Friedman'a göre piyasasının kendiliğinden işleyen dinamikleri, devlet müdahalesine gerek duymadan ekonomiyi dengeye getirebilmektedir. Bu görüşlerin etkisiyle ABD'de Reagan, İngiltere'de Thatcher olmak üzere pek çok ülkede deregülasyon uygulamalarına gidilmişti. Özellikle finans piyasasında denetimler ve kısıtlayıcı yasal düzenlemeler kaldırılmıştı. Bankalara yeterli sermaye ile desteklenmeyen bazı menkul varlıkları bilançolarının dışında tutma, risklerini kendi kendilerine değerlendirme ve sermaye gereklerini kendi kendilerine belirleme imkânı verildi. Krizden önce piyasada, İpotek Bankaları, Ticari Bankalar, Yatırım Bankaları, Hedge Fonları ve değerli kâğıt alım satımı yapan özel kurumlar mevcuttu. Sektörde denetimi, FDIC (Federal Mevduat Sigorta Kurumu) yapmaktaydı. Bu kurum bankalardan sigorta fonu almakta, bu fonla zor durumda olan bankaların kendilerine müracaatı halinde onları kurtarmak için kullanmaktaydı. Kriz öncesi dönemde hiçbir banka böyle bir talepte bulunmamıştı. Yani kurum etkinsizdi. Ayrıca kurum ticaribankalar dışında hiç bir finans kurumunu denetleme yetkisine sahip değildi. Bunun sonucu olarak piyasada denetlenen bankalardan çok büyük ölçüde, denetlenmeyen gölge bankalar ortaya çıkmıştı. Denetimden uzak yapısına karşın reel sektörlerdeki kâr oranlarının düşmesi finans piyasasına eğilimi arttırmış ve onu canlı bir hale getirmişti.

Finans piyasasındaki bu canlılığa rağmen denetimsizlik bu piyasayı kırılgan hale getirdi. Kırılganlığı geliştiren etkenlerden biri menkulleştirme faaliyetleriydi. Menkul kıymetleştirme; bankaların, ipotek kredilerin değerine bağlı olarak yeni finansal araçlar meydana getirmesi ve iç-dış piyasalara sunmasına dayalı bir finansman modelidir. Burada amaç, ipotekli kredilerin riskini dağıtarak azaltmaktır. Ancak bu bir noktadan sonra risklerin kontrolden çıkmasına neden oldu. Finans piyasasında, subprime ipotekli konut krediler ağırlıklı olmak üzere ipotek krediler hızla menkul kıymetleştirilmiştir. 2005 ve 2006 yıllarında Mortgage kredi tutan 1,25 trilyona ulaştı. Bunun yaklaşık %20'si subprime kredi (yüksek risk ve yüksek faizli kredi) niteliğindeydi ve bunun da %80'i menkul kıymet haline getirilmiştir.

Bu dönemde ABD konut piyasasına fon akışı artmıştı. Böylelikle konut kredisi maliyetleri azalmış ve fon arzı artmıştı. Bu, piyasada uygulanan bazı standartların gevşetilmesine yol açmış ve yüksek riskliolarak adlandırılansubprime kredilerin hızla yaygınlaşmasına neden olmuştu. Bu durum konut fiyatlarının artmasına yol açtı. Sürece FED'in 2000 yılınınbaşında faiz oranlarını düşürmesi katkı sağlamıştır. FED 2000 yılının sonlarından itibaren dünya ve ABD ekonomisinde yaşanan düşüşü durdurmak için, 12 kere faiz indirimi yapmış ve faiz oranlarını %1'e kadar indirmişti Bunun yanında finans piyasasındabu yüksek risklere rağmen yüksek güvenlik derecesi veren derecelendirme kurumlan dabireyleri yanlış yönlendirmekteydi.

Finans sektörünün genel durumu dışında krizinoluşmasında etkili olan bir diğer faktör tüketici davranışlarıydı. 2000 yılında FED'in faizleri %1'e düşürmesi ile bireylerde düşükfaizli ve uzun vadeli kredi ile ev sahibi olma eğilimi gelişmiştir. Özellikle OPEC krizinden sonra gelişmiş ülkelerde gelir dağılımıeşitsizliğim bireylerin bu tur bir borçlanma isteğini tetiklemiştir. Bu dönemde sadece tüketicilerin borç isteği değil banka vekredi kuruluşlarının da kredi verme isteği artmıştır. Bankalar ve kredi kuruluşları kredi geçmişi uygun olmayantüketicilere de kredi vermişlerdir. Düşük gelirli ailelerin ipotek edinebilmeleri için sıfırfaizli tahvil ipotekler kullanılmaya başlandı. Ayrıca Federal Ev Edindirme Kurulusu Yönetimi, sisteme katılan çoksayıda düşükgelirli ipoteklerle bankaların faaliyette bulunmalarını sağladı.

Bireylerin kredi talepleri sadece ipotekli evle sınırlı kalmıyor, bireyler aldıkları evlerin fiyatlarının sürekli artması sonucu aşırı iyimser beklenti içinegiriyorlar ve daha fazla ipotekli kredi kullanıyorlardı. Bankalar ise kredi içinbaşvurular ile daha çok kar elde edecekleri düşüncesiyle hareket ediyor dahafazla kredi isteğini aynıölçüde artan hevesle kabulediyor talepleri karşılıyorlardı. Konut fiyatlarının sürekli artması ve bu artışın devam edeceğine olan inanç derecelendirme kuruluşlarının davranışlarını da etkiliyordu. Bu kuruluşlar konut fiyatlan beklentileri geçmişteki fiyat artışlarına göre ayarlıyorlar piyasayı da bu görüşe göre yönlendiriyorlardı. Aynı zamanda bankalar daha fazla kredi satabilmek için yüksek riskliguruplara da kredi vermeye başlamıştır. Bu süreci devlet de Federal Ev Edindirme Kurulusu Yönetimi gibikuruluşlarla desteklemekteydi. Bankaların aktiflerinde geri alınması güç paralar devamlı artmakta diğer aktifleri de kotu etkilemekteydi ki sonunda kötü alacaklar toksik varlıklara dönüşmüştü 2000 yılında Hedge Fonları 500 milyar dolar iken, 2007 yılsonunda 2 trilyon dolara ulaşmıştı Aynı şekilde türev ürünler de 20 trilyon dolardan 120 trilyon dolara ulaşmıştır.

Krizinin nedenlerinden bir diğeri ise denetimsiz finans piyasasında, aktörlerin etik dışı davranma imkânı bulmalarıdır. Bunlarda ilki, mevcut yatırımcıların anapara vefaiz ödemelerini yeni yatırımcıların fonlarıyla temin eden ve gerekli ödemelerin yeni nakit akışlarını aşması durumunda "çökmesi beklenen" yanlış bir yatırım fırsatı olarak tanımlan Ponzi Finansmanı'dır. 2008 krizinde ABD'deki etik dışı davranışlardan biri de türevlerin 4 trilyon dolarlık bölümünü oluşturan tezgâhüstü türevlerdir.Tezgâh üstü türevler üstünde yazılı değeri taşımayan, yazılı değer ile tahvilleştirilen ancak piyasaya derecelendirme kurumlarından alınan en yüksek reyting ile sürülen tahvillerdir. Bu kâğıtlara yatırım yapan bankalar, ellerindeki varlığın gerçek değerini bilmedikleri için kredi vermek için bu varlıkları kullanamıyordu. Bunu yarattığı güvensizlik ortamı kredi kısılması veyaçöküşüne neden olmuştu. Finans piyasasında toplam türev değeri 600 trilyon dolardı. Bu rakam ABD GSYH'sinin 44 katına, dünya toplam GSYH'sinin % 30'una eşitti.

2.3.3.2. Büyük Resesyonun Kriz Dönemi

2004 yılından itibaren FED, enflasyonist kaygılar sonucunda iki yıllık bir süreçte faiz oranlarını arttırdı. Böylelikle düşük faizin şişirdiği finans piyasasında sarsıntılar başladı. Değişken faizle borçlanan Mortgage kullanıcıları taksitlerini ödeyememiş ve evler satılmaya başlarmış ancak ev fiyatları da düşmeye başladı. Bu düşüş ise tek teminatı konutlar olan tahvillerin değerini düşürdü. 2006 da yavaş yavaş 2007 de ise süratle düşen ev fiyatları ve ev fiyatlarının artacağına dair beklentinin hüsrana uğraması krizin patlak verdiği noktadır. 2007 baharında iflaslar başlamış, New Century Financial iflas eden ilk şirket olmuştur. Bear Stearns'ın 2,6 milyar dolarlık iki fonu kapatması piyasada endişeleri artırırken dünya borsalarında satış dalgasına yol açtı.

ABD mali sektöründe başlayan küresel kriz, 2008 yılının son çeyreğinde banka kurtarma operasyonlarıyla derinleşti. Bear Stearns, Merryl Lynch, Freddie Mac, Fannie Mae devleştirilerek kurtarılan bankalar olmuştu. Yine aynı tarihlerde dünyanın en büyük sigorta şirketi AIG devletleştirilerek kurtarılan başka bir şirketti. Ancak her banka veya şirket kurtarılamadı. 15 Eylül 2009' da ABD'nin en eski ve saygın yatırım bankası Lehman Brothers'e yasal limitler üstündeki sigortası sağlanmamış alacaklar dolayısıyla devlet yardımı yapılmıştı. Ancak iflasına engel olunamamıştır. Bu menkul değerler borsasında düşmeye, gelir ve servette daralmaya dolayısıyla da özel tüketim harcamalarının düşmesine neden olmuştu. Bu dalga içine reel sektörü de alıp resesyonun başlangıcı oldu.

Ekonomik kriz Ekim 2008'den itibaren başta Avrupa olmak üzere dünya piyasalarında da baş gösterdi. Avustralya bankası Basis Capital'in 275, Absolute Capital'in ise 177 milyon dolarlık fonu çöktü. Ardından Almanya'da IKB Deutsche Industryebank'ın 11 milyar dolarlık, ABD'de Sowood Capital'in 3 milyar dolarlık, yine Bear Stearns'ın 850 milyondolarlık fonunun çökmesi ve ardından Fransa'nın en büyük bankalarından biri olan BNP Paribas'in 1,6 milyar dolarlık 3 fonunu dondurması krizin yaygınlaştığının bir göstergesi oldu. Bankaların iflasları ABD, Asya ve Avrupa borsalarında sert düşüşlere neden oldu. Tüm Dünya piyasalarını etkisi altına alan krizin etkisini azaltmak isteyen ABD, Japonya ve Avrupa merkez bankaları toplamda piyasaya 350 milyar dolar sürdüler ve faiz oranlarını düşürdüler.

Bu gelişmeler sonucunda 700 milyar dolarlık bir fona sahip, toksik varlıkları[105] satın alıp banka iflaslarını engellemeyi hedefleyen TARP (Sorunlu Varlıkları Kurtarma Programı) kuruldu. 2009 Mart'ına kadar bu fonun yarısı kullanılmasına rağmen bankalar TARP'a başvurmaktan çekinmekteydi. Hem piyasaya karşı iflas etmek üzere olan bir banka izlenimi vermek istemiyor hem de fon karşılığı bankalardan istenen ağır yaptırımlardan çekiniyorlardı. FED ise faizleri %5 oranına düşürmüş, küçük şirket ve tüketici kredileri desteklemek için kullandığı fonu 200 milyar dolardan 1 trilyon dolara çıkardı. Bunun yanında likidite noksanlığı sebebiyle bankalar arası kredileri canlandırmak için ayanca 1,4 trilyonluk bir garanti fonunu yürürlüğe koydu. Ancak bu istenen sonucu sağlanamadı. Sadece daha fazla bankanın iflasının önüne geçildi.

Resesyona karşı yürürlüğe konan 2008 Ekonomik Canlandırma Paketi ile toplam talebi arttırmak içinvergi indirenlerine gidilmiş, önce dolaysız daha sonra dolaylı vergileri kapsamına alan vergiindirimleri uygulanmıştı. 17 Şubat 2009 tarihinde yürürlüğe giren "Amerikan İyileştirme ve Yeniden Yatırım Kanunu" ile 787 milyar dolarlık bir mali genişleme hareketi başladı. Bu kanun çerçevesinde hem yatırım (alt yapı, enerji, savunma ve güvenlik yatırımları) hem de sübvansiyon (işsizlik ödemeleri ve doğrudan destekler) olmak üzere pek çok kamu harcaması kamu hizmeti reform harcamalarında artışa gidildi. Ayrıca çocuk indirimi, özel eğitim harcamaları indirimi, konut alımına ilişkin vergi indirimi, işsizlik ödemelerine ilişkin vergi indirimi, amortisman indirimi, banka kredilerinden kesilen vergi indirimi, hazine ve bazı menkul

---

[105] Toksik varlıklar, olumsuz bir gelişme karşısında değerinde önemli bir düşüş yaşamış ve satılabilir aktif bir piyasası olmayan varlıklardır.

kıymetlerden alınan vergilerden indirimler,konutlarda tüketilen enerji tutarında indirim gibi vergi indirimleri yürürlüğe girdi. Yine zarar eden firmalar, enerji yatırımları ve devlete verilen müteahhitlik hizmetlerine ilişkin vergi kolaylıkla vergi kolaylıkları yürürlüğe girdi. Bu kurtarma paketleri ile Amerikan ekonomisinin General Motors ve Chrysler gibi büyük firmalar kurtarıldı.

İpotek bankaları ve Hedge fonlarındaki kriz yatırım bankalarına da sıçradı. Yatırım bankaları ipotek bankaları hüviyetleri altında FDIC'e başvurmuş, pek çok banka devlet yardım almak zorunda kaldı. Finans sektöründe 100.000 kişi işsiz kalmış bu krizin ABD deki maliyeti 2,1 trilyon olmuş ve Amerikan bankalar portföylerinde 2 trilyon toksik varlık bulunmaktaydı. 2007'de ABD'de başlayan finansal kriz reel sektörü de etkileyerek resesyona sebep oldu. 2008 de resesyon Fransa, Belçika, İsviçre, İngiltere, Almanya ve Japonya gibi gelişmiş ülkelere 2009 da ise tüm dünyaya yayıldı. Bu ülkelerin banka portföylerinde ABD'nin kıymetli kâğıtları ve türevleri bulunmaktaydı. ABD'den sonra krize ilk yakalanan devlet İngiltere oldu. Çünkü İngiltere' de finanssektörü gelişmişti veMargaret Thatcher (1979-1990) döneminden beri deregülasyon uygulanmaktaydı. İngiltere de iflas eden iki banka devletleştirmiş, bankalara yardım için 696 milyar dolarlık bir fon oluşturdu ve bankaların toksik varlıkları sigortalandı.

Avrupa Ülkeleri devletleştirme ve faiz düşürme uygulamalarına gitti. Almanya da bankaları kurtarmak için 670 milyar dolarlık fon oluşturdu. Ayrıca bankalara 133 milyar dolar daha borç vereceğini garanti etti, resesyona karşı sektörleri canlandırmak için 41 milyar dolarlık fon oluşturmuş ve bankalarda devleştirmeye gitmiştir. Ayrıca 18 Şubat 2009 da yürürlüğe giren 31 Ekim 2009 tarihine kadar geçerli olacak zorda olan bankaların devleştirileceğine dair kanun çıkarıldı. Şubat 2009 itibariyle finans sektörünü kurtarmak için ABD'ninharcadığı miktar 1,7 trilyon dolarken Avrupa ülkelerinin harcadığı yaklaşık miktar 2 trilyon dolardır. Tablo 3' de 2008 Küresel Krizinde Finans kurumlarının durumu gösterilmiştir.

Tablo 3: 2008 Küresel Krizinde Finans Kurumlarının Durumu

7 Şubat- İngiltere	Northern Rock ulusallaştırıldı.	88 milyar sterlin
14 Mart-ABD	Bear Stearns FED sübvansiyonundan sonra ticari bir banka tarafından alındı.	29 milyar dolar
7 Eylül- ABD	Freddie Mac ve Fannie Mae ulusallaştırıldı.	200 milyar dolar
15 Eylül- ABD	Lehman Brothers iflas etmiştir.	
17 Eylül -ABD	AIG ulusallaştırıldı.	87 milyar dolar
18 Eylül- İngilitere	Lloyd TSB HBOS'u satın aldı.	12 milyar pound
29 Eylül-Benelüx	Fortis kurtarıldı.	16 milyar dolar
29 Eylül-ABD	Citibank Washoiva'ı aldı.	12 milyar dolar
29 Eylül-Almanya	Hypo Gayrimenkul kurtarıldı.	71 milyar dolar
29 Eylül- İzlanda	Glitnir kurtarıldı.	850 milyon dolar
29 Eylül- İngiltere	Bradford&Bingley kurtarıldı.	32,5 milyar dolar
30 Eylül- Belçika	Dexia kurtarıldı.	9,2 milyar dolar
30 Eylül- İrlanda	Irlanda bankaları kurtarıldı.	572 milyar dolar
7 Ekim- İzlanda	Lansbanki ulusallaştırıldı.	
9 Ekim- İzlanda	Kaupthing ulusallaştırıldı	864 milyon dolar
12 Ekim- İngiltere	HBOS, Royal Bank of Scotland, Llyods TSB ve Barclays kurtarıldı.	60,5 milyar dolar
16 Ekim- İsviçre	UBS kurtarıldı.	59,2 milyar dolar
19 Ekim- Hollanda	ING sermaye yardımı aldı.	10 milyar euro
20 Ekim- Fransa	Fransa hükümeti 6 büyük bankaya kredi açmıştır.	10,5 milyar euro
27 Ekim- Belçika	KGB	3,5 milyar euro
4 Kasım- Avusturya	Kommunalkredit ulusallaştırılmıştır. Constantine Privatbank ulusallaştırıldı ve 5 Avusturya bankasına 1 euro karşılığı satıldı.	
11 Kasım- Kazakistan	Hükümet 4 büyük bankaya sermaye enjekte etmiştir.	3,7 milyar dolar
24 Kasım- ABD	Citigroup sermaye desteği almıştır.	40 milyar dolar
22 Aralık- İrlanda	Anglo Irish Bankası ulusallaştırılmıştır. 3 büyük bankasına fon aktarılmıştır.	7,68 milyar dolar

Kaynak: Pelin Ataman Erdönmez, "Küresel Kriz ve Ülkeler Tarafından Alınan Önlemler Kronolojisi", **Bankacılar Dergisi,** Cilt: 1, Sayı 68, 2009, s. 87.

ABD'de başlayan kriz dış ticaret kanalı ile dünyaya yayıldı. Güney Kore, Tayvan, Singapur, özellikle petrol fiyatlanandaki düşüş ile Rusya, İran ve Venezuela'da da resesyona girdi. İrlanda, Yunanistan, Portekiz, İspanya gibi ülkelerin kredileri notları düşürüldü. Japonya 1990'larda yaşadığı durgunluktan sonra ilk defa ciddi bir küçülme yaşadı. 2009'da Birleşik Arap Emirlikleri'nin en büyük ikinci emirliği olan Dubai'nin ağır borç yükü altındaki devlete ait şirketi Dubai World, 80 milyar dolar yakın borcu ödeyemeyeceğini belirterek yapılanma için erteleme talebinde bulundu. Dubai Finans Piyasası'ndaki toplam hisse değeri haftanın son iş günü olan Perşembe günü 34,56 milyar dolar iken ilk iş günü bu değer 33,42 milyar dolara indi. Abu Dabi borsasının değeri ise 68,16 milyar dolardan 65,66 milyar dolara geriledi. Dubai borsasındaki tüm sektörler zarar açıkladı.

Finansal krizin baslarında bazı Amerikalı ve Avrupalı uzmanlar özellikle Çin, aynı zamanda Brezilya, kısmen Hindistan olmak üzere BRIC ekonomilerinin fazla etkilenmeyeceğini ayrışacağını ve büyümelerine devam edeceği düşünmüştür. Bu ayrışma hipotezine literatürde decoupling[106] denmektedir. Ancak bu tahmin isabetli olamamış yükselen piyasalar beklenin çok üstünde krizden etkilendi. Çin ilebirlikte Japonya, Güney Kore, Tayvan gibi ülkeler, ihracata dayalı bir büyüme stratejisi izlemekteydi. Dolayısıyla ABD ve Avrupa Ülkelerine yapılan ihracatın daralması milli gelir büyüme oranında düşmeye neden oldu. Bu durum karşısında üretim teşvikleri, işsizliği önleyici yatırım paketleri uygulandı ve kamu harcamalarında artışa gidildi. Diğer BRIC ülkelerinden Brezilya ve Hindistan krizden uyguladıkları politikalar sayesinde krizden nispeten daha az etkilendi. Ancak Rusya hem petrol fiyatlarındaki büyük dalgalanmalar, dış borçlanmaya dayalı büyüme stratejisi ve demokrasinin oturmaması sebebiyle krizden etkilendi.

[106] Ulusalllaşma ve bölgeselleşme sonucunda güçlü ekonomilerde yaşanan ekonomik krizlerin her ülkenin krizi girmesine neden olamamasıdır.

ABD, Avrupa ülkeleri ve Japonya, finans piyasasında devletleştirme, faiz indirimleri ve destek programları ile durgunluk karşısında reel sektörü korumaya çalıştılar. Öncelikle orta ve düşük gelir grubunun vergi yükünü hafifletici önlemler alınmış böylelikle bu kesimin kullanılabilir gelirini arttırarak özel tüketim harcamalarını uyarmaya çalışmışlardır. ABD'de alt yapı, Fransa'da okul, demiryolu ve karayollarının ıslahı ile kamu harcamaları arttırarak reel sektör canlandırılmaya çalıştılar.Resesyonun devam etmesiyle devletler korumacı ve milliyetçi politikalar uygulamaya başladı. Lokomotif sektöreler için yardım paketleri onaylanırken biryandan daburadaki iyileşmelerin milli ekonomi içinde kalmasına yönelik önlemler alındı. Örneğin, İngiliz eski başkanı Gordon Brown resesyona karşı alman tedbirleri beyan ederken " İngilizlere ait işlerde öncelik İngiliz isçisine verilecektir " demiştir. Yine Obama hükümetinin 789milyar dolarlık paketinde kamu harcamaları yapılırken Amerikan malı alma zorunluluğu getirildi. AB, işsizlikle mücadele çerçevesinde öncelikle kendi vatandaşlarının istihdam edilmesi için çeşitli tedbirler aldı. Korumacı uygulamalar dış ticarette daralmalara sebep verecek boyutlara ulaşmamıştır. Bunun ilk nedeni büyük buhran da dış ticareti kısıtlayan politikaların depresyonun derinleşmesine sebep olması ve devletlerin bundan kaçınmalarıdır. Diğer neden ise küreselleşmenin ulaştığı boyuttur.

Krizden en çok etkilenen ülkelerden biri de Yunanistan'dır. % 60 olması gereken mali kuralına uymamış, bütçe açıklarını ve kamu borçlarını finansal genişleme surecine devam etmiştir. AB mali kuralları çerçevesinde % 60 olması gereken "kamu borcu/GSYH" oranı 2010' da %124,9'a, %3 olması gereken yıllık "bütçe açığı/GSYH" oranı ise % 14,1'e çıkmıştı. Yunanistan bütçe dengesini sarsan ilk faktör, dış borç kaynaklı büyüme politikasıdır. Kamu borçları 2000 yılında 150 milyar Euro olankamu borcu, 2009 yılında 300 milyar dolar olmuştur. Kamu borçlarındaki bu artışarağmen kamugelirlerinde bir artış sağlanamadı aksine düşüş yaşandı. 2001 yılında GSYH'nin % 21,3' ü seviyesinde olan vergi gelirleri 2009 yılında % 19'a gerilemiştir. Yunanistan'ın vergi dışı gelirlerinde de azalma kaydedilirmiştir. Dünya yük gemilerinin % 20'sine sahip olan ve deniz yolu taşımacılığındada ilksırada olan Yunanistan, krizin etkisiyle daralan uluslararası dış ticaret en çok etkilenen ülke oldu ve taşımacılık gelirleri 2009 yılında yaklaşık % 30 azaldı. Yunanistan'ın bir diğer önemli gelir kalemi olan turizmde aynı dönemde daraldı ve %15 azaldı. Tüm bu sorunların sonucunda ülkenin bütçe açığı/GSYH oranı 2006' da -5,7, 2007'de -6,4, 2008 -9,8, 2009'da -15,4 ve 2010 yılında - 10,5 seviyesinde gerçekleşti.

Yunanistan'ın yaşadığı krizin önemli etkenlerinden biri etik dışı davranışlardır. Goldman Sachs ile 50 milyon dolarlık bir ücret karşılığı anlaşarak hesaplarını gizlediler. Bu sayede diğer kurumdan yüksek not alabildi. 2009 yılı bütçe açığını % 12,7 olarak açıkladı. Ancak daha sonra gerçek bütçe açtığı oranın % 15,4 olduğu anlaşıldı. Yunanistan 2010 başında borçlarını ödeyemez duruma geldi ve Euro bölesinin krizini derinleşti.Bunun üzerine Avrupa Komisyonu Yunanistan'ın kamu giderlerini azaltıp kamu gelirlerini arttırarak 2012 bütçe açtığı oranını % 32'e çekmesini istedi. Bu doğrultuda Mart 2010 da yunan hükümeti 4,8 milyar Euro tutarında bir tasarruf paketi açıklandı. Kamu kesiminde ücret kesintisine gidildi, Kamu sektörü primleri % 30 kesildi, emekli maaşları donduruldu, KDV oranı % 21 arttırıldı, akaryakıt, sigara ve alkollü ürünlerden alınan vergilerde artışa gidildi. 11 Nisan 2010'da AB

Maliye Bakanları tarafından 30 milyartutarında acilyardım paketi onaylandı. AB ve IMF koordineli çalışmalarıyla 3 yıl vadeli 110 milyar Euro 'luk birkurtarma paketi Yunanistan'a tahsis edildi.

AB'de borç krizine giren bir diğer ülke İrlanda'dır. Emlak piyasasındaki dalgalanmalar ve daraltıcı maliye politikaları reelsektörü panikhavasına soktu. 1990 senelerinden itibaren ekonomik refahdönemi yasayanİrlanda da talebi aşan arz oluşmuş kimsenin oturmayacağı 300 bin ev inşa edilmişti. Buna rağmen hem arzcılar hemde talepçiler ev fiyatlarıkonusunda pesimizim yanılgısına düşmüşlerdir. Böylelikle Emlak piyasasında sürekli şişen bir balon oluştu. Bununla beraber İrlanda da dış borçlanmayı ucuz finansman yolu olarak görmüş, başta Almanya olmak üzere diğer AB ülkelerinden borçlanmıştır. Krize giren pek çok ülkede olduğu gibi İrlanda da deregülasyon uygulamaları sebebiyle başta bankacılık sektöründe denetim ve yapısal düzenlemeler mevcut değildi.2008 yılında konut fiyatlarının% 50-60 düşmesi ile konutkredileri piyasası çökmüştür. İrlanda hükümeti,bankaları kurtarmak için 45 milyar Euro kaynak aktardı. Ancak İrlanda'nın bütçe açığı bu sarsıntı ile gittikçe arttıve resesyona neden oldu. İrlanda Bütçe Açığı/GSYH oranı 2006'da % 2,9, 2007'de % 0,1, 2008'de % -7,3, 2009'da % -14,3, 2010'da % -32,4 seklinde gerçekleşmiştir. İrlanda 28 Kasım 2010 tarihinde krizden kendi başına çıkamayacağını açıkladı. Bunun üzerine AB-IMF işbirliğiyle 85 milyar Euro yardımpaketi açıkladı.

AB'nde sorun yasayan birdiğer ülke Portekiz'dir. 2008 itibariyle büyümeoranları düşmüş 2009 itibariyle eksili değerleri görmüş bütçe açığı ise 2009 yılında % 288,5 oranında artmıştır. Hazırlanan istikrar paketinin mecliste reddedilmesi ile devlet başkanı Jose Socrates istifa etmiş oluşan siyasi istikrarsızlık, daha da kötülesen ekonomik durumu derecelendirme kurumuPortekiz'in notunu düşürmesi ile çıkmaza sokmuştur. Bunun üzerine AB ve IMF işbirliğiyle Portekiz'e 3 yıllık programla 78milyar Euroyardım paketi verildi. AB'nin krizle mücadele eden birçok ülke daha olmuştur. İspanya ve Güney Kıbrıs Rum Kesimi olmak üzere pek çok borç krizi yaşandı. İspanya'da talep yetersizliği ve %20'lerde seyreden işsizlik krizi derinleştirmişti.

AB krizden kurtulmak için kendi içmekanizmalarını devreye sokmuştur. Bu çerçevede Roma Antlaşmasının 119 (1) ve 119 (2) maddelerine istinaden çıkarılan 332/2002 sayı ve 18.02.2002 tarihli Konsey tüzüğü aracılığıyla ödemeler dengesi fonu oluşturulmuştur. Fon çerçevesinde Macaristan' a 6,5 milyar Euro, Letonya'ya 3, 1 milyar Euro ve Romanya'ya 5 milyar Euro kaynak sağlandı. Krize karsı kullanılan birdiğer mekanizma ise 7 Haziran 2010'da kurulan Avrupa Finansal istikrar fonu'dur. Bu çerçevede AB ülkelerinin sağladığı garantilerle 440milyar Euro değerinde tahvillerin piyasaya sürülmesi ile mali güçlük çeken AB ülkelerine kredi sağlandı. Bu fon kapsamında İrlanda'ya 17,7 milyar Euro fon verildi, Portekiz'e ise 26 milyar Euro kaynak sağlanması kararlaştırıldı. 28 Kasım 2010 tarihinde Avrupa istikrar Mekanizması kuruldu bu mekanizma ile yine üye devletlere mali desteksağlanması kararlaştırıldı ancak bu kez komisyon, IMF ve talepte bulunan üye devlet tarafından üzerinde mutabakata varılmış uyum programlarınınuygulanması gibi sıkı koşullara başlanmıştır.

Resesyona karşı yardım yoluna giden sektörlerin başında otomotiv gelmektedir. Çünkü kriz döneminde işsizliğin yükselmesi ve gelirlerin azalması en çok otomotiv sektörünü etkiledi. General Motors ve Chrysler devlet yardımı talep etmiş, Ford ise Birleşmiş

Oto İşçileri Sendikaları ile anlaşarak isçi ücretlerini düşürmüştür. Almanya otomotiv sektörünü canlandırmak için 9,10 veya 15 yıllık araçlarla en az bir yılık ve sürüm şartlarına uyanaraçlarla deriştirenlere 2.500 € yardımda bulunmuştur. Söz konusu uygulama Fransa, İtalya, Avusturya, Portekiz, Romanya'da uygulanmıştır. Fransa ayrıca otomotiv sektörüne 8 milyar dolar ek yardımda bulunmuştur. Bu ülkelerde yardım miktarı 1.000-1.500 € arasındadır. İspanya ise yeni alınacak otomobil için 10.000 € faizsiz krediimkânı sunmuştur. Rusya da yerli ve yeni otomotiv alımlarında hazine yardımında bulunmuştur. Kurtarma paketlerinin maliyetleri Tablo 4'de gösterilmiştir.

Tablo 4: 2008 Küresel Krizi Kurtarma Paketlerinin Maliyetleri (Şubat 2009)

	Sermaye Enjeksiyonu	Garantiler	Toplam Önlem Paketi Tutarı	GSYİH'in Yüzdesi
ABD	250 milyar dolar		700 milyar dolar+787 milyar dolar	10,1
Almanya	70 milyar euro	412 milyar euro	492 milyar euro	19,8
Fransa	40 milyar euro	320 milyar euro	360 milyar euro	19,0
İtalya			40 milyar euro	2,6
İngiltere	50 milyar euro	250 bin sterlin	400 milyar sterlin	28,6
Avusturya	15 milyar euro	85 milyar euro	100 milyar euro+26 milyar dolar	36,9
Danimarka			35 milyar danimarka kronu+18 milyar dolar	2,1
Yunanistan		15 milyar euro	28 milyar euro	11,2
İrlanda		450 milyar euro	450 milyar dolar	235,7
Macaristan	3 milyar dolar		3 milyar dolar	2,2
Kore		100 milyar dolar	100 milyar dolar	10,3
Hollanda		200 milyar euro	200 milyar euro	26,5
Portekiz		20 milyar euro	20 milyar euro	6,1
İsveç	200 milyar dolar+6 milyar dolar	200 milyar dolar	206 milyar dolar	50,5
İspanya	30 milyar euro + 50 milyar euro	100 milyar euro	150 milyar euro	14,3
Japonya			632 milyar dolar	14,1
Norveç			57,4 milyar dolar	23,2
Brezilya			13 milyar dolar	1,0
Rusya		50 milyar dolar	86 milyar dolar	6,6
Çin			586 milyar dolar	18,2
Arjantin			3,7 milyar dolar	1,4

Kaynak: Erdönmez, s. 90

Krizin en büyük etkilerinden birisi işsizlik olmuştur. ABD'de 2007 yılında %4,6 olan işsizlik 2008'de %5,8'e, 2009 yılında %9,3'e,

2010 yılında '%9,6'ya çıkmış, 2011'de %9,0 ve 2012'de %8,1 oranında gerçekleşmiştir. Avrupa'da 2007'de %7,2 olan işsizlik oranı 2008'de %7,1 2009'da %9,0 2011'de 9,7 ve 2012'de 105 olarak gerçekleşmiştir. Özellikle otomotiv ve inşaat sektörün % 7,3 gibi ciddi daralmalar yaşandı. Düşük nitelikli işgücünde de işsizlik daha fazla gözlenmiştir. Küresel krizin istihdamüzerindeki etkisi finans piyasalarındada etkisini göstermiş ve Eylül 2008'de Londrave New York'ta 63.000 banka çalışanı işten çıkarılmıştır. 2009 yılındasadece İngiltere'de 20 bin beyaz yakalı olmak üzere toplam 500.000 kişi işsizlik sigortası yardımı almak için başvuruda bulunmuştur. Dünyada 2008 yılında 7 milyon, 2009 yılında ise 27 milyon kişinin işsiz kalmıştır.

07 Mayıs 2009 da Prag'da gerçekleştirilen istihdam zirvesinde, krizin bireyler ve aileler üzerinde ki olumsuz etkilerini azaltmak ve işsizliğin yapısal bir soruna dönüşmemesi için çeşitli eylem planları kararlaştırılmıştır. Bu çerçevede bir dizi uygulamalara gidildi. İspanya, Litvanya yeni yatırım vergi teşviklerini arttırmış, Bulgaristan ve Portekiz yeni yatırım vergi teşvikleri getirmişlerdir. Fransa ve İrlanda ise yeni Yatırımları kurumlarvergisinden muaf tutmuştur. Kendi işini kurmak isteyen veya on kişiden az işçi çalıştıran küçükişletmelere mikro kredi verilmiştir. 2010 Mart'ta Brüksel'de toplanan BakanlarKonseyi 2010 Haziran'dan itibaren sekiz yıl süre içinde 45.000 kişiye 25.000€ değerinde krediler vermeyi kararlaştırmışlardır. Çalışanların ise istihdamdakalabilmesi için ücret dondurmasına gidilmiştir. Hollanda 2009 enflasyonunureferans alarak 2010 için sıfıra yakın bir ücret zammı belirlenmiştir. Almanya kilit işkolu olan metal işkolunda yedi ay boyunca fiyatlar dondurulmuştur.

Fransa, İtalya, İspanya ve İsveç gibi ülkeler ise kilit işkollarını sübvansiyon ve garantiler yoluyla desteklermiştir. Ayrıca Fransa yeni kurulan işletmeleri KDV'den, Almanya ise işletmelere yeni alınan isçilerin genel sağlık sigortasından muaf tutmuştur. Yunanistan'da ise 2.500 İtaya'da yaklaşık 800.000 çalışana yardım edilirmiştir. İşgücünü niteliğini arttırmak için Fransa, Almanya ve Yunanistan'da mesleki eğitim kursları arttırılmış ve ders kapsamlarında yeniliklere gidilmiştir. İşsizliğin birey ve aileler üzerindeki etkisini azaltmak için yardımların kapsamı genişletilmiştir. Fransa ve İtalya yardımları kapsamı ve verilmesurelerini arttırmış İtalya yardımkapsamında olan ancak bu yardımları alamayanları tespit etmiş ve bu kişilerin yardımlardan yaralanmasını sağlamıştır. Almanya issizlerin aldığı çocuk yardımları atmış, Yunanistan işsizlik yardımı artmış ayrıca 2009 yılbaşında isçilere birer maaş ikramiye vermiştir. Avusturya ve Finlandiya, kriz döneminde sermaye malı alımlarını arttırmak için yeni ekipman alımlarında avantajlı amortisman uygulamaları getirmiştir.

OECD üyesi ülkelerde ise işsizler için iş arama yardımı ve danışmanlık hizmeti verilmiştir. İşten ayrılan ve işsizlik yardımı alanlara mesleki eğitim kurslarına gitme zorunluluğu getirilmiştir. Finlandiya, İspanya, Japonya ve İngiltere'de kamu personeli alımları artmıştır. Kore ve Portekiz düşük faizlikredi imkânı sağlanmış, Slovakya ise sosyal sübvansiyonlara gitmiştir. Meksika, Belçika ve İngiltere de ise eğitim, çocuk bakım ve seyahat masraflarının karşılanması için ayni yardımlar yapılmıştır. Avustralya, Kanada ve Fransa'da isçilerine eğitim veren ve/veya çıraklık eğitimi almış kişileri işealan işverenleriödüllendirici uygulamalara gidilmiştir. Amerika, Almanya, Çin, Norveç, İspanya, Güney Kore Ve Singapur'da kriz döneminde sermaye malı alımlarını arttırmak için yeni ekipman alımlarında avantajlı amortisman uygulaması getirmiştir.Tayvan Hükümeti, imalat sanayinin belirli sektörlerinde ve teknolojik hizmet endüstrilerinde yeni yatırımlara tanınan 5 yıllık vergi muafiyetinin kapsamı genişletmiş vergimuafiyetini sadece elde edilen geliri değil tüm yatırım miktarını kapsar hale getirmiştir. Kore, geçmiş üç yılda yapılan ortalama yatırımmiktarının üzerindeki yeni yatırımlara ilave %10 vergi kredisi vermiş ve vergi kredisi teşvikinden yararlanabilecek olansektörlerin de kapsamını genişletilmiştir. Brezilya ve Güney Kore gibi G-20 ülkeleri, uluslararası sermaye hareketlerine karsı 2009'un sonunda Tobin vergisi uygulamaya başlanmıştır. Bu ülkelerin ardından Rusya'da sermayeyi vergileme yoluna gitmiştir. AB, BRIC, G-8 , ABD ve dünyanın işsizlik ve büyüme oranları Şekil 10 ve şekil 11'de gösterilmiştir

Şekil 10: Bazı Ülkelerin Ekonomik Büyüme Oranları (2008-2014)

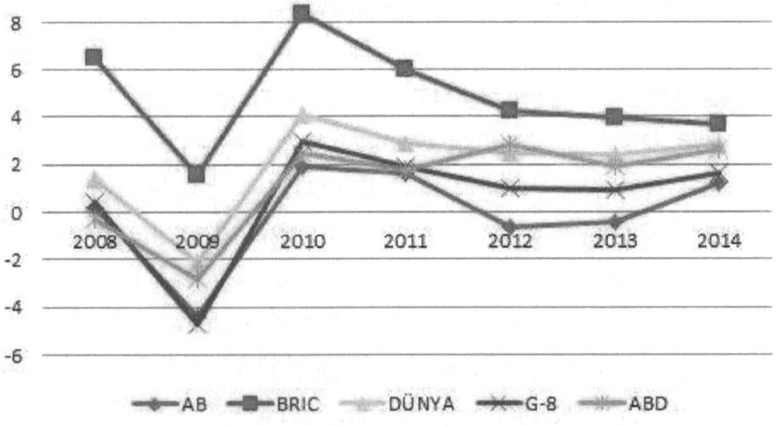

Kaynak: OECD verilerinden hazırlanmıştır.

Şekil 11: Bazı Ülkelerin İşsizlik Oranları (2000-2014)

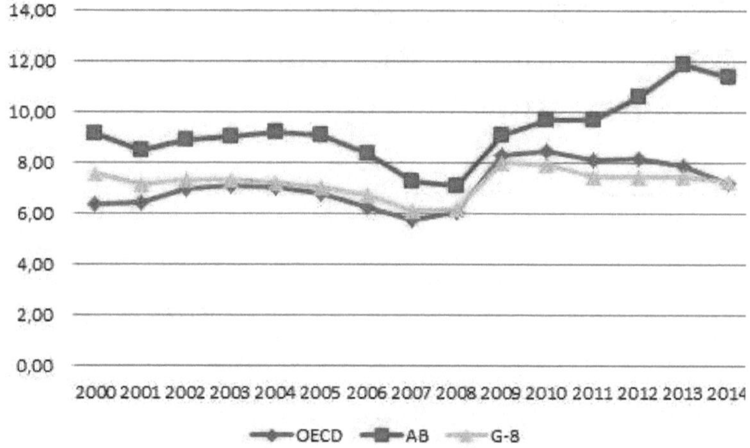

Kaynak: OECD verilerinden hazırlanmıştır.

FED'in Eylül 2012'den itibaren zor durumda olan Amerikan Bankalarını desteklemek ve reel piyasayı canlandırmak için tahvil alım programı uygulamaya başlamıştır.Mayıs 2013'de FED başkanı Ben Bernanke bu programdan çıkılacağını açıklamış ve özellikle cari açığı olan ülkelerde sermaye piyasalarında dalgalanmalar başlamıştır. Avrupa Birliği'nde bankacılık piyasasında yaşanan sorunlar, bankaları denetiminin ECB'ye devredilmesine neden olmuştur. ECB 2014'ün 2. çeyreğinde bölgenin en büyük 128 bankasını incelemeye aldı. İnceleme sonuçlarının 2014'ün son çeyreğinde açıklanması beklenmektedir. Bankaların verdiği kredileri geri alamaması ve bunu muhasebe hileleri ile gizlemeleri, bankaların gerçek zararlarını karşılayacak sermaye birikimine sahip olmaması ve gerçek zararlarını yine muhasebe hileleri ile gizlemesi bankacılık sistemine güveni sarsmaktadır. Ayrıca banka bilançolarındaki devlet tahvillerinin bir kısmını devletler ödeyebilecek durumda değildir.

Bankalara borçlu firmaların Portekiz'de % 50'si , İspanya'da %40'ı ve İtalya'da %30'u vergi öncesi gelirleriyle borç faizini ödeyemeyecek durumdadır. Seçili bazı AB ülkelerinin işsizlik oranları ise Şekil 12'de yer almaktadır..

Şekil 12: Bazı AB Ülkelerinin İşsizlik Oranları (2000-2014)

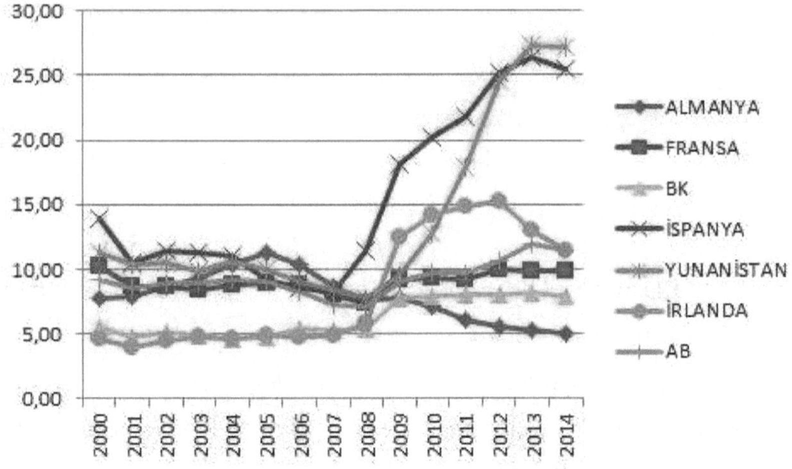

Kaynak: OECD verilerinden hazırlanmıştır.

2.3.3.3. 2008 Küresel Krizinin Sonuçları

2008 küresel krizinin iki temel sunucu olduğunu söyleyebiliriz. Bunlardan ilki, devlet müdahaleciliğidir. 1980'lerde başlayan deregülasyon uygulamaları, küresel krizin ortaya çıkışında ve derinleşmesinde etkili olmuştur. Küresel krizden çıkmak içinse regülasyon uygulamarına ihtiyaç duyulmuştur. Devletleştirme, sübvansiyonlar ve vergi indirimleriyle ekonomi canladırılmaya çalışılmıştır. Ayrıca özelllikle finans piyasasında denetim mekanızmaları tekrar yapılandırılmıştır. 2008 küresel krizinde devletler ve devlet üstü organizasyonlar 6 Trilyon Dolarlık bir fatura ile piyasayı iyileştirmeye çalışmıştır.

Krizin bir diğer önemli sonucu küreselleşme ve emek piyasası üzerinde olmuştur. 1980'lerden sonra hız kazanan küreselleşme, özellikle sermaye ve iş gücü üzerinde etkili olmuştur. Uluslarası sermaye hareketliliğinin krizin yayılmasını ve derinleşmesine etkisi özellikle kısa vadeli sermaye hareketliliği üzerinde tedbirlere ilgiyi arttırdı. Brezilya, ABD, Çin, Tobin Vergisi benzeri uygulamalara gitmiş AB bu tür uygulamaları tartışmaya açmıştır. Uluslarası firmalar yatırımlarını, kriz karşısında emek ucuz bölgelere kaydırmışlardır. Bu na karşı devletler, işsizilik karşısında kendi vatandaşlarına lehine iş gücü politikaları uygulamışlardır. Böylelikle 1980'lerde hız kazanan küreselleşmeye karşı savunmaya geçilmiş oldu. OPEC krizi küreselleşme için bir dönüm noktasıyken 2008 Küresel Krizinde küreselleşmenin frenlenmesi için bir dönüm noktası olmuştur.

ÜÇÜNCÜ BÖLÜM

TÜRKİYE KONJONKTÜREL DALGALANMALARI VE DEVLET MÜDAHALECİLİĞİNİN ETKİNLİĞİNE TESİR EDEN UNSURLAR

Birinci bölümde devlet kavramı ikinci bölümde ise konjonktürel dalgalanmalar kavramı incelenmiştir. Bu bölümde ise konjonktürel dalgalanmaların devlet müdahaleciliğine etkilerini analiz edebilmek için devlet müdahaleciliğinin etkinliği üzerinde durulmuştur. Bunu yaparken devlet müdaheleciliğine tesir eden etkenlere değinilmiştir. Bunların ilki Homo Economicus'tu. Çünkü her sosyal olayın temelinde insan vardır. Daima rasyonel davrandığı varsayılan Homo Economicus'un bu davranışı ile ekonomiyi dengeye getireceği, klasik düşünce taraftralarınca savunulmuştur. Ancak incelediğimiz küresel krizlerde bu varsayımın doğrulamadığı görülmektedir. Çünkü Homo Economicus'un bir takım açmazları vardır. İlgili bölümde bu açmazlara değinilmiş ve konuyla ilgili yapılmış deneysel çalışmalarla desteklenmiştir. Devlet Müdahaleciliğinin etkinliğine tesir eden diğer bir etken ise anayasal düzeydeki maliye ve para politikası kurallarıdır. Homo Economicus'un aksine ekonomik anayasa devlet müdahaleciliğinin etkinliğini olumlu yönde etkilemektedir. Literatüdeki anayasal kurallara değinilirken bu kuralların uygulama örneklerine de yer verilmiştir.

Bu bölümün ilk kısmında ülkemizde yaşanan konjonktürel dalgalanmalara değinilmiştir. Konjonktürel dalgalanmalar, Cumhuriyet Tarihi beş bölüme ayrılarak incelenmiştir. Küresel krizlerin yanında, ekonomimizin yapısal özellikleri ve konjonktürünün meydana getirdiği krizler sebebiyle bu konu üçüncü bölümde ayrıca incelenmiştir.

3.1. TÜRKİYE'DE EKONOMİK KRİZLER

Cumhuriyetin kurulusundan bu yana geçen 90 yıllık sürede, ülkemizin yaşadığı beş büyük kriz (1929-32, 1958-61, 1978-83, 1998-2001,2008), nispeten daha kısa ve daha sınırlı sarsıntıya sebep olan dört küçük kriz 1969-1970, 1988-1989, 1991 ve 1994 ekonomiyi derinden etkilermiştir.[107] Bu bolümde bahsi geçen krizler, krizlerin ekonomiye etkisi ve uygulanan anti-konjonktürel politikalar açısından incelenecektir.

3.1.1. 1929-1945 Dönemi

Erken Cumhuriyet dönemi ekonomisinin kökleri 1881 tarihli "Muharrem Kararnamesine" kadar uzanır. Çünkü bu kararname ile Osmanı Borçarının ödenmesi Düyun-u Umumiye idaresi kurumuştur.[108] Osmanlı vergi gelirlerinin önemli bir kısmını teşkil eden tuz, ipek, tütün, balık ve alkol gibi ürünlerden alınan vergilerin de dahil olmak üzere çeşitli vergierin toplanması bu idareye bırakıldı.[109] Bu idare her ne kadar Osmanı Devleti'ne bağlı olsa da giderlerini topladıkları vergilerden karşıyorlardı. Bu durum yüksek vergi gelirlerine rağmen bitmeyen borç sürecine neden olmuştur.

1929 krizinin ülkemiz üzerindeki etkilerine değinirken, o dönemi de iyi analiz etmek gerekir.Türkiye'nin Kurtuluş Savaşından yeni çıkmış ve Osmanlı borçlarını ödemek zorunda olması ülke için ciddi bir darboğazdı. Cumhuriyetin ilk yıllarında bir emisyon bankasının mevcut olmaması hem dış ticaret dengesi hem de para piyasasında dengesizliğe neden oluyordu. Türkiye ekonomisi tarıma dayalıydı ve uluslararası tarım fiyatları 1925'de zirve yapıp düşmeye başlamasıdır. Bu dönemde mevsimsel etkenler aleyhimize islemiş ve yurt içi üretimde düşmüştü. Büyük oranda buğday ithalatı gerçekleştirilmiştir. Bunlar dış ticaret dengesini bozan diğer faktörlerdi. Ayrıca Lozan anlaşmasıyla beş yıl süreyle koruyucu

[107] Gülten Kazgan, **Türkiye Ekonomisinde Krizler (1929-2001) "Ekonomik Politik" Açıdan Bir İrdeleme,** İstanbul Bilgi Üniversitesi Yayınları, İstanbul, 2008, s.1

[108] Hakan Ay, Osmanlı Devletinde Mali Bunalım ve Sebepleri, Dokuz Eylül Üniversitesi İktisadi ve İktisadi ve İdari Bilimler Fakültesi Dergisi,1991, s 325, İzmir

[109] Hakan Ay, Tarihi Mali Sistemler ve Osmanlı Maliyesi,Albi Yayınları, İzmir, 2005, ss.145-146

gümrük politikalarının uygulanmayacaktı. Ülkenin sanayi ürünlerini ithal etmek zorunda olması dışa açık ve korumasız bir duruma sokmuştu. Ayrıca Lozan antlaşması gereği 1929 Ekiminde gümrük vergilerinin arttırılacak olması bu tarihten önce ithalatı ciddi oranda arttırmıştır.

Lozan antlaşması ile kabul edilen Osmanlı Borçlarının yanında devletleştirme faaliyetleri de ülkenin mali yükünü arttırmaktaydı. 1924'de 7 demiryolu, 6 maden, 23 banka, 11 belediyeye ait imtiyazlı şirket, 12 sınai ve 35 ticari işletme olmak üzere 94 yabancı şirket bulunmaktaydı. Bunların sermaye değerleri toplam 63,4 milyon sterlindi. 1929'a gelindiğinde şirket sayısı 114'e çıkmış toplam değerleri 30 milyon TL daha artmıştı. Yabancı şirketlerin bu büyük sermaye birikimi millîleştirme faaliyetlerinde ciddi maliyet oluşturmuştu.1929-1933 arasında ekonomide tüketim göstergeleri şiddetli bir gerilemeye girdi. Bu dönem krizin daha da derinleştiği bir dönemdi. Çünkü millîleştirene politikacının finansmanı vergi ve tekel mallarından elde edilen gelirlerinden sağlanmıştır. Bu dönemde pek çok yeni vergi getirildi. Ayrıca büyük buhranın etkisiyle düsendevlet gelirlerini arttırmak için buhran vergisi ve muvazene vergisi gibi yeni uygulamalar getirildi. Gaz, elektrik, demiryolu ve deniz yolu ulaşımı vergiye tabi oldu. Ayrıca alkol, tütün, sigara kâğıdı, tuz, kibrit, şeker, petrol gibi zorunlu tüketim mallan tekelleştirildi ve fiyatlar arttırıldı. Lozan antlaşması gereğigümrük vergisi de bu dönemde %400 oranında arttırıldı. Osmanlı Devletinden kalmademir yolu yapımınıfinans etmek içinkonulan poll tax[110] niteliğinde olan yol vergisi de diğer birvergi yüküydü. Tüm buvergiler vetekelleştirme faaliyetleri tüketimde azalışa neden olmuştur.

[110] Kişi başına eşit miktarda ayni veya nakdi olarak alınan eski bir vergi türüdür.

Ekonomik problemlerle boğuşan Türk ekonomisi 1929krizi ilebirlikte dışborçlarınıödeyemez hale gelmiş ve moratoryum ilan etmişti. 1935 de bir dizi önlem alındı. Ekonomide tüketim göstergeleri 1935-1936 yıllarında, tekrar yükselişe geçmiştir. Osmanlı borçları ve Millileştirmenin bütçe yükünün azalması ve alınan uzun vadeli dış krediler genişlemeye neden oldu. Bu krediler, 1930'da bir ABD şirketlerinden alınan 10 milyon dolara ek olarak Ruslardan alınan 20 yıl vadeli 8 milyon altın dolar, İngiltere'den alınan 82 milyon TL şeklindeydi. 1936-38 döneminde mevsim koşulları iyi gitmiş bol ürün alındı. Uluslararası piyasalarda tarım ürünleri talebi arttı. Türkiye'nin ithalat ürünlere bağımlılığı azaldı. Böylelikle dış ticaret dengesinde iyileşme sağlandı. Ekonomideki iyileşmelerle birlikte vergi indirimlerine ve sübvansiyon uygulamasına gidildi. Hayvan sayısı başına kuruş hesabı ile alınan hayvan vergisi 1934-38 döneminde iki defa indirilmişti. Toprak değerindeki azalış dikkate alınarak arazi vergisi tahrir değerleri yeniden düzenlendi ve arazi vergisinin 1935yılı sonuna kadar olan kısmı tamamen terkin edildi.

3.7.1932 tarihli 2056 sayılı "Hükümetçe Ziraat Bankası'na Mubayaa Ettirilecek Buğday Hakkında Kanun" ile Ziraat Bankasının mevsimlik ve konjonktürel fiyat değişmelerini hafifletmesi için alıcı ve satısı olarak piyasalara müdahale etmesi sağlandı. Aynı amaçla 24.6.1938 tarihli ve 3791 sayılı kanunla Toprak Mahsulleri Ofisi kuruldu. 25.5.1935 tarihli ve2814 sayılı kanun ileZiraat Bankası çiftçi borçlarını 15 yıllık olarak taksitlendirdi ve faiz oranını %9'dan %3'e indirildi. 1935 yılında 2836 sayılı kanunla Tarım Kredi Kooperatifleri ve Tarım Satış Kooperatifleri kuruldu. 1936'da Ziraat Bankasının sermayesi 30 Milyondan 100 Milyona çıkarıldı. Çiftçinin borçlanma olanakları arttırıldı. 1934-38 yılları arasında köylüye 300 bin hektar toprak dağıtıldı.

Reel sektörü üzerindeki daraltıcı etkiyi azaltmak için harcama vergilerinde ve tekel ürünlerinin fiyatlananda indirime gidildi. Tuz fiyatı % 50, bezin resim ve vergisi % 20, şekerden alınan vergi 12 kuruştan 4 kurusa, ticari evrakın damga vergisi %50, eğlence yerilerinden alınan kazanç vergisi% 50' den fazla,tiyatro ve sinemalardan alınan resimler %60 azaltıldı. Tıbbi ve ispençiyari müstahzardanalınan vergi tamamen kaldırıldı. Kazanç vergisi yükümlülerinin ödediği Muvazene Vergisi %2 oranında düşürüldü. 10.5.1934 tarihli 2430 sayılı muamele kanun ile vergileme farkına son verildi. Böylelikle Büyük Buhran ile zor durumda kalan küçük ve orta ölçekli işletmeler desteklenmiş oldu.1936 tarihli 3008 sayılı İş Kanunu ile isçinin çalışma saati birgünde 8 bir haftada 48 saat olarak belirlendi. İşçi sağlığı ve iş güvenliği düzenlemelerine ve asgari ücret uygulamasına gidildi.

1940-45 döneminde II. Dünya Savaşı'nın etkisiyle tekrar bir krize girildi. Savaşa girilmemiş olsa da savuma harcamalarının artması ve dünyanın konjonktürel durumu milli geliri düşürmüştü. Krizle mücadele için devlet müdahaleciliği arttırıldı. 1940 yılında Milli Korunma Kanunu çıkarılmış böylelikle özel sektöre, ürünlerini belli bir fiyat karşılığında devlete satma zorunluluğu getirildi. Bu kanunla çalışma saatleri arttırıldı, ücretler sınırlandırıldı. Yine bu kanunla devlete özel işletmelere geçici olarak el koyma hakkı verildi, ithalatta ve ticarette azami, ihracatta asgari fiyatlar saptandı, temel mallar vesika ile dağıtılmaya başlandı.Tüketimi kısmaya yönelik uygulamalar kara borsa ve spekülatif kârların artmasına neden oldu. Milli gelirin % 15'ine kadar artan kamu harcamalarının birkısmı

Merkez bankası kaynaklarından finanse edildi ve bu finansman yolu enflasyonist eğilimleri beraberinde getirdi. Enflasyonun etkisinden kurtulmak için 1942'de Varlık Vergisi, 1944' de Toprak Mahsulleri Vergisi getirildi.

3.1.2. 1958-1961 Dönemi

II. Dünya Savaşı ülkemizde bir iktisadi krize neden olmuş bunun yanında yeni bir iktisadi döneminde başlangıcı olmuştu. II. Dünya savaşında, dünyaya hâkim üç düşünce kapitalizm, kominizim vefaşizm bu savaşta çarpışmış ve faşizm ölürken iki kutuplu bir dünya oluşmuştu. ABD'nin önderliğindeki Kapitalizm ve SSCB'nin önderliğindeki komünizm bloklarından birini tercih etmek gerekiyordu. Türkiye, ABD tarafını seçmişti. ABD Türkiye'ye, Truman Doktrini (1947) ile askeri, Marshall Planı (1948) çerçevesinde iktisadi yardımlarda bulundu. Bu dışa açık ve Keynesyen bir dönemin başlangıcı oldu.Marshall yardımı ile gelen traktörler, dünyada spekülatif stokalımları ve mevsim koşullanın çok iyi gitmesi Türkiye'nin 1950-53 dönemi tarım katma değerini % 25, ihracat gelirini % 30 arttırdı. %11,3 düzeyinde bir büyüme gerçekleştirildi.

18.01.1954 tarihli ve 6224 no'lu Yabancı Sermayeyi Teşvik ve Petrol Kanunlarıyla dolaysız yabancı sermaye girişi oldu. Dolaysız yabancı sermaye, yerli ortaklıklar kurarak özel sınai girişimin, kısmen de olsa teknoloji, sermaye ve yönetim gibi sorunlarını aşmasına yardımcı oldu. Bu dönemde Merkez bankası kredileri ciddi oranda artmıştı. Merkez bankası kredileri içinde özel kesimin payı giderek artmış, kamu kredileri arasında da Toprak Mahsulleri Ofisine açılan kredilerin payı artmıştı. Öte yandan Ziraat Bankası aracılığıyla köylüye büyük ölçüde kredi sağlanmıştı. Bu dönemde devletin üretim ve talep artışını uygulamaları etkili olmuştur. Tarım üretimi ve ithalatta artış yaşanmıştır. Ayrıca gümrük vergileri dışındaki ithalat kontrollerinin kaldırılması ithalatın artmasında etkili olmuştur. Ticari bankaların dış dünyadan sağladıkları krediler ki 1950-54 arasında resmi dışyardıma yakın tutarda ithalatçı kredisi kullanılmıştır.

1954'de kötü giden hava koşulları tarım üretimine darbe vurmuş %14'luk bir gerilemeye neden olmuştu. Enflasyon % 12'ye çıkmış GSMH % -2,9 olmuştu. Bunun üzerine hükümet 1955 yılında reeskont oranlarını yükseltmişti. 1956 yılında ise bir yandan kreditavanları oluşturmak yoluyla para ve kredi hacminin dondurulması, öte yandan da1940 tarih ve 3780 sayılı Milli Koruma Kanunun yeniden yürürlüğekonmuş, kar oranları ve fiyatların kontrol edilmesi hedeflenmiş ancak 1955-59 döneminde enflasyon % 15 'in üzerinde seyretmiş, Türk Lirası değer kazanmıştı. Bu ihracatı kısarken ithalatı arttırmıştı. Tüm bu gelişmelere dış ticaret dengesini bozdu.1958'e dış borçlar ödenemez hale geldi ve moratoryum ilanedildi. Aynı yılın ağustos ayında IMF'den yardım istenmiş, bir istikrar paketi uygulamaya sokulmuş422 milyon dolar borç ertelenmiş ve %3 faizle bir ödeme planı hazırlanmıştı. İstikrar programında iki temel konu enflasyon ve açığıydı. Öncelikle merkez bankası ticari banka kredilerini tavan sistemiyle denetim altına alındı. Bunu banka kredilerinin dondurulması ve faiz indirimi izledi. KİT fiyatlar % 50 arttırıldı, kamu hizmetlerine yeni vergiler getirildi, kamu harcamalar kısıldı. Enflasyon üzerinde beklenen etkisağlandı ve 1960' da % 5,4 1961'de 2,7 seviyesine çekildi.

Dıştikaret rejimi düzenlendi. İthalatı kısmak için 4 Ağustosta de facto[111] bir devalüasyon ile ithalatta kur1 dolar 9 TL eşitliğine çekildi. İthalat kotaları getirildi. İthalatın içindeyatırım mallan ve ara malları % 40'ar, tüketim mallarına % 20 pay ayrıldı. İhracat içinse primli kur uygulaması devam etti. De facto devalüasyon başarılı olamayınca 9 ağustosta 1960'da de jure[112] birdevalüasyona gidildi.Artan faiz hadleri, döviz ve KİT fiyatlan, sıkı para politikası uygulamaları, kredi tavanı uygulamaları, enflasyonu düşürdü ancak ayrı zamanda ekonomik daralmaya neden oldu. Aynı dönemde siyasi konjonktürdeki dalgalanma ve 27 Mayıs 1960 askeri darbesi daralma surecini derinleştirdi. Sanayi Bankası, Esnaf-Kredi Bankası, Doğu Bank, Türkiye Birleşik Tasarruf ve Kredi Bankası, TütünBankası, Raybank, Türkiye KrediBankası[113] tasfiye edildi ve aynı dönemde bir çok şirket iflas etti.

1963'de Birinci Beş Yıllık Kalkınma Planı Yürürlüğe kondu. Bu dönem Keynesyen politikalardan Friedman politikalarına geçişin başlangıcı olmuştur. Sıkı para politikaları ile piyasa disiplin altına alındı. 1964'de deflasyonist baskılar sonucunda ekonominin parasal önlemlerle canlandırmaya çalışıldı. Uygulama başarılı olunca tekrar para arzını kısıtlayıcı önlemlere geçildi. 1966 yılıçok iyi bir tarımyılı olduğu için fiyat istikrarı sağlanmış ve ekonomik büyüme % 8,8 oranında gerçekleşti.

3.1.3. 1973-1983 Dönemi

1973 petrol kriziile birlikte , petrol darboğazı yaşandı. Bu darboğaz ekonomik krizle birlikte borç gereksinimini ve borçlanmayı

[111] Bir konu hakkında fiili veya pratikteki uygulamadır.
[112] Bir konu hakkında kanunda olan veya olması gerekendir.
[113]Kazgan, s.117

arttırdı. Bu tarihten sonra borçlanarak büyüme dönemine girdi.1978'de Türkiye'nin vadesigelmiş borç toplamı 4,84 milyar dolara ulaştı. Bunların 1,38 milyar dolarlık kısmı dövize çevrilebilir mevduat borçları ve 1,51 milyar dolarlık kısmı ise mal mukabili ithalatından doğan borçlardı. Mal mukabili ithalattan doğan borçlar sadece maddi bir yük değil aynı zamanda itibari bir yüktü. Çünkü garantisiz ticari borç sınıfındaki bu borçların hesabı tam olarak tutulmamışdolayısıyla kime ne kadar borcumuz olduğu saptanamamıştı. Borç ancak yabancı bir uzmanın Merkez Bankasına gelip çalışması ile tespit edilebildi. Elbette ki bu olay Türkiye'nin kredi itibarını sarsan bir etken oldu. Bu dönemde ithalatımız 5 milyar dolardı ve borçla birlikte 9,84 milyar dolarlık bir döviz kaynaşma ihtiyacımız vardı, hâlbuki yurda giren dolar miktarı 2 milyar dolar ihracat ve 1 milyar dolar işçi dövizleri olmak üzere 3 milyar dolardı. Ayrıca bu dönemde yüksek enflasyon ve yavaşlayan ekonomik büyümede ayrı bir sorundu.

Tüm buverilerin doğal birsonucu olarak Türkiye 1978'de moratoryum ilan etti. IMF iletekrar birgörüşmeye gidildi ve bir istikrar programı kabul edildi. Bu program borç yükünü son vermeye yönelik önlemleri içeriyordu, Bu çerçevede devalüasyon yapıldı. Merkez bankasının reeskont haddi ve mevduat faizleri ve KİT fiyatları arttırıldı.Vergi iadeleri ve kamu harcamaları düşürüldü. İthalattailişkindamga vergisi arttırıldı ayrıca akseptans krediyle[114] mal ithali kısıtlandı. Kaçak altını önlemek için altın işlemleri kayıt altına alındı. Dövize çevrilebilir mevduattaki kur garantisi kaldırıldı. Yurt dışına çıkışlar sınırlandırıldı. Turist olarak yurt dışına iki yılda bir

[114] Kabulün vadesinden önce poliçeyi kabul eden bankaya belirli bir tarihte belirli bir tutarın ödeneceğine dair anlaşmadan sonra bankanın açtığı kredidir.

gitme ve döviz tahsisi 500 dolar olarak sınırlandırıldı. İşçi dövizlerini arttırmak için uygulamalar geliştirildi. Ancak ödemeler dengesini sağlamaya yönelik bu uygulamalar ve KİT ürünlerininfiyatlarının ayarlanması sorunları çözemediği gibi ekonomi hızlıbir enflasyon sürecine girdi.

Dünya siyasi konjonktüründe yaşanan ikinci petrol şoku Türkiye'yi de etkiledi. 1978'de yürürlüğe konan istikrar paketi başarılı olamadı. Aynı önlemlerle fakat oranlanın arttırılması ile Haziran 1979'da ikinci bir istikrar paketi uygulandı. Cari işlem bilançosunda azalma kaydedildi. Borçların vadeleri uzatıldı. Ancak ülke % 60 enflasyon ve %-0,3 GSYH artışı ile karsıkarşıya kaldı.IMF ile süren görüşmelerin neticesinde yeni bir istikrar paketi, "Serbestleşme İçinde İstikrar Sağlama Programı" hazırlandı ve 24 Ocak 1980'de kabul edildi. Politikanın temel amacı, para ve kambiyo piyasalarında yıllarca süren çift fiyat uygulamalarına son vermek ve fiyatların serbest piyasa koşullarına göre oluşması sağlamaktı. Bunun için ekonominin belirlenecek yeni fiyat düzeyinde dengeye gelmesi sağlanmalıydı. Bunun içinde Soğuk Hindi Stratejisi[115] ile reel para stokunun ve satın alma gücünün değerinin hızla düşürülmesi amaçlanmıştır.

24 Ocak kararlarıyla, özellikle temel mallar kapsamının daraltılmasına bağlı olarak kamusal mal ve hizmetlerin fiyatları bir kaç hafta içinde yükseltildi. (1980 yılının ortalaması %107,2) Türk lirası devüle edildi. (1 ABD doları 47 TL'den, 70 TL'ye yükseldi) Böylelikle mevcut emisyon hacminin ve para stokunun reel değeri ve kişilerin reel satın alma gücünün bir kısmı yok edildi. Daha sonraki

[115] Enflasyon gibi ekonomik sorunları mümkün olan en kısa zamanda çözebilmek için piyasada şok etkisi yapacak anti-konjonktürel uygulamalarar öngören ekonomi stratejisidir.

aylarda mini devalüasyonlar ve küçük zamlarla genişleyen nominal para arzının reel değeri bir süre aynı düzeyde tutulmaya ve izleyen dönemde dolasımdaki reelemisyon hacmi bir şokla mümkün olabilecek en düşük düzeyine indirilmeye çalışıldı. Para ve kredi politikasıyla ilgili olarak alınan en önemli karar, 29 Mayıs 1980 tarih ve 8/909 sayılı kararnamenin eki olarak 4 Haziran 1980 tarihli Resmi Gazetede yayımlanan ve 1Temmuz 1980 tarihinde yürürlüğe giren faiz oranlarının serbest bırakılmasıdır.

24 Ocak kararlarının içerdiği temel unsurlaraşağıdaki gibisıralanabilir,

- Serbest piyasaekonominse geçiş
- Döviz piyasasında sabit kur politikasının terk edilerek serbest kur politikasınageçiş
- İthalat üzerindeki sınırlamaların kaldırılması
- Kamu kesiminin küçülterek özelleştirme uygulamalarının başlaması
- Sıkı para politikası izlenmesi ve faiz oranlarının serbest bırakılması.[116]

Programın bir diğer hedefi ihracata dayalı büyümeydi. Bunun için ihracat teşvik fonu oluşturulmuş yabancı sermayeyi arttırmak için yabancı sermayeyi teşvik dairesi kuruldu ve fiyat denetim kurulu kaldırıldı. Hem yatırım hem de ihracat teşvik edildi. Teşvikler sonuç verdi ve ihracatta artış yaşandı. 1979'da ulusal gelirin %3,4'üne inen ihracat 1987'de % 16 oldu. 1979'da 2,2 milyar dolar olan ihracat 1987'de 10 milyar dolar seviyesinde gerçekleşti.İhracat içinde sanayiürünlerininpayı da hızla arttı 1984'de %72,1'e yükseldi. Kriz

[116] Parasız, s. 235

döneminde tarım ve inşaat sektörü olumsuz etkilenirken sanayi sektörü 1980-83 döneminde %4,7 oranında büyüdü. Ancak devalüasyonlar petrol krizi ile dünyada baş gösteren stagflasyon sorununuolumsuz etkiledi.

İstikrar programı ile birlikte faizhadleri serbest bırakılmıştır. Bu bankerler ve bankalar arası faiz rekabetinidoğurmuş, yatırımcılarınyanı sıra küçük tasarruf sahipleri de gayrimenküllerini satıp bankerlere parayatırmış, bankalarda faizler yukarı çekmişti. Bankerler ve faiz yarışına giren bankalar ile Ponzi Finansmanı ilk defa türk ekonomisinde görülmüş oldu. Bunun sonucu olarak para krizi yaşandı. Yüksek faizleborçlanan küçük girişiciler talep daralmasıyla geriödemelerini gerçekleştiremedi.Önce küçük bankerler sonra büyüklerve sonradabankalar iflas etti. 1982 ortasında yönetimine el konulan İstanbul Bankası, HisarBank ve OdiBank 1983 yılı sonunda Ziraat Bankasına devredilmiştir. Aynı yıl İşçi Kredileri Bankasının faaliyetleri durduruldu. 1984 yılında Bağbank'ın faaliyetleri durdurulurken, İstanbul Emniyet Sandığı Ziraat Bankası'na devredildi.1987'de Töbank kamulaştırılarak 1992 yılında Türkiye Halk Bankası'na devredil. Anadolu Bankası, 1998 yılında T.Emlak ve Kredi Bankası ile Türkiye Emlak Bankası adı altında birleştirildi.

Bankerler kesiminde ise süreç, 2 bankerin ölümü, 10'nun kaçması, 5'inin tutuklanması ve 12'sinin iflası istenmesi ile sonuçlandı. Tasarruflarını yatıran küçük yatırımcı ise tüm tasarruflarını kaybetti. Bankerler 200.000 civarında tasarruf sahibine 75 milyar TL civarında borçluydular. Bu gelişmeler sonucunda 14 Ocak 1982 tarih ve 35 sayılı Ödeme Güçlüğü İçinde Bulunan Bankerlerin İşlemleri Hakkında KHK'si ile bankerlerin, Sermaye

Piyasası Kurulu'ndan borsa bankerliği belgesi alma yükümlülüğü getirildi. 1982-1985 döneminde yaşanan krizin kurtarma maliyetleri GSYİH'nın %2,5'una ulaşmaktaydı. Banker Krizi'nin Türk ekonomisine maliyetini yaklaşık 200 milyar TL'ydi.

3.1.4. 1994-2002 Dönemi

1994 krizini hazırlayan faktörler 1980'lerin sonlarına dayanmaktadır. 1980'lerin sonlarında finansal liberallizasyon sütirecine girildi. Bu çerçevede öncelikle 7.8.1989 tarihli Türk Parası Kıymetini Koruma Hakkında 32 Sayılı Karar ile tam konvertibiliteye geçiş kararıalındı.Bu karar ile Türkiye'de yerleşik kişilerin beraberlerinde döviz bulundurmaları, bankalar, yetkili müesseseler, PTT, kıymetli maden aracı kuruluşları ile yurt dışında döviz alım satımına yetkili kuruluşlardan döviz satın almaları ve bunlara döviz satmaları, dövizleri bankalarda açacakları döviz hesaplarında tutmaları,efektif olarak kullanmaları, bankalar vasıtasıyla yurt içinde ve yurt dışında tasarruf etmeleri serbest bırakılmıştı.[117] Böylelikle ülkeyekısa vadeli dövizgirişlerinde artışyaşandı. Ayrıca bankacılık sektörüne girişi ve rekabeti kolaylaştırıcı yasal düzenlemelere gidildi. Bankalar yurtdışından borçlanıp kamu kesimini finanse eder hale geldi. Bu bankacılık sektörünün döviz açık pozisyonlarının artmasına neden oldu. Belli bir noktadan sonra kaynak sağlamada olumsuzluklar yasandı. Sektör kırılganlaştı ve ekonominin bankacılık krizineve yükselen iç borçlarına oranları da kamu sektörü krizine doğru hızla ivme kazandı.

---

[117] Türkiye Cumhuriyeti Merkez Bankası, http://www.tcmb.gov.tr/yeni/mevzuat/BANKACILIK/32sayilikarar.htm (29.07.2014).

Türkiye tüm bu olumsuz şartlar 1994 yılında üç haneli sayıları görenenflasyon kronik bir hal aldı. 1994 Ocak ayında Uluslarasın derecelendirme kurumları; Moody's, Standart and Poors, Türkiye'yi kabul edilebilir riskin altındadeğerlendirmesi krize sebep oldu. Borçlanabilme imkânları daralmış yabancı sermaye, hızla ülkeden kaçtı. Bu durum önce açık pozisyonlar nedeniyle bankacılık sektörünü daha sonra reel sektörü etkilemiş GSMH %6,1 oranında düşürdü. Aynı zamanda işsizlik ve enflasyon oranı artmış ancak reel sektör kapasite kullanım oranı düştü. Bunun üzerine 5 Nisan 1994'de bir istikrar paketi yürürlüğe kondu. Genelde sıkı maliye ve para politikalarının öngörüldüğü pakette, enflasyonun düşürülmesi döviz piyasanın ve bankacılık sektörünün düzenlenmesi amaçlandı. Ancak paket başarılı olamadı. Özellikle sıkı maliye politikaları dışlama etkisiyle reel sektörde büyük ölçüde daralmalara neden oldu. Net Aktif Vergisi, Ekonomik Denge Vergisi gibi olağanüstü vergiler getirildi. Bu olağanüstü vergilerle bütçe dengelesi için gerekli 70 Trilyon TL dolayındaki kaynağ özel sektörden çekildi. Enflasyon, kamu açıkları vedıştıcaret açığında kısa vadede iyileşmeler gözlense de kötüleşme süreci devam etti.

Tüm bu kötü gidiş 1998 Temmuzu'nda IMF ile yakın izleme anlaşması yapılmasına neden oldu. Bu anlaşmaya göre uygulanacak önlemler arasında TCMB'nin Hazineye vereceği avansı bütçe harcamalarının %15'ten %3'e inmesi, bankaların net pozisyon açıklarının sermaye varlıklarını %50'den %30'a indirilmesi, tarıma Ziraat Bankası'nca uygulanan faiz hadlerinin fon maliyetlerinin karşılanmasının sağlanması ve benzer faiz düzenlemeleri gibi para politikasına ilişkin önlemler yer alıyordu. Maliye Politikası ayağındaysa, bütçedeki faiz fazlasının GSMH'nin

%4'nun üzerine çıkarılması kamu kesimindeki ücret artışları ve destekleme fiyatlarının hedef enflasyon oranı %50'nin altında tutulması, faiz gelirlerinden stopaj vergisi alınması vevergi kaçaklarının azaltıcı idari önlemler getirilmesi bulunuyordu. Döviz kurlarıysa hedef enflasyon oranı %50 oranında artışla sınırlanacaktı. Ayrıca özelleştirmeye hız verilecek ve bir vergi reformu yapılacaktı[118]

Ancak ekonomide beklenen iyileşmeler gerçekleşmemiş hem GSMH artışı negatif değerleri görmüş hemde işsizlik hızla artmış hemde borç artmıştı. Bunun üzerine 1999'da IMF ile yeni bir anlaşma daha yapılarak üç yıllık sürede 7,5 milyar dolar ek rezerv kolaylığı, 2,9 milyar doları standby için olmak üzere 10,4 milyar dolar almıştı.1999 istikrar programının başlıca hedeflerini söyle belirtebiliriz:

- Mali disiplinin sağlanması ve faiz dışı bütçe fazlası oluşturulması için kamu harcamalarının azaltılması
- Hedeflenen enflasyon oranı ile paralel olarak paranındeğer kaybı oranı için önceden ilanedilen bir takvimin uygulanması. Bu amaçla Merkez Bankası, 1 ABD Doları 0,77 Euro'dan oluşan bir kur sepeti açıklamış ve 2000 yıl sonu itibariyle %20 oranına kadar artacak olan bir günlük kur oranı ilan etmiştir.
- Merkez banaksınınnet dış varlık durumu için likidite oluşturan ve MB'na yarı para kurulu rolü veren bir parasal düzen oluşturulması ve bu yolla enflasyonun düşürülmesi. Bu çerçevede enflasyonun 2000yılı için TEFE' de %20, TÜFE'de %12

118 Parasız, ss. 444-449

• Yapısal reformlara hız kazandırması ve özelleştirmeye ağırlık verilmesi[119]

Uygulanan politikalarla bazı hedeflerde başarı sağlandı. Örneğin, kamu açıkları azaltıldı. Kamu açıklarının GSMH'ye oranı 1999'da %15,3 iken 2000'de %10,7'ye düşürüldü. Enflasyonla mücadelede kamu harcamalarının azaltılması mali disiplinin sağlanması ve döviz kurunda çapa uygulamasına gidilmesi olumlu sonuçlar verdi. Ancak politika hedeflerinde çatışmalar yaşandı, kamu harcamalarının kısılarak fiyatlar genel seviyesinin düşürmesi, reelsektörü de daraltıcı etkiye neden oldu.

29 Temmuz 1998tarihli 4369 sayılıkanun kapsamındaki vergi paketi ile vergi gelirleriarttırarak enflasyon kısılmaya çalışıldı. Ancak bu uygulama dareel sektördeki daraltıcı etkiyi arttırdı. Bu vergi paketine göre gelir (Gelir Ve Kurumlar Vergileri) ve servet vergilerine (Emlak Ve Motorlu Taşıtlar Vergileri) ek vergiler kondu. 1 Aralık itibariyle de kamu kâğıtları üzerine stopaj vergisi kondu. 4369 sayılı Kanun ile Mali Milat getirildi. Mali Milat ile kişilerin servetlerinde meydana gelen artışların saptanması suretiyle vergilendirilebilecek gelirlerinin belirlenebilmesi için 30 Eylül 1998'e kadar elde edilen servet ve gelirin söz konusu tarih itibari ilea sgari birgün süreyle Türkiye'de kurulu mevduat kabulüne yetkili bankaların şubelerine yatırmaları istendi. Ancak mevcut koşulları değerlendiren hükümet 14 Ağustos 1999 tarihli Resmi Gazetede yayımlanarak yürürlüğe giren 4444 sayılı kanunla, 4369 sayılı kanunun getirdiği bazı düzenlemelerde değişiklik yaptı. Bu düzenlemelerle mali milat 31.12.2002 tarihine kadarertelendi. Aynı dönemde 6.6.2002 tarihli

---

[119] Hayal Ayçaşimşek, **Ekonomik istikrarın Sağlanmasında Anayasal iktisat Alternatifi ve Türkiye'de Uygulanabilirliği**, (Yayınlanmış Doktora Tezi), Dokuz Eylül Üniversitesi Sosyal Bilimler Enstitüsü, İzmir, 2003, ss.229-230

4760 sayılı kanun ile Özel Tüketim Vergisi yürürlüğe kondu. Özel Tüketim Vergisine geçişin temelde iki nedeni vardı. Özel Tüketim Vergisi uygulaması ile belirli ve az sayıda mal grubu kapsama alınarak bir yandan söz konusu malların vergilendirilmesine ilişkin oldukça karmaşık hale gelen mevcut yapının basitleştirilmesi sağlanmakta, diğer yandan basitleştirilen sistem sayesinde yükümlülerin vergiye gönüllü uyumlarına katkı sağlanması hedeflenmekteydi. Çünkü Özel Tüketim Vergisi 16 adet vergi, harç, fon ve payı yürürlükten kaldırmaktadır. Özel Tüketim Vergisi'nin bir diğer hedefi Avrupa Birliği Müktesebatına uyum sağlamaktır.

Enflasyonla mücadele kapsamında dövizde çapa uygulamasına gidildi. Bu uygulamanın ithalat daha ucuz hale getirerek enflasyonu düşürücü etkisi olurkendış ticaret açığına sebep oldu. Dış ticaret açığının sebep olan bir diğer etken ise 17 Ağustos 1999 deprem felaketinin maliyetinin büyük ölçüde yurtdışı borçları ile finanse edilmesiydi. Dış borçlanma ile yurt içi likidite ihtiyacı karşılandı,parasal taban genişledi, nakit riski ortadan kalktı. Bunlara bağlı olarakta reel faiz oranları düştü. Bu uygulamalar başlangıçta etkili olmuş ancak daha sonra dünya petrol fiyatlarındaki değişmeler veyurtiçi siyasi konjonktürlerin etkisi ile bu iyileştirici etki ortadan kalkmıştı. 2000'nin ilk yarısında faiz hadleri hızla düştü, Türk lirasıaşırı değerlenmeyebaşladı. Bu sermaye kaçışını başlattı. Yıl sonunda TCMB net uluslararası rezervlerine oranı % 81 olarak gerçekleşti. 2000'in son aylarında likidite darlığı ticari banka faizlerinin artmasına neden oldu. Öyle ki kasım ayı ortalama gecelik faiz % 85,5'e, aralık ayında ise % 100 oldu.

Kriz 2000 Kasım'ında önce bankacılık sektörünü vurdu. TMSF'ye 2001 krizi öncesinde 1997' den itibaren 11 banka transfer olmuşken 2001'de 9, 2002'de 2 olmak üzere kriz döneminde de 11 banka transfer oldu. Bankacılık krizineneden olan etkenlerden biride kamu bankalarının görev zararları ve açık pozisyonlarının yani döviz gelir gider farkının çok yüksek olmasıydı. Piyasalarda artan gerginlik nedeniyle 22 Kasım 2000'den itibaren döviz talebi artmış, yabancı yatırımcıların ülkeyi terk etme cabaları sonucunda Merkez Bankası 6 milyar dolar civarında döviz satışında bulunmuş ve rezervler azalmıştı. Yatırımcıların da satışa gerçek döviz talebi bulunmaları piyasalardaki TL sıkışıklığını artırarak faiz oranlarının daha da yükselmesine yol açmıştı.[120]

2000 Kasım ve Aralık aylarında krizin daha da derinleşmemesi, döviz ve likidite baskısını azaltmak ve yurt içi kaynak kullanıma işlerlikli kazandırmak için stand by düzenlemesi ek rezerv ile desteklendi. Merkez bankası açıkpiyasa işlemleri ile bankacılık sistemine likidite enjekte etti. 27 Kasım 2000 tarihinde Hazine ile koordinasyon içinde geri alım ihaleleri gerçekleştirilmiş ve bu yolla da piyasa likidite sağlandı. Ancak beklenen etki sağlanamadı ve 19 Şubat 2001tarihinde istikrar programına güven tamamen ortadan kalktı ve döviz talebi hızla artmaya başladı.

Konjonktür 19 Şubat 2001 Çarşamba günü Türk ekonomisinin en büyük krizlerinden birinin başlamasına neden olmuştur. Kara çarşamba olarak anılan o günde önce mali piyasalarda büyük bir panik havası başladı. Önce faizler yükselirmiş bankalar arası gecelik ortalama faiz oranı % 436'e ulaşmıştı. Merkez bankası 5 milyar dolarlık döviz satışı yapılmış, TL'yi dalgalanmaya bırakılmıştı. Bu, bir gecede % 40 fiili devalüasyona neden olduve 1 dolar birgünde 680 bin TL den 960 bin TL seviyesine çıktı. İki hafta için de ise 1 dolar

---

[120]BDDK, **Krizden İstikrara Türkiye Tecrübesi,Çalışma Tebliği** , Ankara, 2009, s. 4

1.200.000 TL seviyesini yılsonunda ise 1.225.411 TL seviyesini gördü. Yabancı Sermaye kaçışı başlamış 11 milyar dolar 2001 GSMH'nin % 7,8' i kaçırdı. Şubat ayında portföy yatırımında net 2,5 milyar dolarlık, toplam sermaye hareketlerinde 2,7 milyar dolarlık çıkış oldu. TCMB Uluslarasın rezervleri ocak ayı başından Mart başına 3,5 milyar dolar azaldı. Tüm bugelişmeler TürkLirasının değerinin düşmesine ve kamu borcunun 29 katrilyon TL neden oldu.

3.1.4.1. Güçlü Ekonomiye Geçiş Programı

14 Nisan 2001 tarihinde açıklanan Türkiye'nin Güçlü Ekonomiye Geçiş Programı ile krizle mücadele başlatıldı. Bu program ile Kamu açıklarının kapatılması, bankacılık sisteminin reforme edilmesi, enflasyonun düşürülmesi, sürdürülebilir büyümenin sağlanması hedeflendi. Bu kapsamda; Bankacılık Düzenleme ve Denetleme Kurulu ve Tarımda Yeniden Yapılandırma ve Destekleme Kurulu oluşturuldu, Ziraat Bankası ve Halk Bankası aracılığıylakullandırılan düşükfaizli kredidesteği rasyonel biryapıya kavuşturuldu, tarımsal desteklemede doğrudan gelir desteği sistemine geçiş çerçevesinde pilot bölge uygulaması başladı. Tarım Satış Kooperatifleri Birliklerine özerklik kazandıran kanun yürürlüğe girdi. Sosyal güvenlik kuruluşlarının yeniden yapılandırılması ve bireysel emekliğe ilişkin yasa tasarıları hazırlandı. 25 adet bütçe içi, 2 adet bütçe dışı fon kapatılmış, uluslararası tahkime izin veren anayasa değişikliği gerçekleştirilmiş, iletişim ve enerji sektörlerinin devlet imtiyazı olmaktan çıkaran yasal düzenlemeler gerçekleştirilmiş, Türk Telekom özel şirket statüsüne kavuşturularak iletişim sektöründe düzenleyici kurum oluşturulmuştu. Bankaların

daha şeffaf veetkin çalışmasını sağlamak üzere yeni düzenlemeler getirilmişti.[121]

Programın yürütülebilmesi için dış finansmana başvuruldu. 2001 Aralık ayında IMF'den, mevcut standby anlaşması çerçevesinde 7,5 milyar dolarlık bir ek rezerv ve Şubat 2002'de ki anlşama ile 15 milyar dolar tutarında rezerv sağlandı. Dünya Bankasından Programlı Finans ve Kamu Sektörü Uyum Kredisi PFPSAL programları çerçevesinde, Temmuz 2001 'de 1, 1 milyar dolarlık, daha sonra üç aşamalı ikinci PFPSAL anlaşması ile 450 milyon dolarlık kaynak sağlandı. GEGP'nin unsur, hedef, uygulama araçları ve uygulama sonuçları Tablo 5'de gösterilmiştir.

Tablo 5: GEGP Çerçevesi ve Uygulama Sonuçları

GEGP Unsurları	Hedefler	Uygulama Araçları	Uygulama Sonuçları
Yapısal Yenilemeler	Merkez Bankası'nın özerkliği ve piyasa ekonomisinin düzenlenmesi	Merkez Bankası Kanunu, doğal tekellere ve ağ endüstrilerine yönelik Düzenleyici Kurum Yasaları	Telekomünikasyon, Tütün, Şeker Üst Kurullarının Oluşturulması
Bankacılık Sistemi Reformları	Sağlam bankacılık sistemi rasyolarının oluşturulması	Bankacılık Kanunu	BDDK'nın Kurulması, TMSF'ye işlerlik kazandırılması
Faiz ve Kambiyo Politikaları	Yatırımcılar İçin Orta Vadeli perspektif sağlanması	Kur sistemleri,	Dalgalı Kur Sistemine Geçilmesi, Yönetimli Dalgalanma, Örtülü kur çapasının uygulanması
Ekonomik Büyüme Stratejileri	Sıkı maliye politikası, Anti-enflasyonist yaklaşım, istikrarlı ekonomik büyüme	Yüksek oranlı (% 6) Faiz Dışı Fazla, Cari Açık/Milli Gelir oranının kontrolü ve finansmanı	Düşük kur politikasıyla oluşan cari açığın dış borçlanma rakamlarına yansıması

Kaynak: M. Okan Taşar, "Türkiye'nin Güçlü Ekonomiye Geçiş Programı ve Makro Ekonomik Etkilerinin Analizi", **Niğde Üniversitesi İ.İ.B.F. Dergisi,** 2010,Cilt:3, Sayı: 1, s.82

Bu dönemde sıkı maliye politika uygulandı. Vergi gelirlerininarttırılması için vergi yasalarıbasitleştirildi ve tabanını

[121]BDDK, **Krizden İstikrara Türkiye Tecrübesi**,Çalışma Tebliği, Ankara, 2010, s.34

genişleten uygulamalara gidildi. KİT'lerdeistihdam sınırlandırıldıve atıl kadrolar iptaledildi. Kamu bankalarında 30 Eylül2003 itibariyle toplam personelin yaklaşık %27'si emekli edildi, şubelerin %32,5 kapatılarak buradaki personel başka kamu kuruluşlarına devredilerek personel sayısı %50 azaltıldı.

3.1.4.2. Bankacılık Reformu

Bu programda bankacılık sektöründe önemli reformlar yapıldı. Bankacılıkreformunun en önemli yapı taslarından biri 18 Haziran 1999'da kabul edilen 4389 sayılı Bankalar Kanunu'dur.4389 sayılı kanun ile deuluslararası ve AB kurallarına uyumu konusundauygulamalara gidildi. Etkin denetim ve yönetim için Bankacılık Düzenleme ve Denetleme Kurumu (BDDK) kuruldu. Merkez Bankası, Hazine Müsteşarlığı ve Bankalar Yeminli Murakıpları Kurulu ve Tasarruf Mevduatı Sigorta Fonu'nun (TMSF) yetkileri BDDK'yadevredildi.Bu kanuna son şeklini 17 Aralık 1999' da kabul edilen 4491 sayılı Kanun verdi. 4491 sayılı Kanun ile Bakanlar Kurulu'nun kurul üyelerinin atanması dışındaki BDDK'nin operasyonel faaliyetlerine ilişkin kararları üzerinde yetkileri engellendi. Krizle mücadeledöneminin etkisiyle 12 Mayıs 2001 tarihli ve 4672 sayılı Kanun ile tekrardeğişikliğe gidildi.4672 sayılı Kanun ilede Özel Finans kurumları hakkında her türlü yetki BDDK'ya bırakıldı.15 Mayıs 2001' de uygulamaya giren Bankacılık Sektörü Yeniden Yapılandırma Programı ile kamu bankaları, özel bankalar, TMSF'ye devrolunan bankalar ve reel sektörün finans sektörüne olan borçları başlıkları adı altında uygulamalara gidildi.

Türkiye Cumhuriyet Merkez Bankası Kanunu'nda değişiklik yapılmasına dair 25.04.2001 tarihli ve 4651 sayılı kanun ile Merkez

Bankalasının bağımsızlığı sağlanmaya çalışıldı. Bu amaç MB'na yeni görev ve yetkiler verilirken mevcut görev ve yetkilerin kapsamları da genişletildi. Finansal sistemde istikran sağlama görev ve yetkisi kapsamında Banka'ya, mali sistemin altyapısını güçlendirilmesi ve malisistemin taşıdığı risklerin belirlenmesi amacıyla, sistemi izleme vedeğerlendirmeler yapma, mali sistemdeki risklerin sektörün geneline yayılmasınıönlemek içingerekli tedbirleri alma yetkileri verildi. Banka, makroekonomik dengelerin sağlanması açısından, teknolojik gelişmelerden de yararlanarak etkin ve güvenilir birödeme sistemi kurmak ve sürdürmekle görevlendirildi.[122]

3.1.4.2.1. Kamu Bankaları

Bankacılık sektörünün %30'nu oluşturan kamu bankalarının öncelikle görev zararları kapatıldı. Bu amaçla, hazine tarafından kamu bankalarına 2001 yılı içinde23 katrilyon liratutarında değişken faizli menkul kıymet verildi. Böylece, kamu bankalarının görev zararları ve bu zararlara tahakkuk etmiş faiz tutarlarının tamamı tasfiye edildi[123] Kamu bankalarının özel banka ve benzeri kesime olan 8,5 katrilyon civarındaki kısa vadeli yükümlülükleri, hazineden aldıkları özel tertip tahviller karşılığında Merkez Bankasının repo veya doğrudan satışı ile elde edilen likiditeile karşılandı. Bankaların ödenmiş sermayeleri arttırılarak sermaye yeterlilik rasyoları arttırıldı. Aralık 2000'de 477 trilyon lira olan kamu bankaları ödenememiş sermayesi 2,9 katrilyon lira artarak Ağustos 2003'de 3,4 katrilyonliraya çıkarılmıştır. Aynı dönemde öz kaynaklar 7,1 katrilyon

---

[122] Türkiye Cumhuriyet Merkez Bankası Kanunu'nda Değişiklik Yapılmasına Dair 25.4.2001 Tarihli ve 4651 Sayılı Kanun ile Getirilen Yenilikler, http://www.tcmb.gov.tr/yeni/banka/kanunacik.html, (20.07.2014).

[123]BDDK, **Bankacılık Sektörü Yeniden Yapılandırma Programı,** Ankara, 2001, s.13

lira artarak 7,8 katrilyon liraya yükseldi. Ayrıca 4603 sayılı kanunun 1.maddesinin B bendi ilegörev zararlarını ortaya bedeli önceden karşılanmaksızın görev tesis edilemeyeceği hükme bağlandı. Böylelikle görev zararlarının ortaya çıkmasının önüne geçilmesi hedeflendi. Yine bu kanun ile Türkiye Halk Bankası Anonim Şirketi ve Türkiye Emlak Bankası Anonim Şirketinin yeniden yapılandırmaları ile hisse satışlarına ilişkin düzenlemeler ve hisselerin tamamına kadarının özel hukuk hükümlerine tabi gerçek ve tüzel kişilere satışı gerçekleştirildi.

3.1.4.2.2. Özel Bankalar

Bankaların aktif, kredi, mevduat ve öz kaynak dağılımına bakıldığında az sayıda büyük ve çok sayıda küçük banka bulunmaktaydı. Aralık 2000'de toplam 79 adet bankanın dördü kamu bankasıydı. (Ziraat, Halk, Vakıflar, Emlak) İlk beş büyük banka (İş, Akbank, Garanti, Yapı Kredi, Pamukbank) toplam aktiflerin %66'sına, öz kaynakların %94,6'sına, mevduattın %70,6'sına ve kredilerin %69'una sahipti. Özel bankaların birincil sorunu denetimsizlik ve rekabet edemeyecek kadar etkinsiz olmasıydı. Özel bankalar sıkı bir takip programına tabi tutuldu. Bu izleme programı çerçevesinde, bankalardan sermaye artışı veya sermaye benzeri kredi temini ve yeniden yapılan mastratejilerini içeren taahhüt mektupları alındı. Taahhüt mektuplarındaki şartlara uyulması konusunda sıkı denetlerimeler yapıldı.

Bankalar Kanunu'nda yapılan değişiklikle, bankaların devir ve birleşme işlemlerindeki sürecin hızlandırılması amacıyla, birleşme ve devirlerde 6762 sayılıTürk Ticaret Kanunu ile birlikte, devir veya birleşmeye konu bankaların toplam aktiflerinin sektör içindeki paylarının %20'yi geçmemesi kaydıyla 4054 sayılıRekabetin Korunması Hakkında Kanunun bazı maddelerinin uygulanmayacağıhüküm altına alındı. BDDK tarafından hazırlanan ve bankaların devir ve birleşmeleriyle ilgili genel prensipleri ve süreçleri tanımlayan "Bankaların Birleşmeve Devirleri Hakkında Yönetmelik" 27.6.2001 tarihli Resmi Gazetede yayınlandı. 4605 sayılı Kanunda yer alanvergi avantajlarının bankaiştiraklerinin birleşmelerinde de uygulanmasına imkân veren yasal düzenleme 3.7.2001 tarihinde yürürlüğe girdi. Bu düzenlemelerin de katkısıyla, 2001 ve 2002 yıllarında devir ve birleşmelerde önemli gelişmeler yaşandı. Körfez bank ve Osmanlı Bankası, Garanti Bankasıyla, Bank ekspres ve Tekfen Yatırım Bankası, Tekfen bank adı altında. Çukurova Grubuna bağlı Pamukbank fon bünyesine alındı. Yapı kredi Bankası yönetimine ilişkin düzenlemeler yapıldı. Bankaların ve iştiraklerinin devir ve birleşmelerine vergi teşvikleri getirildi.

Hazine Müsteşarlığı, Haziran 2001'de gerçekleştirildiği iç borç takas işlemiyle özel bankaların yabancı para pozisyon açıklarını önemli ölçüde kapatmalarına katkı sağladı. 2000 yıl sonunda 8,4 milyar dolar olan yabancı para pozisyon açıkları, 2001 yılsonunda 1,5 milyar dolara geriledi. Özel bankaların bilanço içi yabancı para pozisyon açıklarındaki daralma, 2002 ve 2003 yılında da devam etti ve 26 Eylül 2003 tarihinde 764 milyon dolar olarak gerçekleşti. Vadeli işlemler dâhil yabancı para net genel pozisyonu incelendiğinde; özel bankaların 2000 yıl sonunda 1.182 milyon dolar olan pozisyon açığı 2001 yıl sonu itibariyle 110 milyon dolar fazlaya dönüştü. 2002 yılında ise 335 milyon dolar olan döviz pozisyon açığı, 2003 yılı Eylül ayı itibariyle 659 milyon dolar olarak gerçekleşti. 2001 yılında 2.269 milyon TL, 2002 yılında 1.020 milyon

TL, 2003 yılında 714 milyon TL olmak üzere toplam 4.004 milyon tutarında sermaye artışıyaşandı.

3.1.4.2.3. TMSF'ye Devrolunan Bankalar

Bankacılık Düzenleme ve Denetleme Kurumu incelediği banka hakkında, ya bankanın faaliyet izninin kaldırılarak tasfiye sürecini başlatmak veya TMSF'ye devretmek kararı veriyordu. TMSF devraldığı bankanın durmuna göre aktif sigortalı mevduatının devredebiliyor, BDDK'dan faaliyet izninin kaldırılmasını isteyebiliyor veya bankanın hisselerinin devralabiliyordu. TMSF'nin çözümleme süreci Şekil 13'de gösterilmiştir.

Şekil 13: TMSF'nin Çözümleme Çerçevesi

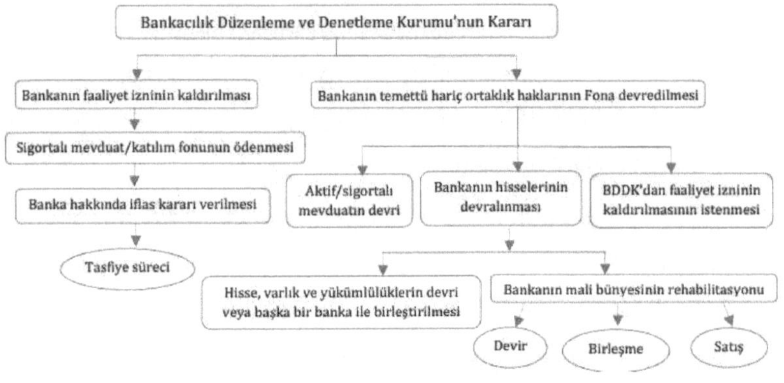

Kaynak: BDDK, 2009 s.13

TMSF bünyesindeki bankalara ortak fon yönetimi sağlandı. Sümerbank çatısı altında toplanan EgeBank, Yurt Bank, Yaşar Bank, Bank Kapital, Ulusal Bank 9 Ağustos 2001 de OYAK Banka devredi, daha sonrada OYAK Grubu tarafından 2007'de INGBanka satıldı. Etibank çatısı altında toplanan Inter bank ve Es bank, Eti

Bank, İktisat Bank, Kent Bank, EGS Bank, Toprak Bank,Bayındır Bank çatısı altında toplandı. Bayındır Bankta Birleşik Fon Bankası'na dönüştürüldü.Bank Ekspres,Demirbank, Site bank, TarişBank satıldı.Pamukbank, Halk Bankası' na devredi.TürkTicaret Bankası, Atlas Yatırım Bankası ve Okan Yatırım Bankası'nın bankacılık yapma ve mevduat kabuletme lisansı iptal edil.

20 banka[124]17,3 milyar dolar devir zararı ve 32 milyar dolar toplamyükümlülükle TMSF'ye devroldu. Toplam yükümlülüklerin 26 milyar dolarımevduat hesaplarından, 6 milyar doları da mevduat dışı yükümlülüklerden oluşuyordu. 17,3 milyar dolar zararın 11 milyar doları,bu bankaların hâkim ortakları tarafından yasal limitlerin üzerinde kaynak kullanması sonucunda ortaya çıkmıştır. 4389 sayılı bankacılık kanunu, 6183 sayılı Amme alacakları tahsil usulü hakkında kanun, 2004 icra iflas kanunu ile bu alacaklar takibe alındı.

Ekim 2003 yılınakadar TMSF bünyesindeki 20 bankanın 18'i satıldı. Satılmayan iki bankadan biri olan Bayındır bank, Bankacılık Kanunu'nun 109. maddesi hükmüçerçevesinde Fon Kurulu'nun 7 Aralık 2005 tarih ve 515 sayılı kararı ile Bayındır bank AŞ'nin adı "Birleşik Fon Bankası A.Ş." olarak değiştirildi. Satılmayan ikinci banka olan pamuk bank ise TMSF, 29 Haziran 2002 tarihinde aldığı karar ile Pamukbank'ın satış sürecini başlattı. Pamukbank, 2004 yılınınikinci yarısında Halkbank'a devredildi. Devir işlemleri 17 Kasım 2004 tarihi itibariyle tamamlandı.

3 Temmuz 2003 tarihinde, 4389 sayılı Kanunun 14/3 maddesi gereğinceİmar Bankası'nın bankacılık işlemleri yapma ve mevduat kabul etme izni kaldırılarak yönetim ve denetimi fona devredildi ve

---

[124] Ayrıca 27.09.2000 tarihinde Kibns Kredi istanbul Şubesi ve 03.08.2003 tarihinde T. imar Bankasi AŞ iflas yoluyla TMSF' ye devrolunrnustur.

2005'de de ilgili mahkemec eiflasına karar verildi.Yapılan incelemeler neticesinde Banka'da işlemlerin kayıt dışıbırakıldığı, fiili mevduat toplam ilekamu otoritelerine bildirilen mevduat arasında farklı olduğu, off-shore hesaplarından yurt içine dönüştürülen mevduat bulunduğu, izinsiz ve açığa DIBS satışı yapıldığı, mevduat faizinden yapılan yasal kesintilerin düşükbeyan edildiği görüldü. Banka tarafından kamu otoritelerine bildirilenin yaklaşık 10 katı kadar mevduat olduğu ortaya çıktı.Bankanın toplam 21.909 hak sahibine toplam 902 milyon TL ödendi.

Programın finansmanı için kamudan 17,3 milyar dolar, Özel sektörden 5,2 milyar dolar olmak üzere toplam 22,5 milyar dolar kaynak sağlandı. Bu kaynağın 5,2 milyar dolarlık kısmı ile bankaların özel sektöre olan 2002 sonuna kadarödendi.Fon bankalarının kötü aktifleri TMSF bünyesindeki Tahsilat Dairesine devredildi. 1Ekim 2002 tarihinde Resmi Gazete'de yayımlanan "Varlık Yönetim Şirketlerinin Kuruluş ve Faaliyet Esasları Hakkında Yönetmelik" ile kurulacak olan varlık yönetim şirketlerinin alt yapısı hazırlandı. TMSF, devraldığı bankaların gayrimenkullerinin ve iştiraklerinin satılması, alacak tahsilleri, yükümlülük devri gibi yöntemlerle programın maliyetini hafifletmeye çalışmada kamuya maliyeti, İmar Bankası hariç 22. 6 milyar dolar oldu. TMSF'ye devredilen bankaların ortalama çözüm süreci 14 ayda gerçekleştirildi. 30 Eylül 2009 itibariyle 18,6 milyar dolar banka alacağı tahsil edildi. Hâkim ortak alacakları takibinde 13 milyar dolar elde edilmiş böylelikle çözüm sürecinin maliyetinin% 70'i karşılandı. TMSF'ye devredilen bankaların çözüm sonuçları Tablo 6' da gösterilmiştir.

Tablo 6: TMSF' ye Devredilen Bankaların Çözüm Sonuçları

	Banka Adı	Aktarılan Kaynak	Hakim Ortak	Hakim Ort. Tahsilat	Çözüm Stratejisi	Çözüm Süresi (ay)
1	Egebank A.Ş	733	Demirel	133		13
2	Yurtbank A.Ş.	307	Balkaner	137	Sümerbank altında	13
3	Yaşarbank A.Ş.	857	Yaşar	271	birleştirme suretiyle satış	13
4	Bank Kapital T.A.Ş.	60	Ceylan	81		13
5	Ulusal Bank A.Ş.	481	Cıngıllı			13
6	Interbank A.Ş.	2.860	Nergis	256		29
7	Esbank A.Ş	1.750	Zeytinoğlu	87		18
8	İktisat Bankası T.A.Ş.	1.992	Aksoy	163		9
9	Kentbank A.Ş.	1.126	Süzer	188	Birleşik Fon Bankası	6
10	Etibank A.Ş.	1.571	Dinç Bilgin	277	altında birleştirme	14
11	EGS Bank A.Ş.	335	EGS H.	34		14
12	Toprakbank A.Ş.	498	Toprak	480		14
13	Pamukbank T.A.Ş.	2.814	Çukurova	2.170	Kamu B. Devir	29
14	Bayındırbank A.Ş.	765	Bayındır	25	Geçiş Bankası	-
15	Bank Ekspres A.Ş.	261	K.Yiğit	44		30
16	Demirbank T.A.Ş.	1.913	Cıngıllı	103		10
17	Sümerbank A.Ş.	2.633	Garipoğlu	164	Doğrudan satış	20
18	Sitebank A.Ş.	31	Sürmeli	10		6
19	Tariş Bank A.Ş.	65		-		16
20	T. İmar Bankası T.A.Ş	5.933	Uzan	7.221	İflas yoluyla tasfiye	-
21	Türk Ticaret Bankası A.Ş.	756		4	İradi Tasfiye	

Kaynak: BDDK, 2009, s. 15

3.1.4.2.4. İstanbul Yaklaşımı

2001 krizi süresince bankalara ve diğer mali kuruluşlara kredi borcunu ödeyemeyen firmalara, faaliyetlerini devam ettirebilmeleri için kredi borçlarını yeniden yapılandırma ve gerekirse ek kaynak sağlama imkânı sunan 4743 sayılı "Mali Sektöre OlanBorçların Yeniden Yapılandırılması ve Bazı Kanunlarda Değişiklik Yapılması Hakkında Kanun" 31.01.2002 tarih ve 24657sayılı Resmi Gazete'de yayınlanarak yürürlüğe girdi. Bu çerçevede, Finansal Yeniden Yapılandırma Çerçeve Anlaşmaları kapsamında banka alacaklarının, bu anlaşmanın BDDK tarafından onaylandığı tarihten itibaren üç yıl içinde sözleşmeye bağlanarak gerektiğinde borçluya ekfinansman desteği de sağlanmak suretiyle yeniden yapılandırılması veya yeni itfa planına bağlanması mümkün hale getirildi.

İstanbul Yaklaşımı Uygulaması, Haziran 2002-2005 tarihleri arasında yürütülmüş , bu dönemde 221 adedi büyük, 101 adedi küçük ölçekli olmak üzere toplam 322 adet firmaya ait 6.021 milyon dolar tutarında borç yeniden yapılandırılmıştı. Yeniden yapılandırma kredi tutarı, 2002 yıl sonu itibariyle bankacılık sistemindeki toplam brüt kredi hacminin yaklaşık %16'sı seviyesindeydi. Tablo 7' de İstanbul Yaklaşımı Uygulama Sonuçları gösterilmiştir.

Tablo 7: İstanbul Yaklaşımı Uygulama Sonuçları

Kapsama Alınan Firmaların Sektörel Dağılımı (Adet)	2002	2003	2004	2005	Toplam
Diğer İmalat ve Yöneticilik Faaliyetleri	14	31	6	0	51
Tekstil ve Tekstil Ürünleri	26	12	4	0	42
Gıda ve Hayvansal Ürünler	27	11	2	0	40
Turizm ve Eğlence	10	15	0	0	25
Taşımacılık, Depolama ve Haberleşme	19	3	0	2	24
Metal Ürünleri ve İşlenmiş Metal	18	4	0	0	22
İnşaat	11	8	2	0	21
Finansal Kiralama, Aracılık ve Diğer Finansal Hiz.	17	1	0	0	18
Diğer Sektörler	69	15	2	2	88
Toplam	211	100	16	4	331
Kapsama Alınan Firmalara İlişkin Temel Büyüklükler					
Toplam İstihdam (Adet)	30.679	15.892	1.507	342	48.420
Toplam İhracat Hacmi (Milyon ABD Doları)	656	110	20	12,104	798
Toplam Ciro Hacmi (Milyon TL)	2.271	702	116	5	3.094
Aktif Toplamı (Milyon TL)	6.574	1.004	187	53,151	7.818
Anlaşması Bağıtlanan Firmalar (Adet)	5 Grup	19 Grup	2 Grup	4 Grup	30 Grup
Büyük Ölçekli Firmalar	68	116	21	16	221
Küçük Ölçekli Firmalar	16	56	29	0	101
Toplam	84	172	50	16	322
Yeniden Yapılandırılan Borç Tutarı (Mlyn ABD $)					
Büyük Ölçekli Firmalar	3.113	1.832	117	311	5.374
Küçük Ölçekli Firmalar	227	337	83	0	647
Toplam	3.340	2.169	201	311	6.021

Kaynak: BDDK, 2010, s. 73

3.1.4.2.5. Anadolu Yaklaşımı

KOBİ'lerin banka ve diğer mali kurumlara olan kredi borçlarını yeniden yapılandırılması için 5569 sayılı "Küçük ve Orta Büyüklükteki İşletmelerin Mali Sektöre Olan Borçlarının Yeniden Yapılandırılması Hakkında Kanun" 30.12.2006 tarih ve 26392 sayılı Resmi Gazete 'de yayımlanmak suretiyle yürürlüğe girdi. Bu amaçla bu firmaların 31.10.2006 tarihi itibariyle Türkiye'de ki banka ve diğer mali kurumlar nezdinde donuk veyaşüpheli alacaklar hesabına intikal etmiş bulunan kredi borçlarına ilişkin, çerçeve anlaşma ve sözleşmeler kapsamında:

- Sözkonusu krediborçların vadelerini uzatmak,
- Bu işletmelerin kredilerini yenilemek,
- İşletmelere ilave yeni kredi vermek,
- Anapara ve/veya asli faiz ve/veya temerrüt faizi veya kar paylarınıindirmek veyabunlardan vazgeçmek,
- Anapara, faiz veya kar payı alacaklarını kısmen veya tamamen iştirake çevirmek, ayni, nakdi ya da tahsil şartına bağlıbir bedel karşılığı devirveya temlik etmek, borçlu ya da üçüncü kişilere ait ayni değerler karşılığındakısmen veya tamamen tasfiye etmek,

imkânları getirildi. Anadolu Yaklaşımı Uygulama Sonuçları Tablo 8'de gösterilmiştir.

Tablo 8: Anadolu Yaklaşımı Uygulama Sonuçları

Kapsama Alınan Firmaların Sektörel Dağılımı	2007	2008	2009	Toplam
Gıda ve Hayvansal Ürünler	25	4	1	30
Tekstil ve Tekstil Ürünleri	7	10	1	18
Diğer İmalat ve Yöneticilik Faaliyetleri	12	1	0	13
İnşaat	5	2	0	7
Metal Ürünleri ve İşlenmiş Metal	5	2	0	7
Plastik Ürünleri Üretimi	3	3	0	6
Seramik Fayans ve Karo Üretimi	5	0	0	5
Diğer Sektörler	27	6	1	34
Toplam	89	28	3	120
Temel Büyüklükler				
Kapsamdaki Firmalarda Toplam İstihdam	1.526	1.199	54	2.779
Anlaşması Bağıtlanan Firma Sayısı	67	35	3	105
Yapılandırılan Borç Tutarı (Bin TL)	20.673	162.134	18.098	200.904

Kaynak: BDDK, 2010, s. 74

3.1.4.2.6. Acil Eylem Planı

Hükümet değişikliği ilebirlikte 16 Kasım 2002 Acil Eylem Planı yürürlüğe kondu. Acil Eylem Planı'nın kapsamına giren istikrar sağlayıcı tedbirler vergi ve harcama reformları, özelleştirmeyi ve reel sektörün yeniden yapılandırılmasını ve dış ticarete ilişkin düzenlemeleri temel alındı. Vergi reformu çerçevesinde, mali milat kaldırıldı, vergi yükü taban yayıldı, vergi mevzuatı basitleştirildi ve vergi barışı projesi uygulandı. Harcama politikalarındatasarrufa gidildi ve kamu yatırım stoku gözden geçirildi ve hazine tek hesap yaygınlaştırıldı. Bunun için 1050 sayılı Muhasebe-i Umumiye Kanunu da değişikliğe gidildi. Özelleştirme takvimi ve stratejisi belirlendi. Özelleştirilecek KİT'ler gruplandırılarak kendilerine uygun stratejiler kapsamında hızla özelleştirilmeye başlandı. Reel sektörün canlandırılması için ise teşvik tedbirlerinin yeniden düzenlendi. Ayrıca doğrudan yabancı yatırımı özendirici tedbirler alındı. Doğrudan Yabancı Yatırım Kanunu 17 Haziran 2003 tarih ve 25141 sayılı Resmi Gazete'de yayımlanarak yürürlüğe girdi.

3.1.5. 2008 Dönemi

2008 küresel krizine karşı genişletici para ve maliye politikaları uygulanmış, faiz indirimine gidilmiş reel sektörü destekleyen teşvik paketleri uygulanmış, istihdamıarttırmaya ve kredi piyasalarını canlandırmaya yönelik kolaylıklara gidilmişti.Kriz dönemi ilebirlikte finans sektöründeki olası risklere karşı bankaların finansal yapıları kontrol altına alındı. 2008 yılı kâr dağıtımı planlayan bankaların, gerçekleri belirtmek kaydıyla BDDK'ya başvurmaları ve izin dâhilinde kâr dağıtımına gitmeleri istendi. Bu çerçevede sermaye yeterliliği dikkat çekici düzeyde düşen ve hızlı büyümüş bankaların kâr dağıtımı yapmasına izin verilmedi. Finansal sektör komisyonuna işlerlikli kazandırıldı. BDDK, TMSF, HM ve TCMB arasındaki işbirliği reforme edildi Sistemik riskyönetimi konusundaiş bilirliğine ilişkinprotokol 2009 Nisan'da yürürlüğe kondu.

Yurt dışı bankacılık ve sermaye piyasalarında yaşanan likidite sıkışıklığının Türk bankacılık sektörüne olumsuz yansımalarını önlemek için 5 Nisan 2008 tarihindebir düzenleme değişikliğine gidildi. Buna göre, bankaların likidite yeterliliğinin ölçülmesinde ve değerlendirilmesinde borçlu cari hesap kredilerin, anapara tutarlarını dikkate alınma oranı yarıya indirildi. Vade unsuru taşımayan ve %100 likit kabul edilen bazı aktif kalemlerin bazı pasif kalemlerle ilgisi kurularak, özellikle mevduat çekişlerinde bankanın bu çekişi kaldırabilecek ölçüdelikit değer bulundurmalarını amaçlayan uygulamaya süreklilik kazandırıldı. Likidite Desteği Kredisi ile bankacılık sisteminde belirsizlik ve güvensizlik olması halinde ve fon çekilişlerinin hızlanması halinde, ödeme kabiliyeti olan bankalara, avans şeklinde teminat bankanın öze kaynağının iki katı ile sınırlı olmak üzere likidite desteği imkânı sağlandı.

Merkez Bankası, 9 Ekim 2008 Döviz Repo Piyasasında aracılık faaliyetlerine tekrar başladı. Bu yaparken döviz likitidesinin, bankacılık sektöründe etkin dağılmasını sağlamayı, risk algılamasından dolayı döviz depo faizlerinin yükselmesinin önlenmesini hedefledi. 24 Ekim 2008 tarihindebankaların döviz depo işlem limitleri 5,4 milyar dolar seviyesinden 10,8 milyardolar seviyesine yükseltildi. Diğer yandan, piyasadaki döviz likidesini arttırmak için döviz satışı yapılırken döviz alım ihalelerine son verildi. Ayrıca ihracat reeskont kredisinin limiti, önce 1 milyar dolara daha sonra 2,5 milyar dolara çıkartıldı ve bu kredilere kullanım kolaylığı getirildi. Hane halkları ve şirket kesimine yönelik bankacılıksektöründen kredi kullanma olanakları ve bu kredilerin karşılık oranı gevşetildi. 24 Haziran 2009 tarihli ve 5915 sayılı Banka Kartları ve Kredi Kartları Kanundaki değişiklik yapılması hakkındaki kanunla kredi kartı borcunu ödeyemeyen borçluları, borçlarının yeniden yapılandırılmasına imkân sağlandı. Bu suretle Kasım2009 itibariyle 494.192 kişiye ait 546.333 karta ilişkin 1.607 milyon TL borç yapılandırıldı.

22 Ocak 2009 tarihli ve 5834 sayılı Karşılıksız Çek ve Protestolu Senetler ile Kredi ve Kredi Kartları Borçlarına İlişkin Kayıtların Dikkate Alınmaması Hakkındaki Kanun uyarınca kullandığı nakdi ve gayri nakdi kredinin ödemelerini aksatan gerçek vetüzel kişilerin, ticari faaliyette bulunan ve bulunmayan gerçekkişilerin vekredi müşterilerinin karşılıksız çıkan çek, protesto edilmiş senet, kredi kartı ve diğer kredi borçlarına ilişkin olarak Merkez Bankasında tutulan kayıtların, söz konusu borçların altı ay içinde ödenmesi veya yeniden yapılandırılması halinde silinmesi sağlandı.[125]

Genişletici Maliye politikaları kapsamında genişletici vergi politikaları uygulandı. Lokomotif sektör olarak nitelendirilen ekonomiye yön veren, inşaat, dayanıklı tüketim malları ve otomotiv sektörlerine yönelik uygulamalar ile nakit aksının sağlanması ve tüketimin artırılarak ekonomidecanlanmayı sağlamakve istihdamın devamlılığı için söz konusu mallara KDV ve ÖTV oranları 2009/14802 sayılı Bakanlar Kurulu Karan ile düşürüldü. Ayrıca yatırımlar da devlet eliyle desteklenmiş bukapsamda 2009/15199 sayılı bakanlar kurulu kararıile Teşvik belgesi kapsamındaki yatırım mallan ile otomobil ve hafif ticari araç yatırımlarında yatırım dönemi içinde kalmak kaydıyla bazı aksam ve parçaları gümrük vergisinden muaf tutuldu. Teşvik belgesi kapsamında temin edilen ve Müsteşarlıkça uygun görülen ithal ve yerli makine teçhizatına

[125]BDDK, s. 32

KDV'denistisnası getirdi. Ayrıca Teşvik Belgesine Bağlı Yatırımlardan Elde Edilen Kazançlar içinKurumlar Vergisi oranında %25'ten %90'a kadar indirim imkânı tanındı.

İstihdamın arttırılması için aynı Bakanlar Kurulu Kararı ile istihdam için ödenmesi gereken sigorta prim iişveren hissesinin asgari ücrete tekabül eden kısmı bakanlar kurulu kararında belirtilen tarihlerde hazinece karşılandı. Ayrıca kararın 10. maddesi ile büyük ölçekli yatırımlar ile bölgesel uygulama kapsamında gerçekleştirilen yatırımlarda kurumlar veya gelir vergisinde aynı bakanlar kurulunda belirtilen oranlarda indirim yapıldı. Gümrük vergisi ve KDV için teşvik kapsamı, ilgili kararın ek-4' ünde belirtilen teşvik kapsamında olmayan yatırımlar hariç, 4. maddede belirtilen asgari sabit yatırım tutarının üzerinde ülke çapındaki tüm yatırımları kapsamaktaydı. Teşvik oranları, bu kararın ek-1 ve ek-2 de belirtilen dört bölge ve ek-3 debelirtilen büyük ölçekli yatırım olma özelliklerine göre belirlenmiştir. Diğer bir vergi uygulaması ise Yurtdışındaki Varlıkları yurtiçine getirmeyi hedefleyen vergi indirim ve muafiyetlerini kapsayan 5811 sayılı Bazı Varlıkların Milli Ekonomiye Kazandırılması Hakkında Kanun'dur.

Ayrıca sübvansiyon uygulamalarına gidildi. Bu çerçeve de, KOSGEB bütçesinin 2009 yılında %48 oranında artırılmış ve KOBİ'lerin dönük, %0 veya düşük faizli kredi desteği ve bu desteğin vergi ve prim borcu olan KOBİ'lerin KOSGEB kredilerinden faydalanma imkânı genişletilmişti. Bu kapsamda, imalatçı KOBİ'lere 733 milyon TL hacimli, ihracatçı KOBİ'lere 650 milyon dolar hacimli %0 faizli ihracat destek kredisi kullandırılmıştır. Ayrıca 1 milyar dolar hacminde, düşük faizli, yeni bir ihracat destek kredisi ihracatçı KOBİ'lerin kullanımına sunuldu.Türkiye Tekstil Sanayi işverenleri

Sendikası ile Ziraat Bankası arasında, sendika üyesi kuruluşlara uygun koşullarda kredi sağlanmasına ilişkin kredi protokolü imzalandı. Halk Bankası ile TOBB arasında imzalanan protokollerde yaklaşık 1,5 milyar TL'lik bir kredi imkânı oluşturuldu. Ödeme sıkıntıları da dikkate alınarak, kredilere ilişkin ödemesiz süre iki katına çıkarıldı. Maliye Bakanlığıile Sanayi ve Ticaret Bakanlığı arasında imzalanan Bankacılık Hizmetleri Protokolü ile Organize SanayiBölgelerine kullandırılan kredilere aracılık eden Halk Bankası'na aldığı yıllık komisyon oranları 01.01.2009 tarihinden itibaren geçerli olmak üzere %50 oranında indirildi..[126] Ayrıca Eximbank kredi kapsamı ve limitleri dearttırıldı.

Uygulanan politikalar, büyük resesyon ile azalma eğilimine giren büyüme oranı 2009 da artma eğilimine girmiştir. Ancak 2011'den itibaren büyüme oranları ivme kaybetmiş, potansiyel büyüme oranı olarak kabul edilen % 5'in altına inmiştir. Bu düşüş FED'in tahvil alımı programından vazgeçtiğini açıkladığı 2013'de dip noktasını gördü.Cari açık problemi 2001 krizinden beri artış eğiliminde olan cari açık Türk ekonomisinin önemli sorunlarından biridir. Ekonomideki küçülmenin etkisine paralel olarak 2005 den beri cari açık artışında azalış başladı. Ancak 2011 de cari açık 9,9 oranı ile Türk ekonomisinin en yüksek seviyesine ulaştı. 2001'den beri devam eden bir diğer sorun ise işsizliktir. 2010 yılında zirve yapan işsizlik oranı % 10 seviyesine ulaştı. Türkiye'nin 2000-14 dönemi işsizlik,ödemeler dengesi, enfasyon,büyüme ve bütçe dengesini içeren ekonomik verileri Şekil 14'de gösterilmiştir.

---

[126] Akbıyık ve Koç, ss.12-14.

Şekil 14: Türkiye Ekonomik Verileri (2000-2014)

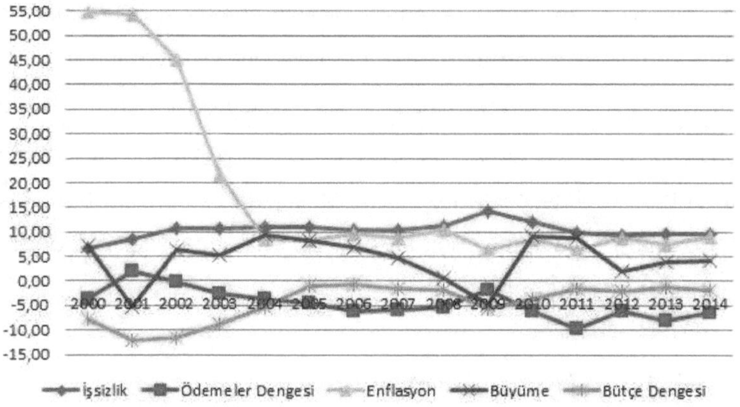

Kaynak: OECD ve TUİK verilerinden hazırlanmıştır.

Morgan Stanley'in Ağustos 2013 raporunda kırılgan beşli tanımı ortaya atıldı. Hindistan, Brezilya, Endonezya, Türkiye ve Güney Afrika' nın yer aldığı bu grup yükselen ekonomiler arasında yer alırken paraları en çok değer kaybeden ülkeler oldu. Ayrıca bu ülkelerde yüksek cari açık, yüksekenflasyon ve büyüme performanslarında düşüş görülmektedir. Bu ülkeler arasında Kasım 2013 verilerine göre en yüksek cari açık veHindistan'dan sonra en yüksek enflasyon oranı Türkiye'ye aittir.

3.2.DEVLET MÜDAHALECİLİĞİNİN ETKİNLİĞİNE EDEN UNSURLAR

Eğer ekonomik konjonktürel dalgalanmaların, yoksulluğun, gelir dağılımı adaletsizliğinin ve işsizliğin olmadığı bir dünya inşa edebilseydik, devlet müdahaleciliğinin etkinliğini tartışmamıza gerek kalmayacaktı. Ancak ideal dünya ile reel dünya arasında imkânsızlık kadar uzun bir mesafe vardır. Bu bolümde bu uzun mesafe üzerindeki iki etkeni inceleyeceğiz. Bu ilk etken Homo Economicus'tur. İlk önce rasyonel bireyin rasyonel davranışlarının konjonktürel dalgalanmaları ve bunlara karşı uygulanan devlet müdahaleciliği üzerinde nasıl bir etkiye sahip olduğunu inceleyeceğiz. İkinci etken ise Ekonomik Anayasa'dır. Konjonktürel dalgalanmanın oluşmasının önlenmesine yönelik hem para politikası hem de maliye politikası açısından yapılması gerekenleri öngören teoriler üzerinde duracağız.

3.2.1. Homo Economicus

Adam Smith söyle der: "Her birey muhakkak toplumun yılık gelirini arttırmak için yapabildiği kadar emek harcar. Kendi çıkarının pesinden koşarken çoğunlukla, gerçekten katkıda bulunmayı amaçladığı vakitten daha etkili olarak toplumun çıkarına katkıda bulunur."[127] Klasik iktisadın temel varsayımı olan görünmez el, Smith'in bahsettiği kendi çıkarının peşinde koşma eylemi ile geçerlilik kazanmaktadır. Her birey kendi çıkarının peşinde koşacak böylelikle ekonomik denge kendiliğinden gerçekleşecektir. Zaten Homo Economicus kavram olarak, her koşulda daima kar maksimizasyonunu amaçlayan, risk ve dalgalanmaları göz önünde bulundurup buna göre bir ekonomik davranış belirleyen ve dolayısıyla da rasyonel davranması beklenen karar alıcılar[128] anlamına gelmektedir. Ancak reel dünyada Homo Economicus her zaman ekonomik dengeyi sağlayamamaktadır. Nobel Ödüllü iktisatçı

---

[127] Smith, Adam (2004), An Inquiry İnto The Nature And Causes Of The Wealth Of Nations: Part 10, Harvard Classics, Kessinger Publishing' den, İsmail Ozsoy,İktisadi Adamdan Toplum Adarnına, **Türk Dünyası Sosyal Bilimler Dergisi**, Cilt:5, Sayı 48, 2009, s.179

[128]Haldun Soysal, **Yeni Ekonomi Kunatum-Noroekonomi**, Palet Yaymlan, 2010, s.101

Joseph E. Stiglitz'e göre, Homo Economicus'un rasyonel davranışları refahı bütün herkese ulaştırmaz. Aksine bankalar, isçiler, vergi ödeyenler, hane halkları ve ekonomi için çok daha geniş bir felaket getirir.

Bu felaketin, nedeni Homo Economicus'un bazı açmazlarıdır. Bu açmazlardan ilki Homo Economicus'un fayda maksimizasyonu güdüsünün belli bir noktadan sonra durdurulamasıdır. Homo Economicus, bu eşikten sonra etik dışı davranabilir ve/veya aşırı riskli kararlar alabilir. Aşağıda etik dışı davranan üç Homo Economicus örneği sunuyoruz.

- Bernard Madoff

1938'de New York City yakınlarında dünyaya gelen Bernard Madoff Wall Street'in saygın iş adamlarından biriydi. 1960 da kurduğu, Bernard L. Madoff Investment Securities LLC 2008 yılında Wall Street'in 6. büyük şirketi seçilmiş köklü bir şirketti. Aralık 2008'de oğullarına firmanın varlık yönetimi kısmınınbüyük bir ponzi oyunu olduğunu itiraf eden Madoff, oğullarının ihbarıyla Mart 2008'de mahkemeye çıkartıldı. Mahkeme Madoff'a 50 milyar dolarlık dolandırıcılık için150 yıl hapis cezası verdi.[129]1999'dan itibaren yaklaşık 10 yıl boyunca finansal uzmanlar tarafından SEC'e Madoff'un ponzi oyunu yönettiği ihbarları yapılmış ancak SEC her hangi bir incelemeye gitmemişti. Ayrıca Madoff'un denetim şirketi Friehling&Horowitz'un15 yıldır BMIS'i denetlenmediği ortaya çıktı. Madoff'un ponzi oyunu ve şirketlerinin çökmesi 2008 Küresel Kriziniderinleştiren bir etkendi.

- Allen Stanford

---

[129]Yener Coşkun, "Bay Ponziden Bay Madoffa", **Sermaye Piyasası Dergisi,** Cilt:1 Sayı:1, 2010,s.45

Allen Stanford, büyükbabası Lodos B. Stanford tarafından kurulanStanford Finans Grubu genişletmişti. Şubat 2009 tarihinde ponzi oyunu sebebiyle firmaya el konuldu. Stanford Finans Grubu, 6 kıtada 136 ülkede 30.000 müşteriye hizmet veren 50 milyar dolar varlığı yöneten bir firmaydı. SEC, Stanford Finans Grubu'nun 8 milyar dolarlık mevduat sertifikaların taahhüt edilmesine imkân vermeyecek kadar yüksek ve tartışmalı faiz oranlan vaat etmeleri nedeni ile Allen Stanford, Stanford Group Co.'nun yatırımlarını denetlemekle görevli Pendergest-Holt ve Stanford Financial Group'un Finans bölümünün başında bulunan James Davis'i dolandırıcılıklasuçladı. SEC, "Stanford International Bank'ın mali tabloları kendi yatırımları da dâhil hayalidir" açıklamasını yapmış ve büyük bir Ponzi oyunu düzenlediklerini, yatırımcılardangelen milyarlarca dolan zimmetlerine geçirdiklerini ve Stanford International Bank'ın da dolandırıcılıkları düzenleyici işlemler yaptığınıaçıkladı. Allen Stanford mahkeme tarafından 110 yıl hapis cezasına çarptırıldı. Stanford'un ponzi oyunu ve şirketlerinin çökmesi 2008 Küresel Krizini derinleştirici bir etken oldu.

- Ramalinga Raju

1987 yılında B.Ramalinga Raju tarafından kurulan Satyam Computer Services Ltd, 6 kıtada 67 ülkede birçok sektöre bilgi teknolojileri (IT) hizmeti sağlamaktaydı. Ancak Satyam'ın başka şirketlerin hisselerini alarak büyüme çabası, Ramalinga Raju'nun dolandırıcılık sürecinin başlangıcı oldu. Raju ponzi finansmanı başka bir takım finansal hileler ile servetini arttırdı. Raju yolsuzluklarını ağzından kaçırdı ve her şeyi itiraf ederek istifaetmek zorunda kaldı. istifa mektubunda yaptığı yolsuzluğu itiraf etti. unun üzerine şirket hisseleri %80 değer kaybetti ve Hindistan Borsasında büyük bir dalgalanma yaşandı. Raju'nun,10 yıla kadar hapsi ve 5 milyon dolar para cezası ödemesi istendi.

Bu örneklerde Smith'in yanıldığı bir diğer konuyu görmekteyiz. Smith'e göre Homo Economicus ayıplanma ve dışlanma korkusu ile erdemli davranmaya mecbur olacaktır. Örneklerimizden biri olan Bernard Madoff, bir Yahudi'dir ve Yahudi toplumu içinde saygın bir yere sahipti. İsrail'e yaptığı yardım kapmayanları ile bu saygınlığı edinmişti. Yahudi toplumunda birbirlerine karşı kesin bir güven vardır. Çünkü hiçbir Yahudi bir başka Yahudi'yi aldatamaz aksi davranış toplumdan dışlanmaya sebep olur. Ancak Madoff ayıplanma ve dışlanma riskini göze almış ve etik dışı davrandı. Buradan da anlıyoruz ki ayıplanma ve dışlanma endişesi Homo Economicus'u etik davranmaya zorlayamamaktadır.

Nobel ödüllü iktisatçı Vernon Smith, yatırımcılar üzerinde yaptığı bir laboratuvar deneyinde Homo Economicus'un fayda maksimizasyonu güdüsünü engelleyemediğini göstermiştir. Deneklerden tahvil üzerinden işlem yapmaları istenmiştir. Denekler işleme tahvilin fiyatını gerçeğin altında tutarak başlarlar. Daha sonra tahvil fiyatlarında artışa gidip bir finansal balona düzeyine çıkardırlar sonrada bu balonu patlattılar. Bir sure sonra, yani ikinci kez tahvil üzerinde işlem yapmaları istendi. Artık bir önceki deneyin sonucunu bildikleri halde, yine balonu şişirip patlamaya götürdüler. Sadece bu kez işin hızını artardırlar, balon daha kısa sürede patlattılar. Ancak üçüncü deneyde bir kısmı dersini aldı aynı hatayı tekrarlamadı, diğerleri ise aynı hatayı devam ettirdi. Deneyde gözlenen bu davranış Büyük Buhranda bireylerin, bankaların borsaya aşırı talebi, 2008 Küresel Krizinde bireylerin aşırı kredi talebi ve bankaları aşırı kredi arzında kendisini göstermiştir.

Homo Economicus'un rasyonel davranışlarının ekonomiyi dengeye getirmesi için gerekli temel şartlardan biri herkesin rasyonel davranmasıdır. Aksi halde ekonomide denge değil dengesizlik ve sömürü olacaktır. Ancak herkes aynı derecede Homo Economicus değildir. Bu ise Homo Economicus'un diğer bir açmazıdır. Herkesin rasyonel davranış sergileyememesinin iki nedeni vardır. İlki her birey aynı ölçüde rasyonel davranma yeteneğine sahip değildir. Bazı bireyler bu yeteneğe daha fazla sahiptir. Bu tür bireylere örnek olarak, 1930 yılında Musevi bir ailenin çocuğu olarak Macaristan'da doğan dünyanın en büyük spekülatörü ve yatımcısı unvanına sahip George Soros'u inceleyeceğiz. Soros'un asıl yeteneği, ününün ve parasının kaynağı ise döviz spekülasyonuydu. İngiltere'de 16 Eylül 1992 tarihinde gerçeklesen ve tarihte Kara Çarşamba olarak anılan ekonomik krizde döviz kuru ile oynayarak sadece bir gün içerisinde toplam 1,1 milyar dolarlık bir kâr elde etti. İngiltere bankalarının krizdeki toplam zarar 3,4 milyar dolar olurken, bunun 1/3'une tek basma sebep oldu.

Soros'a göre İngilizekonomisi kötüyegidiyordu veaşırı değerlenirmiş olan Pound kur ayarlaması baskısı altındaydı. Fakat İngiltere, Avrupa kur Mekanizmasına (ERM) girdiği içinPound'u devalüe edemiyor ve 2.95 Alman Marki seviyesinde tutmak zorunda kalıyordu. Soros, İngiltere'nin kendi isteğiyle para anlaşmasına terk ederek Pound'u devalüe etmesi gerektiğini yoksa buna mecbur kalacağını iddialı bir şekilde öne sürdü. Aynı zamanda gerekli spekülatif pozisyonlan almaktan geri kalmadı, İngiltere Merkez Bankası başkanı ve hükümet, bu iddiaya sert bir şekilde yanıt vererek Pound'un değerini düşürmeyeceklerini kesin bir dille ilan etti. Soros bu dönemde yani pound pahalıyken 10 Milyar pound borçlandı. Bu parayla Alman Markı satın aldı. Tahminleri doğrultusunda, İngiltere Hükümeti ERM'den çekilerek Pound'u devalüe etmek zorunda kaldı. Pound 'un değeri Alman Markı karsısında geriledi. Elindeki Alman Mark'ıyla ucuzlamış olan Soros Sterlin borcunu ödedi ve bir hafta içinde, diğer dövizlerden kazandıklarıyla birlikte 2 Milyar dolar kâr elde etti. Tüm bu olanların altında Soros' un bir teorisi yatmaktadır. 1969 yılında kurduğu, Fizik'in evrende kaotik bir düzen olduğuna dair bir önermesine atıfta bulunarak Quantum adını verdiği bu teoriye göre bireysel veya kurumsal yatırımcılar eksik veya yanlış bilgilerle hareket ederler. Bu nedenle de finansal enstrümanların fiyatlan hiçbir zaman gerçeği yansıtmaz. Fiyatlar ya aşırı ya da noksan düzeydedirler. Soros teorisini reel dünyada ispat etmek için kurduğu fona 1969 yılında 10.000 Dolar yatırdı. 2000 yılında bu para 4 Milyon Dolar'a ulaştı.

Bireyler toplumsal yapılar ve kuralları gereği de rasyonel davranamayabilirler. Bu konuda, Samuel Bowles ve Herbert Gintis yaptıkları deneyler bizi aydınlatmaktadır. Değişik toplumlardan insanlarla yaptıkları deneylerde, Ültimatom oyunu oynamışlardır. Oyun, teklifçi ve kabul edici olmak üzere iki kişi ile oynanmaktadır. Teklifçiye 10 dolar verilir ve kabul ediciye bir teklif sunması istenir. Teklifçi 10 doların bir kısmını kabul ediciye teklif edecek ve eğer kabul edici teklifi kabul ederse ikisi de toplam 10 dolar kazanacaktır. Ancak kabul edici teklifi kabul etmezse her ikisi de para kazanamayacaktır. Oyunun anahtar noktası oyunun, aynı kişilerle sadece bir kere oynana bilecek olmasıdır. Bu oyunda beklenen rasyonel davranış teklif edicinin 1 dolar teklif etmesi kabul edicinin bunu kabul etmesidir. Ancak %30'un altındaki teklifler çoğunlukla reddedildi zaten tekliflerin % 50'si bu rakamın üstündeydi.

Teklifler ve kabul etmelerde toplumsal yapı belirleyici oldu. Örneğin Papua Yeni Gine'de yaşayan toplayıcılıkla geçinen Au ve Gnau toplumlarında, pahalı hediye vermek hediye verilen kişiden üstün olduğunu ilan etmek bir kişinin bu hediyeyi kabul etmesi ise bunu kabul etmesi anlamına gelmektedir. Bu sebeple burada oynanan ültimatom oyunun da yüksek teklifler asla kabul edilmemiştir. Aynı sosyo-ekonomik düzeydeki doğu Afrika da yaşayan Hadza toplumu da yüksek tekliflere rağmen yüksek retler yaşanmıştır. Endonezya'da yaşayan balina avcısı Lamalera toplumunda, teklifçilerin % 63'ü eşit paylaşım teklif etti. Çünkü bu toplum balina avını birlikte yapmakta ve avladıkları balinayı eşit şekilde paylaşmaktadır. Kuzey Amerika'da yaşayan Aché toplumunda, tekliflerin %79'u % 40-50 arasında, % 16'sı % 50'den fazlaydı ve tekliflerin hiç biri reddedilmedi. Tarım ve hayvancılıkla geçinen bu halk, avı kimin avladığına bakılmaksızın etin toplum içinde eşit biçimde paylaşmaktadır. Aynı sosyo-ekonomik düzeyde olan kuzey Amerikalı Machiguenga ve doğu Afrikalı Tsimané toplumlarında ise daha düşük teklifler olmuş ancak hiçbir teklif reddedilmemiştir. Bu iki toplumda toplumsal yaptırımların güçlü olduğu gözlenmiştir.

Homo Economicus'un tüm bu açmazlarının yanında değinmemiş gereken bir diğer konu Homo Econmicus'un kamudaki varlığıdır. Piyasada bireyler fayda maksimizasyonu için çabalarken kamudaki bireylerde fayda maksimizasyonu için çabalamaktadır. Politikacılar tekrar seçilebilme, seçmenler kamu mal ve hizmetlerinden en fazla faydayı elde etme, bürokratlar kariyer, baskı ve çıkar grupları ise özel çıkarlarını maksimize etme amacı güderler. Bu amaç doğrultusunda etik dışı davranabilir ve kamu hizmetlerinin optimaliteden uzaklaşmasına neden olurlar. Kamuda Homo Economicus'un varlığı ve rasyonel davranışları ekonomide daha büyük bir dengeden uzaklaşamaya neden olabilmektedir. Çünkü bireyler kendi paralarını harcarken veya sahip oldukları mülkü kullanırken daha dikkatli olurlar. Kamu da sahiplik olmadığı için israf ve savurganlık ortaya çıkmaktadır. 2008 Küresel Krizinde, yönetici sermayedarın kendi parasının da bulunduğu hedge fonları batmamıştı. Çünkü bireyler kendi parası ile girdiği oyunlarda çok daha dikkatli risk tahmini yapmışlardı. Bu dönemde 6845 Hedge Fonu'nun 2008'de sadece %21 yani 1471'i battı. Fonların %79'u, 2009'un ilk yedi ayında %12 kâr etmişlerdi.

Şekil 15'de Friedman Matriksi üzerinde israf ve savurganlık yönünden özel harcama ve kamusal harcama alanları gösterilmiştir. Bu durum gösterilmiştir.İsrafın en az olduğu alan A ve C alanıdır. Çünkü kişi bu alanda kendi parasını harcamaktadır. Bu alanda birey fayda maksimizasyonu için harcama yaparken en kaliteli mal ve hizmeti en ucuza almayı deneyecektir. C alanında birey ya egoist davranır ve kendi çıkarı doğrultusunda başka bir kişiye harcama yapar ya da hiçbir karşılık gözetmeksizin başka kişiler için harcama yaparak alturist bir eğilim sergiler. Matris üzerindeki dört alan içerisinde israf ve savurganlıkların en fazla olduğu alan D alanıdır. Bu alanda başkalarının parası, başkaları için harcanır. Bu alanı " kamusal alan" olarak adlandırılan kendileri için değil, halkın paralarını yine halk için harcarlar. İşte, israf ve savurganlıkların asıl kaynağı bu alandır.[130]

---

[130]Aktan, s. 58

Şekil 15: İsraf ve Savurganlık Yönünden Özel Harcama ve Kamusal Harcama Alanları

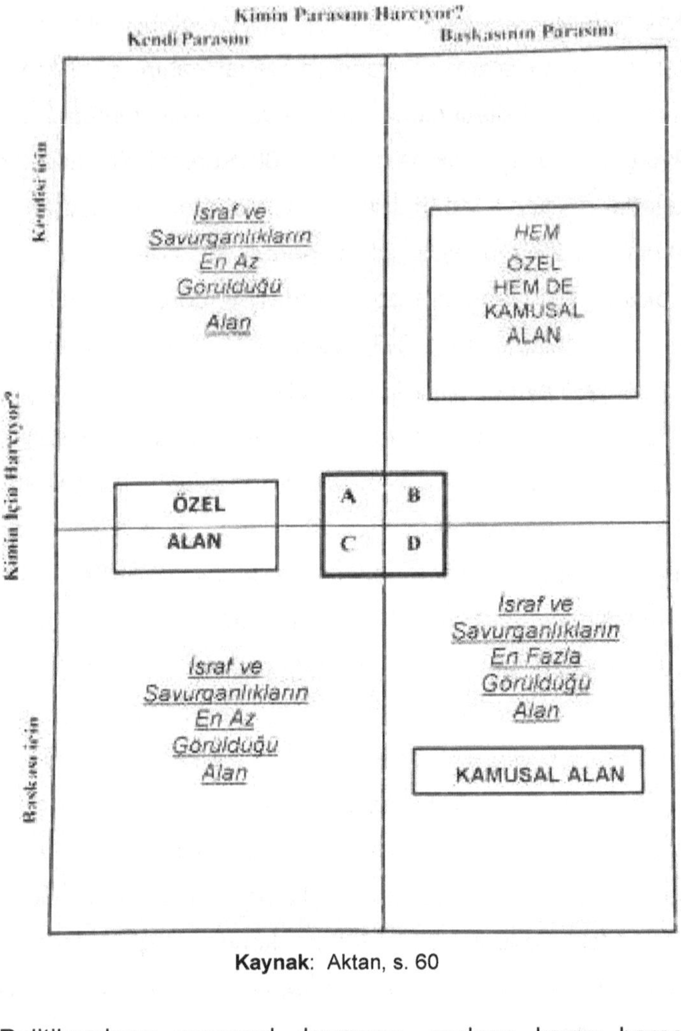

Kaynak: Aktan, s. 60

Politikacıların rasyonel davranışı, sadece kamu harcaması yaparken değil kamu gelirlerinde de kendini gösterir. Büyük durgunluk sırasında Yunanistan, ülke rakamlarıyla oynamış ve bu sayede kredilendirme kurumdan yüksek not almıştı. OPEC krizinin sonucunda oluşan Borç krizlerinde ise bu ülkenin karar alıcılarının dış borcu ucuz finansman olarak görmesi, aşırı borçlanmaları ve elde edilen finansmanı etkin olarak kullanamamasında Homo Economicus davranışının etkisini görmekteyiz.

Ekonomiyi dengeye getirecek mekanizmanın bir parçası olduğu savunulan Homo Economicus'un başarılı olamadığı, aksine ekonomiyi dengeden uzaklaştıran bir faktör olduğu açıktır. O halde Homo Economicus'un ortadan kaldırılması çözüm müdür?

Bireylerin ekonomik karar alma hürriyetlerinden vazgeçecek bunu bir egemen güce devretmeleri Homo Economicus'u ortadan kaldırmanın bir yoludur. Ancak bu başarılı olamaz. Çünkü insanların temel güdülerinden biri olan daha fazla kazanma arzusu bireylerin içinde daima mevcut olacaktır. Bireyler adına ekonomik karar alma hakkını elinde bulunduran egemen güç, bu gücü eninde sonunda kendi faydasını maksimize etmek için kullanacaktır. Nitekim Sovyet Sosyalist devlet ve doğu bloku ülkelerinde kurulan sosyalist devlet Lenin döneminden sonra, Rose Luksemburg ve Troçki gibi düşünürler tarafından eleştirilmiş, Stalin önderliğindeki sosyalist devletin, yönetici sınıfın (nomenklatura) egemenliğinde bir oligarşiye ya da Trockistlerin dediği gibi yozlaşmış işçi devletine dönüştüğü savunulmuştur.

Bununla birlikte bireylerin daha fazla kazanma arzularının tamamen ortadan kaldırılması mümkün olsa bile etkin olamayacaktır. Bilindiği gibi, Maltus'un 1789 yılında ilk kez yayınladığı, 1803'de tekrar gözden geçirip yayınladığı "nüfus artışı hakkında araştırması" isimli eserinde nüfusun geometrik dizi (2,4,8,16,32,64,...) gıda maddelerinin ise aritmetik dizi (1,2,3,4,5,6, ...) şeklinde arttığını dolayısıyla yaklaşık elli yıl sonra insanlığın açlık ve sefalet içine düşeceğini savunmuştur. Ancak Maltus'un bu kehaneti haklı çıkmamıştı. Bunun nedeni insanların daha fazla kazanma arzusu ile yeni üretim teknolojileri geliştirmeleridir. [131]

O halde denebilir ki, Homo Economicus'un denetimsiz bırakıldığı bir piyasa ekonomik denge için ne kadar zararlı ise Homo Economicus'un tamamen ortadan kaldırılması da en az o kadar zararlıdır. Her iki durumda yanlış ve zararlı ise çözüm nedir? Çözüm Aristoteles'in Zoon Politikon dediği, Nasiruddin Tusi ve Kınalızade Ali Efendinin İtidali İnsan dediği bireydir. Zoon Politikon ve İtidali İnsan erdemli insandır. İki uç kötü davranışın ortası, erdemdir. Kınalızâde'nin ifadesiyle. "...eğer bu güçlerden meydana gelen işler sahih akla uygun, güzel bir yönde ve itidal sınırında meydana gelirse, bu nevi işlere sebep olan huya erdem, itidalden çıkarak irat veya tefrit taraflarına meyledip bu nevi işlerin meydana gelmesine sebep olursa bu huya da rezilet denir.[132] Tusi ise şöyle der: "erdem orta, iki erdemsizlik ise iki ucudur. ...Hikmetin karşısındaki kurnazlık ve aptallık, yiğitliğin karşısındaki cüretkârlık ve korkaklık, iffetin karşısında hazlara düşkünlük ve isteksizlik, adaletin karısında ise zulüm ve zulme boyun eğmedir."[133]

Ekonomide dengenin sağlanması içinde bu erdeme ihtiyaç vardır. Birey ne kâr elde etmekten çekinmeli ne de kar ederken etik dışı davranmalıdır. Homo Economicus fayda maksimizasyonu çabası etik sınırlar içerinde kalacak şekilde kısıtlanmalıdır. Ekonomik

---

[131] Hakan Ay, Öznur UÇAR, Global Crisis and Government Intervention: Economic Crisis, Regional Economic Integration and the Global Financial System, IGI Global, USA, 2015, Chapter 12, (pages 152-161), S. 160

[132] Ayşe Sıdıka Oktay, **Kınalızade Ali Efendi ve Ahlâk-ı Alâ,** İz yayıncılık, İstanbul, 2011, s. 110

[133] Nasurruddin Tusi, **Ahlâk-ı Nâsırî,** çev. Anar Gafarov, Zaur Şükürov, Litera Yayıncılık, İstanbul, 2007, s. 100

açıdan erdemi orta yolu bulmak ise Homo Economicus' un yasalarla kısıtlanmasıdır.

3.2.2. Ekonomik Anayasa

Ekonomik anayasa fikrinin temelleri anayasal iktisat teorisinedayanmaktadır. Anayasal iktisat teorisi, devletin ve bireylerin ekonomik alanda ki konumlarının anayasal çerçeve ile açıkça ortaya konması aracıyla "ekonomikanayasa" yaklaşımını ileri sürmektedir. Ekonomik anayasa, devletin ekonomik alandaki yetkilerinin - amaçlarının ve araçlarının - açıkça anayasada belirtilerek sınırlandırılması ve bireylerin ekonomik alandaki haklarının ve özgürlüklerinin anayasada yer almasını savunan bir yaklaşımdır. Bir ekonomik anaysa; mali ve parasal alanda, ödemeler bilançosu ve dış ticaret alanında, yasal- kurumsal serbestleşme ve rekabet alanında, gelir dağılımında ve sosyal güvenlik alanında oluşturulan düzenlemelere ilişkin önerileri kapsamaktadır.[134]

Bu bölümde temelde anayasal iktisat teorisinin önerilerine yer verilirken bu teorinin savunucuları arasında yer alamayan iktisatçılarında konuya ilişkin teorilerine yer verilmiştir. Teorinin kapsam genişliği göz önünde bulundurularakmümkün olduğu kadar konuya kısacadeğinilmeye çalışılmış, teorik bilgiyanındaampirik uygulama örneklerinden debahsedilmeye çalışılmıştır.

3.2.2.1. Mali Kural

Mali kural, bütçe dengesine, borçlanmaya, harcamaya veya vergilemeye, maliye politikalarına özel bir limit koyan yasal veya anayasal sınırlamadır. Mali kuralların en önemli özelliği yasal bir

---

[134]Simsek, ss. 172-173

araç ya da yerel bir terminoloji olmasından ziyade, bunların sürekli nitelikte olmasıdır.[135] Mali kurallar aşağıda sıralanan şekilde türlere ayırmak mümkündür.

• Denk bütçe kuralları; altın kuralı[136] veya bütçe açığı limitinin sınırlandırılması

• Borç Kuralları; toplam veya net kamu borcunun sınırlandırılması

• Harcama Kuralı; Toplam harcamalar veya belirli harcamaların sınırlandırılması

• Gelir Kuralları; Vergi yükünün sınırlandırılması

Mali kurala ilişkin literatüre katkıda bulunan isimlerden biri olan İsveçli iktisatçı Knut Wicksell, kamu harcamaları üzerinde durmuştur. Ona göre kamu harcamalarındaki her birim artış vergilerle karşılanmalı ve yasama organının onayına tabi tutulmalıdır. Bu öneri kamu harcamaların artışını frenleyen bir etken olacaktır. Çünkü kamu harcamalarındaki bir artış yasamaya bunun karşılığı bir vergi istemi olarak yansıyacaktır ki bu hükümetlerin kamu harcamalarını arttırma isteğini frenleyecektir. Bu ilkenin anayasada yeralması kuralların etkinliğini arttıracaktır. Anayasada olması öngörülen bir diğer vergisel ilke ise toplam vergi yükünün oransal olarak belirtilmesidir. Bu toplam vergi gelirlerinin GSYH ya da GSMH'ye oranı şeklinde belirlenebilir. Ayrıca maksimum vergi oranları da anayasada belirtilebilir. Böylelikle hükümetlerin aşırı oranda vergi alma eğilimi engellenmiş dolaysıyla vergi sömürüsünün de önüne geçilmiş olur. Mali sömürüyü engellemek için alınabilecek bir diğer

---

[135]Birol Karakurt, Tekin Akdemir, **Maliye Dergisi,** Sayı: 158, Ocak- Haziran 2010, s. 229

[136]Vergilerle tüketim harcamalarının eşit olması ve borçlanamaya sadece yatırım harcamalarının finansmanı için başvurulması kuralıdır.

önlemse genellik ilkesinin benimsenmesidir. Böylelikle vergi ve harcama programlamanın uygulanmasında herhangi bir kişiye ya da kesime özel ayrıcalıklar sağlanması engellenmiş olur. Vergileme yetkisinin kötüye kullanılmasını engellemenin bir diğer yolu tahsis ilkesinin benimsenmesidir. Tahsis ilkesi ile belirli bir vergi ya da kamugelirleri belirli kamu hizmetinin finansman tahsis edilir. Tahsis ilkesinin yanındamerkezi yönetim ve yerel yönetim arasında hizmet ve kaynak bölüşümü ilkelerinin de anayasada belirtilmesi mali disiplin için öngörülen uygulamalardan birisidir.

Literatürde tartışılan bir diğer vergisel konu ise, artan oranlı vergilerin ekonomik istikrar üzerine olumsuz etkileridir. Artan oranlı vergi uygulamalarında bireyler gelir düzeyleri arttıkça daha yüksek oranda vergi ödenekle karşı karsıya kalacaklar veya verginin ikame etkisiyle aylaklığı tercih edecekler ya da kayıt dışı alanlara kaçacaklardır. Adam Smith'in ifadesiyle sağduyuya uymayan bir vergi, insanın içine adam akıllı fit sokarak, kaçakçılığı kışkırtır.[137] Tek oranlı vergi önerisinin en önemli savundurulandan biri Friedman'dır. Ona göre hangi kaynaktan elde edilirse edilsin bütün gelirlerden tek oranlı ve tek bir vergi alınmalıdır. G. Brennan ve J.M. Buchanan tüm vatandaşların aynı vergi oranına tabi olduğu vergilerin anayasada belirtilmesini önermişlerdir. Brennan ve Buchanan sadece vergi oranının değil, verginin konusunun da anayasada belirtilmesini istemişlerdir.

Mali kuralın geçmişi ise oldukça eskilere dayanır. Örneğin Çiçero İ.Ö.63' te bir söyleminde bütçenin denk olması hazinenin yeniden dolması ve kamu borcunun azaltılması gerektiğini ifade etmiştir. 19.yy ortalarından itibaren pek çok ABD eyaleti, pek çok

[137]Smith, s. 929

İsviçre kantonu, Almanya, İtalya, Japonya, Hollanda, YeniZelanda bütçe denkliğini koruyucu kanunla kabul etmişlerdir. 1990'lı yılların başlarından itibaren mali kurallar, çoğu sanayileşmiş ülkede uygulanmıştır. 1970 ve 1980'li yıllardaki yüksek borç birikimine karşı önlemler alınmıştır. .ABD'de sayısal kurallar federal seviyede ilk olarak 1980'lerin ortalarında Gramm-Rudman-Hollings Kanunuyla koyulmuş ve1990'da Bütçe Uygulama Kanunu getirilmiştir. Japonya ise 1997'de bütçe dengesi için sayısal bir sınır getirirken, Kanada 1991'de, 1996'ya kadar olan bütün devlet harcamaları için bir sınırlama getirmeyi amaçlayan Federal Harcama Kontrol Kanununu yürürlüğe koymuştur. Aynı dönemlerde özellikle Latin Amerika ülkeleri olmak üzere birçok ülke çeşitli sayısal kurallar uygulamaya başlamışlardır.

Avrupa'da ise mali kurallar, 7 Şubat 1992 tarihinde Hollanda'nın Maastricht kentinde imzalanarak 1 Kasım 1993'de yürürlüğe giren Maastricht Anlaşması ile uygulanmaya başlamıştır. Maastricht sayısal mali kurallarına, daha sonra İstikrar ve Büyüme Paktı ile devam edilmiştir. İstikrar ve Büyüme Paktı ile birlikte, bütçe açığına ilişkin getirilen referans değerlerini aşan üye ülkelere yönelik bir yaptırımın mekanizması getirilmiştir.[138] Anlaşma ile yürürlüğe giren kurallar şöyledir:

- Toplulukta fiyat istikrarı bakımından en iyi performansa sahip üç ülkenin yıllık enflasyon oranlan ortalaması ile bir üye ülkenin enflasyon oranı arasındaki fark 1,5 puanı geçmemelidir. (Avrupa Topluluğunu Kuran Antlaşma, m. 121(1); Avrupa Topluluğunu Kuran Antlaşmanın 121'inci Maddesinde Öngörülen Yakınlaşma Kriterlerine ilişkin Protokol, m.1)

[138] Günaydın ve Eser , ss. 53-54

• Üye ülkelerin kamu açıklarının GSYH'lerine oranı %3'u geçmemelidir. (Avrupa Topluluğunu Kuran Antlaşma m. 121 (1); Avrupa Topluluğunu Kuran Antlaşmanın 121 'inci Maddesinde öngörülen Yakınlaşma Kriterlerine ilişkin Protokol m. 2; Aşırı Kamu Açığı Prosedürüne ilişkin Protokol).

• Üye devletlerin kamu borçlarının GSYH'lerine oranı %60'ı geçmemelidir. (Avrupa Topluluğunu Kuran Antlaşma m. 121(1); Avrupa Topluluğunu Kuran Antlaşmanın 121 'inci Maddesinde öngörülen Yakınlaşma Kriterlerine ilişkin Protokol m. 2; Aşırı Kamu Açığı Prosedürüne ilişkin Protokol).

• Üye ülkelerde uygulanan uzun vadeli faiz oranları, 12 aylık dönem itibarıyla, fiyat istikran bakımından en iyi performansa sahip 3 ülkenin faiz oranını 2 puandan fazla aşmamalıdır. (Avrupa Topluluğunu Kuran Antlaşma m.121 (1); Avrupa Topluluğunu Kuran Antlaşmanın 121 'inci Maddesinde öngörülenyakınlaşma Kriterlerine ilişkin Protokol m.4)

• Son 2 yıl itibarıyla, bir üye ülkenin para birimi, diğer bir üye ülkenin para birimi karşısında devalüe edilmemiş olmalıdır. (Avrupa Topluluğunu Kuran Antlaşma m.121(1); Avrupa Topluluğunu Kuran Antlaşmanın 121'inci Maddesinde öngörülen yakınlaşma Kriterlerine ilişkin Protokol m. 3).[139]

İlgili kriterlere uymayan üye ülkeler öncelikle Avrupa Birliği Komisyonu tarafından bu kriterlere uymaya davet edilir. Soruna ilişkin raporlar hazırlanır ve bir takvim dâhilinde rapora uyması istenir. Ancak ülkeler rapora uymamakta ısrar ederse Avrupa Birliğinin tavsiyesi ile Avrupa Birliği Konseyince çeşitli yaptırımlara

---

[139]Selin Dilekli ve Kadriye Yeşilkaya, **Maastricht Kriterleri,** Avrupa Birligi ile ilişkiler Genel Müdürlügü, Aralık 2002, s.2

maruz bırakılır. Maastricht Anlaşmasında dört adet yaptırımın belirlenmiştir. Bunlar,

• Üye ülkenin tahvil ve menkul kıymet ihraç etmeden önce ek bilgivermesini talep etmek böylelikle bir nevi bonoların sağlıksız olduğu yönünde bildiri yayınlamak.

• Avrupa Yatırım Bankasının ilgili ülkeye yönelik kredi politikasının yeniden gözden geçirmesini istemek böylelikle vermemesini sağlamak

• Uygun miktarda bir paranın topluluk hesabına faizsiz olarak yatırılmasını istemek ve para cezası şeklindedir. Konsey bu yaptırımların biriniveya bir kaçını uygulayabilir.[140]

Ülkemizde malikural uygulamaları 2001 krizinden sonra önem kazanmıştır. Bu kapsamda, 4749 sayılı Kamu Finansmanı ve Borç Yönetiminin Düzenlenmesi Hakkında Kanun ile kamu borç yönetimi disiplin altına alınmıştır. 4734 sayılı Kamu İhale Kanunu ile kamu ihale sistemi AB uyumlaştırılmıştır. 5018 sayılı Kamu Mali Yönetimi ve Kontrol Kanunu ile kamu maliyönetim sistemi yeniden yapılandırılmıştır. 4982 sayılı Bilgi Edinme Kanunu ve 5176 sayılı Kamu Görevlileri Etik Kurulu Kurulması Hakkında Kanun çıkarılmıştır. 4749 sayılı Kanun ile net borçlanma toplamına sınır getirilirken, devletin iç ve dış borçlanmasına, hibe ve garanti verilmesine ve devlet borçlarının ve Hazine alacaklarının yönetimine ilişkin bazı temel düzenlemeler yapılmıştır.

3.2.2.2. Para Politikası Tercihleri

IMF direktörü Michel Camdessus'un " bir onsluk (28 gram) önlem bir poundluk (458 gram) tedaviden daha iyidir " sözü para

[140] Dilekli ve Yeşilkaya, s. 4

politikası tercihlerinin önemini ortaya koymaktadır. 1929 ve 2008 Krizlerinin temel nedenleri arasında deregüle edilmiş para piyasalarını görmekteyiz. Bu da, bu sözün haklılığını göstermektedir. Bu sebeple her küresel krizden para politikası tercihleri tekrar tartışılmaya başlar.

Kısa vadeli sermaye hareketlerini kısıtlama tartışılan bu uygulamalardan birisidir. Kısıtlamalar dolaylı veya doğrudan olabilir. Doğrudan kontroller; açık yasaklamalar, miktar kısıtlamaları ya da onay süreci ile sermaye işlemlerinin veya ilgili ödemelerin ve fon transferlerinin kısıtlanmasıdır. İdari kısıtlamalar, ilgili sınır ötesif inansal işlemlerin hacmini etkilemeyi amaçlar. Bu kontörlerin genel özelliği, sermaye akımlarının kontrolü için bankacılık sistemine idari yükümlülükler getirmesidir. Dolaylı kontroller ise; çift ya da çoklu döviz kuru sistemleri, sınır ötesi finansal akımların açık ya da gizli vergilenmesi (Tobin Vergisi) ve diğer piyasa temelli önlemlerle sermaye hareketlerinin daha maliyetli kılınarak kısıtlamaya çalışılmıştır. Bu kontroller, yalnızca fiyatı ya da hem fiyatı hem deişlemin hacmini etkileyebilecektedir.[141]Tobin vergisi döviz işlemleri üzerinden alınan ve döviz işlemlerindeki spekülatif akımları ve dolaysıyla aşırı oynaklığını azaltan bir vergi türüdür.[142] Sermaye hareketlerinin serbestleşmesi üç değişik boyutuyla ele alınabilir. Birincisi, "finans kapital", yani akışkan fonlar halinde mali piyasalar arasında hareket eden kısa vadeli parasal sermaye; ikincisi gittiği ülkede fiziksel yatırımı yapan, istihdamı ve üretim kapasitesini genişleten dolaysız yabancı sermaye, üçüncüsü ise ikisinin birleşiminden oluştuğunu söyleyebileceğimiz, özelleştirilen KİT'leri

---

[141] Duman, s.48

[142] Zeliha Göker, "Küresel Kriz Sonrası Maliye Politikalarında Değişim ve Mali Tuzak Riski", **Çalışma ve Toplum Dergisi**, Sayı:40, İstanbul, 2014, s. 17.

satın almak ya da borsada özel/tüzel şirketlerin en az %51 hissesini ele geçirmek yoluyla getirdiği parasal fonun üretime yönlendireceği varsayılan dolaysız yaptırımlardır.[143]

James Tobin, uluslararası piyasaların spekülatif hareketler ve dövizkurundaki dalgalanma yüzünden istikrarsız olduğunu savunmuştur. 1970'li yıllarda yaşanan aşırı düzeydeki sermaye hareketleri gelinmekte olan ülkelerde ekonomik problemlerin oluşmasına neden olması Tobinin haklılığını ortaya çıkarmıştır. Tobin, bu vergiyi kapitalizmin tekerine savrulan kum olarak görmüştür. Bir para biriminin başka bir para biriminin geçerli olduğu bölgede mal, hizmet, gayrimenkul alınması durumunda uygulanmasınısavunmuştur. Temel olarakkısa vadeli sermaye hareketleri hedef alan buverginin doğrudan yabancı sermaye yatırımları ilemal ticaretine ilişkin işlemleri etkilemeyeceği varsayılmıştır. Tobin vergisi ilke olarak düşük oranlı ve azalan tarifelidir.

Büyük Günah (Original Sin) GOÜ'lerin kendi para birimleri yerine dövizle borçlanmasıdır. Borcun geri ödenmesinde döviz kurlarındaki artış borç maliyetini arttırır. Büyük günahın çözümü kısa vadeli spekülatif sermaye girişlerinin vergilendirilmesidir. Aynı amaçla uygulanabilecek bir diğer vergi ise menkul kıymet işlem vergisidir. Finansal piyasalarda aşırı spekülatif işlemleri dolaysıyla oynaklığını azaltmak için kullanılan bu vergi, hisse senedi, tahvil, vadeli işlemler ve finansal türevlerine uygulanır.

Tobin Vergisi sadece Fransa, Şili ve Malezya'da çeşitli biçimlerde uygulanmaktadır. Ayrıca Kanada, İngiltere, ABD, Belçika,

---

[143]Kenan Taşçı ve Erkan Demirbaş, "Küreselleşme Sürecinde Sermaye Hareketlerinin Vergilendirilmesi: Tobin Vergisi", **Akademik Yaklasımlar Dergisi,** 2011 Cilt:2 Sayı:2, s.84.

İtalya, Arjantin gibi ülkeler ile Dünya Bankası, IMF, OECD, G-8, G-20 gibi uluslararası organizasyonlarda çeşitli tarih ve şekillerde Tobin Vergisi'ni gündemlerine almışlardır.[144] Türkiye'de ise 1984'de büyük kısım iptal edilen Gider Vergileri Kanunu'nun halen yürürlükte olan maddelerine göre, döviz alım satımlar üzerinden %0,1 oranında alınan Kambiyo Muameleleri Vergisi bir nevi Tobin vergisi uygulamasıdır.[145]

Para politikası kuralları ekonomik koşullardaki değişmelere uygunluk gösteren ve göstermeyen kurallar olarak iki ayırma tabi tutulduğunda, Taylor kuralı birinci kategoride yer alacaktır. Birinci kategoride yer alan para politikası kurallar, kural benzeri bir çerçevede değerlendirilmektedir. Bu yaklaşımca bir yandan, kurala bağlı para politikalarıyla para otoritelerinin müdahaleleri sınırlandırılırken, diğer yandan öngörülmeyen durumlar karşısında para politikalarında değişikliğe gidilebileceği vurgulanmaktadır. İkinci kategoride yer alan kurallar, nominal çıpaya esnek olmayan bir şekilde bağlanmayı gerektirmektedir. Friedman'ın sabitoranlı parasal büyüme kuralı bu kapsamda değerlendirilen bir para politikası kuralıdır. Taylor kuralı hedeflenen enflasyon oranını nominal çıpaolarak içeren bir faiz haddikuraldır. Para otoritesinin enflasyonu yâdafiyatlar genel düzeyini kontrol altındatutma yükümlülüğü, faiz kuralına nominal çıpasağlamaktadır. Taylor kurallında para politikası

---

[144]Zeynep Arıkan ve Hatice Yurtsever: "Sermaye Hareketlerinin Vergilendirilmesine İlişkin Bir Öneri: Tobin Vergisi, **Vergi Sorunları Dergisi,** Cilt: 1, Sayı:189, 2004, ss. 131- 132; Fatih Saraçoğlu ve Özgür Şahan, "Tobin Vergisi ve Türkiye'de Uygulanabilirligi",**Sayıştay Dergisi,** Cilt:1, Sayı: 55, s.74.

[145]Fatih Saraçoğlu ve Özgür Şahan, "Tobin Vergisi ve Türkiye'de Uygulanabilirligi", **Sayıştay Dergisi,** Cilt:1, Sayı:55, s. 79

aracındaki değişim enflasyonun hedeflenen, üretimin potansiyel düzeyinden sapmasına göre belirlenir.[146]

Özellikle gelişmiş ülkelerde merkez bankası reel faiz oranlarını kullanarak enflasyon ve büyüme oranlarında istikrar saklayabilirken uzun vadede istikrardan sapmalarda nominal faiz oranı istikrarı sağlama aracı olarak kullanılabilir. Taylor'un bu tez üzerine inşa ettiği fikirleri merkez bankasına takdiri bir karar alma hakkından ziyade kurallı bir karar alma hakkı verir. Taylor kullanılacak nominal faiz oranının hesaplanmasını basit bir kurala bağlamıştır. Formüle görenominal faiz oranı gerçekleşen enflasyonun hedeften sapması ve üretim açığı ile hesaplanır. Formül şöyledir: $r= \alpha+\pi_t+\beta(\pi_1+\pi_t^*)+y(x_t+x_t^*)$ Bu denklemde α uzun dönem denge saymaca faiz oranını, π_tt dönem enflasyon oranını$(\pi_1+\pi_t^*)$ enflasyondaki sapmayı, $(x_t+x_t^*)$ üretimaçığını, y potansiyel üretim düzeyinden sapmayı, faiz oranının ne kadar değişmesi gerektiğini göstermektedir.

Bilindiği gibi Friedman, Merkez bankaları, ekonomik büyüme oranına eşit bir parasal genişleme politikası izlemesi gerektiğini belirtirmiştir. Para artış miktarının anayasada belirtilmesini önermişti. Friedman konjonktürel dalgalanmalara karşı hem serbest girişim ekonomisine parasal çerçeveyi saptayacak hemde ötekilerinsiyasi ve iktisadi özürlüklerini kullanmalarının önünde bir engel teşkil etmemelidir. Bunun içinumut verici tek yol para politikasını yönetmek için yasa gücünde kurallar koyan insanlar yerine, hukuk devletini tesis etmeye çalışmaktır. Böylece halkın siyasi otoriteler aracılığıyla para politikasını kontrol etmesi sağlanmış olacak ve aynı zamanda

---

[146]Nejla Adanur Aklan ve Mehmet Nargeleçekenler, "Taylor Kuralı: Türkiye Üzerine Bir Degerlendirme", **Ankara Universitesi SBF Dergisi,** Cilt: 63, Sayı: 2, s.29.

para politikasının siyasi otoritelerin günlük kaprisleri haline gelmesi engellenecektir. Para otoritelerinin para miktarında belli bir büyüme hızı sağlamalarını öngören bir kural konmalıdır[147] Friedman para otoritesinin para arzını her yıl %3 ila %5 oranında arttırılmasını öngörür.Friedman öne sürdüğü fikirler para talebindeki şokları, para sistemindeki teknolojik ve düzenleyici değişiklikleri dikkate almadığı için eleştirilirmiştir. AyrıcaFriedman kuralının paranın dolaşım hızınınsabit kabul edilmesi halinde geçerliolacağı görüsü bu kuralın ekonomideki yapısal değişikliklere ayak uyduramamasına neden olacağı savunulurmuştur.

Anayasal iktisat teorisinin kurucusu James M. Buchanan, para otoritesinin yetkilerini sınırlayan para politikaları anayasada yer almalıdır. Buna göre anayasada iki tür kural olabilir. Birinci kural nominal paranın ölçülebilir miktarını ifade edebilir. Buna gore büyümenin olmadığı bir ekonomide bu dönem boyunca para basılmamasını gerektirir. Büyümenin olduğu birülkede ise bu kurallar parasalotoritenin ekonomide reel büyüme oranına yakın veya aynı olacak şekilde paraarzınıgenişletmesi hükmünü içerebilir. Bu kural türü önemli ölçüde her ikisinin de bağlayıcı bir anayasal sınırlama kadar ihtiyari politikaya nazaran iyi olduğunu savunmuş olan Milton Friedman'a aittir. Tabi kitek bir orandan ziyade birdenfazla parasal büyüme oranlarını belirlenmesini içeren birçok farklı parasalbüyüme kuralı olabilir. İkincil kural, araçtan ziyade amaçlar açsından belirtilebilir. Irving Fisher ve Henry Simons tarafından önerilmiş olan

[147] Friedman, ss. 68-73

bu kural, parasal otoritenin para birimini belirli bir endekse göre tanımlayarak paranın değerinin korunmasını gerektirir. [148]

Para politikalarına ilişkin birdiğer kural ise Irving Fisher ve Henry Simons tarafından ilerisürülen endekslemekuralıdır. Para arzı ile fiyat endeksi arasında ters orantı vardır ve para arzı bu orantıya göre ayarlanmalıdır. Yani fiyat endeksi arttığında para arzı azaltılacak, fiyat endeksi azaltıldığında ise para arzıarttırılacaktır. Bir diğer isim McCallum, Friedman kuralının değişik bir biçimi üzerinde çalışmış, parasal tabandaki büyümenin üretim ve paranın dolaşım hızındaki değişikliğe göre otomatik olarak düzenlenmesini önermiştir. Parasal tabandaki artış oranı saymaca GSYH'yi hedeflenen değerine yakın değerler alacak şekilde ayarlanmalı ve saymaca GSYiH hedefi için parasal taban araç olarak kullanılmalıdır.

Literatürdeki bir diğer para politikası tercihi Optimum Para Alanıdır. Bu kavrarım literatüre Robert Mundell'in 1961 yılındaki çalışmalarıyla girmiştir. McKinnon, Kenen ve Salvatore ise teorinin önemli isimleridir. Mundell çalışmasında ülkelerin ödemeler dengesi krizlerinin temelinde, uyarlanma surecinin doğal isleyişini engelleyen sabit döviz kurları ile katı ücret ve fiyat düzeyleri uygulamasının olduğunu belirtmektedir. Optimum para alanı, tek para biriminin kullanıldığı ve dolaysıyla ortak bir para politikasının uygulandığı bölgedir. Ülkelerin aralarında anlaşarak sabit kur sistemini benimsemeleri ve resmi ödeme aracı olarak yalnızca bir para birimini kabul etmeleri, söz konusu bölgede sadece bir merkez bankasının bulunduğunu ve bölgeler arasında potansiyel olarak esnek bir ödeme aracının varlığını göstermektedir. Mundell, uygun

[148] Coskun Can Aktan, **Ekonomik Düzenin Saglanmasına Yönelik Optimal Mali ve Parasal Kuralların Tasarımı,** s.6, http://www.canaktan.org/ekonomi/kurumsal-iktisat/makaleler/optimal-kural.htm (21.07.2014)

değer para alanları teorisinde ülkelerin kendi aralarında sabit kur sistemini uygulanası veya tek para birimine sahip olan ülke gruplarının olması halinde ulusal paraların eksik ve aşırı değerlenmesinin, döviz spekülasyonuna dayalı bir döviz krizinin yaşanmasının önüne geçilebileceğini ileri sürmektedir.[149]

SONUÇ

Devlet, insanın toplum halinde yaşarken oluşabilecek aksaklıkları gidermek için kullandığı bir araçtır. İnsanın toplumsal hayatta karşılaşabileceği sorunlardan biri de ekonomik krizlerdir. Yunanca karar alma anlamına gelen "krisis" kelimesinden türetilen kriz kelimesi birden bire ortaya çıkan ve kötüye giden durum manasına gelmektedir. Ekonomik kriz ise birden bire ortaya çıkan hem devleti hem de piyasa oyuncularını kötü yönde etkileyen bir durumdur. Devletin bu sorun için nasıl kullanılacağı ise iktisadi düşünce tarihinin kadim bir sorusudur.

Bu kadim sorunun cevabını arayan Adam Smith devletin böyle bir fonksiyonun olmamasını sadece belli başlı asli vasifelerini yapması gerektiğini savunmuştur. Bu görüş Büyük Buhrana kadar yaklaşık 150 sene boyunca kabul görmüştür. Büyük Buhran ile ekonomik krizlere karşı devletin, kullanılması gerektiği fikri önem kazanmıştır. Bu düşüncenin mimari Keynes'e göre ekonomin aktörleri beklenti hataları yapabilir ve ekonomik krize neden olabilir. Çözüm ise devletin gelir tüketim eğilimini uyarak biçimde yeniden dağılımının, maliye politikası sağlanmasıdır. 1973 krizine kadar ekonomide karar alıcılar keynesyen uygulamaları tercih ederken

[149]Fatih Konur ve Kemal Çakıcı, Avro Alanı'nın Borç Krızı Ve Gelecegı: Optımum Para AlanlarıTeorisiÇerçevesinde Bir Değerlendırme, Anadolu International Conference in Economics 11 June 15-17, Eskişehir-2011, ss.3-4

düşünce dünyasında keynesyen temelli iktisadi fikirler hakim olmuştu. Ancak 1973 krizi devletin ekonomi içerisindeki yerinin tekrar sorgulanmasına neden oldu.

Bu dönem ise Milton Friedman'ın fikirleri önem kazanmıştır. Ona göre dengeden sapmanın nedeni merkez bankasının para arzı ile oynamasından kaynaklanan parasal şoklardır. Para arzındaki artışlar geçici bir konjonktürel genişlemeye para arzındaki kısılma ise konjonktürel daralmaya neden olur. Tam rekabet şartlarının sağlandığı bir ekonomide parasal şokların yaşanmaması halinde konjonktürel dalgalanmalar minimum düzeyde kalacaktır. Konjonktürel dalgalanmaların önüne geçmek için şeffaf ve güvenilir merkez bankaları oluşturulmalıdır. Merkez bankaları anayasal bir para arzı artışı oranına sadık kalarak ekonominin büyüme oranına eşit bir parasal genişleme politikası izlemelidir.

Smith'in, Keynes'in ve Friedman'ın fikirlerinin temel alındığı onlarca iktisadi düşünce doğmuştur. İktisadi krizler hakkındaki bunca düşünce krizlerle şekillenmiştir. Bu açıdan üç büyük küresel kriz önemlidir. Bunlardan ilki 1929 da yaşanan Büyük Buhran'dır. Büyük Buhranın temel sebeplerinden birisi denetimden ve gerekli düzenlemelerde yoksun finans piyasalarıdır. Çünkü dönemin hakim iktisadi görüşü, devletin ekonomiye müdahalesini uygun bulmuyordu. Bu 1932 yılında konjonktürel dalgalanmanın dip noktasına kadar devam etmiştir. Ancak bu dönemden sonra başta ABD olmak üzere krizden etkilenen ülkeler regülasyon uygulamalarına gitmişlerdir. ABD de New Deal adı altında sübvansiyon, vergi indirimleri ve düzenleyici işlemleri kapsayan uygulamalara gitmiştir. Deregülasyon Büyük Buhranın nedenlerinden biriyken çözümde regülasyonla mümkün olmuştur.

Regülasyon politikaları OPEC krizine kadar devam etmiştir. Enerji krizi temmeli bu krizden sonra devletin ekonomi içindeki yeri sorgulanmış ve tekrar deregülasyon politikalarına dönülmüştür. Ancak bu krizden kurtulmak için yine regülasyon politikalarına başvurulmuştur. Bu krizin en önemli sonuçlarından biri olan bölgesel borç krizlerinin derinleşmesinde ise deregülasyon uygulamalarını görmekteyiz. Petrol krizi ile dış borca yönelen gelişmekte olan ülkeler, elde ettikleri likiteyi verimli kullanamamış, bu likitideyi etkin kullanmak için gerekli mekanizmaları geliştirememişlerdir. Bu yüzden borç yükü giderek artmıştır. 1978 yılında yaşanan üçüncü petrol şoku gelişmiş ülkelerin faizleri yükseltmesi ile değişken faizli borçlara sahip gelişmekte olan ülkelerin borç maliyetini yükseltmiştir. Yaşanan sıkıntıya, gerekli düzenlemelerden yoksun olduğu için oldukça kırılgan olan GOÜ'lerden sermaye kaçısı yaşanmıştır. Meksika, moratoryum ilan etmiş ilerleyen zamanlarda 34 gelişmekte olan ülke daha borçlarını ödeyemez hale gelmiştir. Kriz ulus üstü organizasyonların bu ekonomilere müdahaleleri ile atlatılabilrmiştir.

2008 krizin nedenleri arasında yine deregülasyon politikalarını görmekteyiz. 1970'lerle başlayan reel sektör de karlılık oranlarının düşmesi finans piyasasına yönelmeye sebep olmuş, finans sektöründe genişlemeye neden olmuştur. Ayrıca 2001 den itibaren FED faiz politikası finans piyasasının talebinin ve genişlemesinin artmasına neden olan bir diğer etken olmuştur. Finans piyasalarındaki denetimsizlik, ponzi finansmanı ve tezgah üstü türevler gibi etik dışı davranışlara zemin hazırlamıştı. Krizden Kurtumak için yine devlet müdahaleciliğine ihtiyaç duyulmuştur. Düzenleyici işlemler, sübvansiyon ve vergi indirimi uygulamaları yanında devletleştirme uygulamalarına da gidilmiştir.

Hem Büyük Buhran hem de büyük resesyona baktığımızda krizin nedenleri arasında deregülasyon politikalarını buluyoruz. Aynı şekilde 1973 OPEC krizinden sonra ortaya çıkan gelişmekte olan ülkelerin borç krizlerine baktığımızda yine aynı nedeni görmekteyiz. Her seferinde de krizden çıkış regülasyon politikaları ile olmuştur. Özellikle gelişmiş ülkelerden deregülasyon politikalarının iki sebebi vardır. İlki piyasa oyuncularının deregülasyon politikaları için karar alıcılarına karşı yürüttükleri baskılardır. Özellikle finans kesimi "inovasyon" yeteneğini kısıtlayıcı denetimi istememektedir. İkincisi Adam Smith ile başlayan denetimsiz serbest piyasa anlayışıdır. Bu anlayışta görülmeyen bir el ekonomiyi mutlaka dengeye getirecektir. Bu görünmeyen elin en büyük yardımcısı ise Homo Economicustur. Bireyler kar ve faydalarını maksimize etmeye çalıştıkça ekonomi dengeye gelmektedir. Ancak krizlere baktığımızda Homo Economicus' un görünmez eli harekete geçiren bir etken değil aksine bu eli engelleyen bir etken olduğunu görmekteyiz. Çünkü Homo Economicus' un pek çok açması vardır.

İlk açmaz, kazanma arzusunu belli bir noktadan sonra kontrol edememesidir. Vernon Smith'in yatırımcılar üzerinde yaptığı bir laboratuvar deneyi bize bu konuda bilgi vermektedir. Deneklerden hayali, fakat gerçek değeri anlaşılabilen bir tahvil üzerinde işlem yapmaları istenir. Denekler işleme tahvilin fiyatını gerçeğin altında tutarak başladılar, balon düzeyine çıkardılar, sonra da patlattılar. Bir süre sonra, yani ikinci kez tahvil üzerinde işlem yapmaları istendi. Artık bir önceki deneyin sonucunu bildikleri halde, yine balonu şişirip patlamaya götürdüler, sadece bu kez işin hızını artırdılar, balon daha kısa sürede patlamıştı. Ancak üçüncü deneyde bir kısmı dersini almıştı; diğerleri ise aynı yolu sürdürdü.[150] Büyük buhran öncesi insanların tüm varlıklarını, bankaların mevduatlarını kâğıtlara yatırmalarının ve büyük resesyonda bireylerin ponzi borçlanıcısı olmasının, bankaların yüksek riskli bireylere kredi vermesinde, Wall Street' in büyük yatırımcıların ponzi oyunu oynamalarının altında da bu neden yatmaktadır. Kazanma arzusunun kontrol edilememesi ve yüksek risklerin alınmasının yanında Homo Economicus etik dışı da davrana bilmektedir. Büyük resesyon sırasında uygulanan tüm ponzi oyunları, derecelendirme şirketlerinin gerçek dışı derecelendirmelerle bu oyunlara dâhil olmaları, hatta bazı AB ülkelerinin ulusal rakamlarıyla oynamasının altında yatan neden budur. Üstelik Adam Smith' in dediği gibi toplumda ayıplanma endişesi Homo Economicus'u etik dışı davranmaktan alıkoymamaktadır. Ponzi finansmanı ile 50 milyar dolar dolandırıcılık yapan Bernard Madoff Yahudi toplumu içinde saygın bir yere sahipti. Üstelik Yahudi toplumu içinde birbirlerine karşı kesin bir güven vardır. Aksi bir durum topluluktan dışlanmaya sebep olacaktır. Buna rağmen Madoff bu riski göze alarak kendi toplumundan insanlarını da kandırmıştı.

Homo Economicus'un bir diğer açması ise herkesin aynı ölçüde rasyonel davranamamasıdır. Ekonomik krizler de özellikle finans piyasasında biri rasyonel davranırken diğer tarafı şiddetli bir zarar uğrattığını görmekteyiz. Öncelikle herkes bu yeteneğe aynı oranda sahip değildir. Örneğin ünlü yatırımcı George Soros' a göre finansal enstrümanların fiyatları hiçbir zaman gerçeği aksettirmezler ve fiyatlar ya aşırı ya da noksan düzeydedir. Bu teorisini ispat etmek için 1969 yılında kurduğu Quantum Fund'a yatırılan 10.000 dolar,

---

[150] Kazgan, s.5

2000 yılında 4 milyon Dolar'a ulaşmıştı. Soros' a asıl ününü kazandıran yine onun öngörü yeteneğidir. 1992 yılında İngiltere, ERM' ye girdiği için Pound'u devalüe edemiyordu. Soros, İngiltere'nin kendi isteğiyle para anlaşmasını terk ederek pound' u devalüe edeceğini savunmuştur. İngiltere merkez bankası başkanı ve hükümeti bunu kesin bir dille reddettiler. Soros bu dönemde 10 milyar pound borçlanmış, bu parayla alman markı satın almıştı. İngiltere ERM'den çekilip devalüasyon ilan ettiğinde Soros elindeki alman markı ile sterlin borcunu ödemiştir. Soros 1,1 milyar dolar kar elde etmişti. Bu tutar İngiltere bankalarının krizdeki toplam zararı olan 3,4 milyar doların 1/3' üne karşılık geliyordu.

Yine bireyler toplumsal yapıları gereği rasyonel davranamayabilirler. Samuel Bowles ve Herbert Gintis yaptıkları deneylerde bunu ispat etmişlerdir. Farklı toplumlardan farklı bireylerle Değişik toplumlardan insanlarla ültimatom oyunu oynadılar. Bu oyuna göre birbirini hiç tanımayan iki kişiden birine 10 dolar verilir ve bu paranın bir kısmını diğer oyuncuya vermesi istenir. Parayı kazana bilmesi için karşı tarafın teklif edilen parayı kabul etmesi gerekmektedir. Eğer diğer kişi teklif edilen parayı kaybederse her ikisi de para alamayacaktır ve oyun bir daha tekrarlanmayacaktır. Beklenen rasyonel davranış teklif edicinin 9 doları kendi alarak 1 dolar teklif etmesi ve diğer kişinin de bu parayı kabul etmesidir. Ancak sonuç böyle olmamıştır. Örneğin Au ve Gnau toplumunda, pahalı hediye vermek hediye verilen kişiden üstün olduğunu ilan etmek bir kişinin bu hediyeyi kabul etmesi ise bunu kabul etmesi anlamına gelmektedir. Bu sebeple yüksek teklifler asla kabul edilmemiştir. Balina avcılığı yapan Lamalera toplumunda tekliflerin %63'ü yarı yarıya teklif etmiş, %27'si yarıya yarıyadan fazla teklif etmiştir. Çünkü bu toplum balina avını birlikte yapmakta ve avladıkları balinayı eşit şekilde paylaşmaktadır.

Ancak Homo Economicus'un aksaklıkları onun tamamen ortadan kaldırılmaya çalışılması ile mümkün olamayacaktır. Bireylerin ekonomik karar alma hürriyetlerinden vazgeçecek bunu bir egemen güce devretmeleri Homo Economicus'u ortadan kaldırmayacaktır. Çünkü insanların temel güdülerinden biri olan daha fazla kazanma arzusu bireylerin içinde daima mevcut olacaktır. Bu yüzden bireyler adına ekonomik karar alma hakkını elinde bulunduran egemen güç, bu gücü eninde sonunda kendi faydasını maksimize etmek için kullanacaktır. Nitekim Sovyet Sosyalist devlet ve doğu bloku ülkelerinde kurulan sosyalist devlet Lenin döneminden sonra, Rose Luksemburg ve Troçki gibi düşünürler tarafından eleştirilmiş, Stalin önderliğindeki sosyalist devletin, yönetici sınıfın (nomenklatura) egemenliğinde bir oligarşiye ya da Trockistlerin dediği gibi yozlaşmış işçi devletine dönüştüğü savunulmuştur. Bununla birlikte bireylerin daha fazla kazanma arzularının tamamen ortadan kaldırılması mümkün olsa bile etkin olamayacaktır. Bilindiği gibi, Maltus' un 1789 yılında ilk kez yayınladığı , 1803' de tekrar gözden geçirip yayınladığı "nüfus artışı hakkında araştırması" isimli eserinde nüfusun geometrik dizi (2,4,8,16,32,64,..) gıda maddelerinin ise aritmetik dizi (1,2,3,4,5,6,....) şeklinde arttığını dolayısıyla yaklaşık elli yıl sonra insanlığın açlık ve sefalet içine düşeceğini savunmuştur. Ancak Maltus'un bu kehaneti haklı çıkmamıştı. Bunun nedeni insanların daha fazla kazanma arzusu ile yeni üretim teknolojileri geliştirmeleridir.

O halde Homo Economicus' un hem aşırı olması hem de hiç olmaması etkisizliğe sebep olacaktır. Aristoteles'in Zoon Politikon dediği, Nasiruddin Tusi ve Kınalızade Ali Efendinin itidali insan Homo Economicus kaynaklı sorunların çözümüdür. Zoon Politikon ve İtidali İnsan erdemli insandır. İki uç kötü davranışın ortası, erdemdir. Örneğin kişinin korkak olması ya da saldırganlık seviyesinde cesur olmasının orta noktası , itidali olan erdemdir. Aynı şekilde birey ne kar elde etmekten çekinmeli ne de kar ederken etik dışı davranmalıdır. Homo Economicus fayda maksimizasyonu çabası etik sınırlar içerinde kalacak şekilde kısıtlanmalıdır.

Ekonomik açıdan erdemi orta yolu bulmak ise Homo Economicus' un yasalarla kısıtlanmasıdır. Yasalar mali kural veya para politikası tercihleri şeklindedir. Mali kurallar; bütçe açıklarının, toplam veya net kamu borçlarının, belli harcama, vergi yükünü sınırlandırılması şeklindedir. Bu ilkelerin anayasada düzenlenmesi benimsenmiştir. Örneğin, Knut Wicksell, kamu harcamaları üzerinde durmuştur. Ona göre kamu harcamalarındaki her bir artış vergilerle karşılanmalı ve yasama organının onayına tabi tutulmalıdır. Anayasada olması öngörülen bir diğer kural, vergi gelirlerinin GSYİH ya da GSMH'ye oranında belirlenmesidir. Ayrıca maksimum vergi oranlarının da anayasada belirtilebilir. Anaysa da genellik ilkesinin yer alması da başka bir öneridir. Bununla birlikte verginin kötüye kullanılmasının önlenmesi için tahsis ilkesinin benimsenmesi de bir başka öneridir. Literatürdeki bir diğer anayasal vergi ilkesi fikri G. Brennan ve J.M. Buchanan'ındır. Onlara göre, tüm vatandaşların aynı vergi oranına tabi olduğu vergilerin anayasada belirlenmesini savunmuşlardır. Sadece vergi oranları değil verginin konusu da anayasada belirtilmelidir. Mali kural 1970 borç krizinden sonra pek çok ülke tarafından kullanılmaya başlanmıştır. ABD, Japonya, Kanada, Latin Amerika ve AB de çeşitli mali kurallar uygulanmaktadır.

1970'ler den sonra tartışılan bir diğer uygulama Tobin vergisidir. Kısa vadeli sermaye hareketlerini hedef alan bu vergi ile spekülatif hareketler ve döviz kurundaki dalgalanma yüzünden ortaya çıkabilecek istikrarsızlıkların önüne geçilmesi hedeflenmiştir. Düşük oranlı ve azalan tarifeli bu verginin doğrudan sermaye yatırımları ve mal ticaretine ilişkin işlemleri etkilemeyeceği varsayılmıştır. Tobin vergisi Fransa, Şili, Brezilya ve Malezya' da uygulanmakta ancak özellikle büyük resesyondan sonra pek çok ülkenin gündemine alınmıştır. Para politikasına ilişkin bir diğer uygulama ise Taylor Kuralıdır. Buna göre merkez bankalarının kısa dönem borç verme faiz oranlarını, gerçekleşen GSYİH ve potansiyel GSYİH arasındaki fark ile gerçekleşen enflasyon ve potansiyel enflasyon arasındaki fark ile aynı yönde değişmelidir. M. Friedman da merkez bankaları, ekonomik büyüme oranına eşit bir parasal genişleme politikası izlemesi gerektiğini savunmuştur. Para otoritesinin para arzını her yıl %3-5 oranında arttırması ilkesini anayasada yer almasını istemiştir. Literatürdeki bir diğer para politikası tercihi optimal para alanıdır. Bu teoriye göre tek para biriminin kullanıldığı ve dolaysıyla ortak bir para politikasının uygulandığı bölgeler oluşturulmalıdır. Böylelikle ulusal paraların eksik ve aşırı değerlenmesinin, döviz spekülasyonlarına dayalı krizler önlenebilecektir.

Homo Economicus' un aksaklıklarını önlemek onu tamamen ortadan kaldırılmaya çalışmakla mümkün olamayacaktır. Bireylerin ekonomik karar alma hürriyetlerinden vazgeçecek bunu bir egemen güce devretmeleri Homo Economicus'u ortadan kaldırmayacaktır. Çünkü insanların temel güdülerinden biri olan daha fazla kazanma arzusu bireylerin içinde daima mevcut olacaktır. Bu yüzden bireyler adına ekonomik karar alma hakkını elinde bulunduran egemen güç, bu gücü eninde sonunda kendi faydasını maksimize etmek için kullanacaktır. Nitekim Sovyet Sosyalist devlet ve doğu bloku ülkelerinde kurulan sosyalist devlet Lenin döneminden sonra, Rose Luksemburg ve Troçki gibi düşünürler tarafından eleştirilmiş, Stalin önderliğindeki sosyalist devletin, yönetici sınıfın (nomenklatura) egemenliğinde bir oligarşiye ya da Trockistlerin dediği gibi yozlaşmış işçi devletine dönüştüğü savunulmuştur. Bununla birlikte bireylerin daha fazla kazanma arzularının tamamen ortadan kaldırılması mümkün olsa bile etkin olamayacaktır. Bilindiği gibi, Maltus' un 1789 yılında ilk kez yayınladığı , 1803' de tekrar gözden geçirip yayınladığı "nüfus artışı hakkında araştırması" isimli eserinde nüfusun geometrik dizi (2,4,8,16,32,64,..) gıda maddelerinin ise aritmetik dizi (1,2,3,4,5,6,....) şeklinde arttığını dolayısıyla yaklaşık elli yıl sonra insanlığın açlık ve sefalet içine düşeceğini savunmuştur. Ancak Maltus'un bu kehaneti haklı çıkmamıştı. Bunun nedeni insanların daha fazla kazanma arzusu ile yeni üretim teknolojileri geliştirmeleridir.

O halde Homo Economicus' un hem aşırı olması hem de hiç olmaması etkisizliğe sebep olacaktır. Aristoteles'in Zoon Politikon dediği, Nasiruddin Tusi ve Kınalızade Ali Efendinin itidali insan Homo Economicus kaynaklı sorunların çözümüdür. Zoon Politikon ve İtidali insan erdemli insandır. İki uç kötü davranışın ortası, erdemdir. Örneğin kişinin korkak olması ya da saldırganlık seviyesinde cesur olmasının orta noktası , itidali olan erdemdir. Aynı şekilde birey ne kar elde etmekten çekinmeli ne de kar ederken etik dışı davranmalıdır. Homo Economicus fayda maksimizasyonu çabası etik sınırlar içerinde kalacak şekilde kısıtlanmalıdır. Ekonomik açıdan erdemi orta yolu bulmak ise Homo Economicus' un yasalarla kısıtlanmasıdır. Yasalar mali kural veya para politikası tercihleri şeklindedir. Mali kurallar; bütçe açıklarının, toplam veya net kamu borçlarının, belli harcama, vergi yükünü sınırlandırılması şeklindedir. Para politkası tercihlerinde ise para arzının belli bir kural ile sınırlandırılması ve ülkeye giren sermaye hareketinin vergisel önlemlerle sınırlandırılması söz konusudur.

Sonuç olarak, üç büyük küresel krizi, nedenleri ve krizden çıkış yöntemleri olarak incelediğimizde görmekteyiz devlet müdahaleciliği önemli bir rol oynamaktadır. Devlet müdahakeciliğinin olmaması krizlerin çıkmasına neden olurken krizden çıkmak devlet müdahaleciliği ile mümkün olmuştur. Ekonominin devlet müdahaleciliği olmaksızın dengeye gelememesinin altında yatan neden ise Homo Economicus'dur. Homo Economicus'un açmazları, onun böyle bir sonuç doğurmasına neden olaktadır. İncelediğimiz çalışmalar bize göstermektedir ki Homo Economicus'un kurallarla etik düzeye çekilmesi gerekmektedir. Burada dikkat edilmesi gereken husus konulacak kuralların ekonomide karar alıcılarca kolaylıkla değiştirileiblir olmamasıdır. Çünkü karar alıcılarda kendi faydalarını maksimize etmek isteyecek ve bu kuralları kendi çıkarlarına göre ayarlayabileceklerdir. Bu yüzden kurallar anayasal düzeyde olmalıdır.

Ülkemiz açısından ise Güçlü Ekonomiye Geçiş Programında uygulanan yapısal reformlar korunmalı, bancalık ve finans sektöründe denetimlere önem verilmelidir. Borçlanma üzerine anayasal sınırlamalar getirilmeli, bu sınırlamalarda GSMH'daki artışlar esas alınmalıdır. Yabancı sermaye hareketliliği vergisel reformlarla düzenlenmelidir. Örneğin FED'in uygulamış olduğu faiz politikası sebebiyle 2014'ün başlarında başlayan sermaye hareketliliğine tobin vergisi benzeri vergiler çözüm olabilecektir. Kırılgan Beşli Ülkeleri'nin içinde zikredilen Türkiye, herhangi bir istikrarsızlık sebebiyle yabancı sermayenin kaçabileceği bir ülkedir. Bunun önlenmesi için gerek reel piyasada gerekse finansal piyasada yatırımcının orta vade de riskini ve maliyetini rahatlıkla hesaplayabileceği düzenlemelere gidilmelidir. Ayrıca gelir dağılımı eşitsizliği orta vade de gerçekleşecek bir krizin başlangıcı olacaktır. Bu sebeple vergi sistemi, gelir dağılımını iyileştirici hale getirilmelidir.

KAYNAKÇA

Acar, İbrahim Atilla ve Muhammed Şahin. "M. Kamu Müdahalelerine Dönüş: Yeni Dönemin Manifestosu Ne Olacak?" Uluslararası Davras Kongresi Bildirileri, 24-27, Eylül 2009, İsparta, ss. 77-102

Açıkgöz, Ömer ve Bülent Özkan. "1929 Dünya Ekonomik Buhranı Ve Türkiye Ekonomisine Etkileri", Mevzuat Dergisi, Yıl:12, Sayı:136, Nisan 2009, http://www.mevzuatdergisi.com/2009/04a/01.htm, (02.08.2014)

Akbıyık, Nihat ve Muzaffer Koç. Küresel Krizler ve Sosyal Politikalara Etkisi Turgut Özal Uluslararası Ekonomi Ve Siyaset Kongresi - I "Küresel Krizler Ve Ekonomik Yönetişim". Malatya, 2010, 1203-1236

Akdemir, Sevim."Uluslararası Borç Krizi ve Dış Borç Azaltma Teknikleri", Abant İzzet Baysal Üniversitesi Sosyal Bilimler Enstitüsü Dergisi, Cilt: 1, Sayı: 7, 2003.

Akdiş, Muhammet. "Cari Açıkların Sürdürülebilirliği Sorunu ve Türkiye Ekonomisindeki Gelişmeler", Tasam Stratejik Öngörü Dergisi, Cilt:5, Sayı:8, 2007, ss.15-40.

Akdiş, Muhammet. "Kısa Vadeli Sermaye Hareketlerinin Yol Açtığı Finansal Krizler ve Bu Krizleri Önlemede Kullanılabilecek Araçlar: Tobin Vergisi", Active Bankacılık ve Finans Dergisi, Yıl:6, Cilt:1 Sayı:36, ss.36-48.

Akdiş, Muhammet."Türkiye'nin Borç Gelişimi Sorunlar Öneriler", Active Bankacılık ve Finans Dergisi, Cilt: 6, Sayı:30, ss.62-76.

Akdiş, Muhammet. "Küreselleşmenin Finansal Piyasalar Üzerindeki Etkileri ve Türkiye:Finansal Krizler-Beklentiler, Dış Ticaret Müsteşarlığı", Dış Ticaret Dergisi, Cilt: 7, Sayı:26, ss.1-45.

Akdiş, Muhammet. "Liberal Ekonomi Düşüncesinin Çağdaş Yorumları ve Hayek'in Ekonomik Yaklaşımları", Banka ve Ekonomik Yorumlar Dergisi, Cilt:31, Sayı:11, ss.23-42.

Akdiş, Muhammet. "Para Arzının Enflasyon Üzerindeki Etkisi ve Milton Friedman'ın Enflasyon Yaklaşımı", Maliye Yazıları Dergisi, Sayı:38, s.75-94.

Akdoğan, Abdurrahman. Kamu Maliyesi,Gözden Geçirilmiş ve Genişletilmiş 13. Baskı,Gazi Kitabevi, Ankara, 2011.

Aklan, Nejla Adanur ve Mehmet Nargeleçekenler. "Taylor Kuralı: Türkiye Üzerine Bir Değerlendirme", Ankara Üniversitesi Siyaset Bilimler Fakültesi Dergisi, Cilt: 6, Sayı: 63.

Aktan, Coşkun Can. Çağdaş Liberal Düşüncede Politik İktisat, Kişisel Yayınlar, Ankara, 1994.

Aktan, Coşkun Can. Değişim Çağında Devlet, 1. Baskı, Çizgi Kitabevi, İzmir, 2003.

Aktan, Coşkun Can. Ekonomik Düzenin Sağlanmasına Yönelik Optimal Mali ve Parasal Kuralların Tasarımı, http://www.canaktan.org/ekonomi/kurumsal-iktisat/makaleler/optimal-kural.htm, (21.07.2014).

Aktan, Coşkun Can. En Az Devlet En İyi Devlet Devletin Başarısızlığının Anatomisi,Dördüncü Baskı, Çizgi Yayınları, İstanbul, 2008.

Aktan, Coçkun Can. Kamu Ekonomisi ve Kamu Maliyesi, İkinci Baskı, Anadolu Matbaacılık, İzmir, 2001.

Aktan, Coşkun Can. Libertarian İktisat, http://www.canaktan.org/ekonomi/iktisat-okullari/okullar/libertaryan.htm, (20.07.2014).
Aktan, Coşkun Can ve Lord Keynes. Keynesyenler ve Fonksiyonalistler, http://www.canaktan.org/ekonomi/kamu_maliyesi/maliye-iflas/lord-keynes.htm, (21.07.2014).
Aktan, Coşkun Can. Neo-Klasik İktisat, http://www.canaktan.org/ekonomi/iktisat-okullari/okullar/neo-klasik-iktisat.htm, (20.07.2014)
Aktan, Coşkun Can. Yeni İktisat Okulları, 2. Baskı, Seçkin Yayınları, Ankara, 2008
Aktan, Coşkun Can. 21. Yüzyıl İçin: "Yeni" Toplumsal Sözleşme,Birinci Baskı, Seçkin Yayınları, İzmir, 1994.
Aktan ,Coşkun Can, Dilek Dileyici. Modern Politik İktisat Kamu Tercihi, Birinci Baskı, Seçkin Yayınları, Ankara, 2007.
Aktan, Coşkun Can, Dilek Dileyici ve Özgür Saraç. "Anayasal Perspektiften Vergi Reformu ve "Vergi Anayasası" Öneresi", Kamu Tercihi ve Anayasal İktisat Dergisi, Cilt 1, Sayı: 3, İzmir, 2001.
Aktan, Coşkun Can, İstiklal Y. Vural ve Tülay Aktan. "Liberalizme Katkıda Bulunan Düşünürler", Yeni Türkiye Dergisi, Yıl: 1999, Cilt: 19, Sayı: 25, ss.570-590.
Aktan, Coşkun Can ve Tarık Vural. Eski Kurumsal İktisat ve Yeni Kurumsal İktisat Arasındaki Farklılıklar ve Benzerlikler, http://www.canaktan.org/ekonomi/kurumsal-iktisat/farkliliklar.htm, (20.07.2014).
Alantar, Doğan. Küresel Finansal Kriz: Nedenleri ve Sonuçları Üzerine Bir

Değerlendirme,http://www.finanskulup.org.tr/assets/maliyefinans/81/
Dogan_Alantar_Kuresel_Finansal_Kriz_Nedenleri_Sonuclari_MFY81.pdf, (02.08.2014).

Alatlı, Alev. Büyük Çöküş, http://www.alevalatli.com.tr/makale.asp?s=detay&ID=248, (02.08.2014).

Alatlı, Alev. Kükreyen `20 ler, Tarih, Tekerrür ve Ekonomik Krizler, 2001, http://www.alevalatli.com.tr/makale.asp?s=detay&ID=240, (02.08.2014).

Ataç, Beyhan. Maliye Politikası Gelişimi Amaçları Araçları Ve Uygulama Sorunları, Genişletilmiş Beşinci Baskı, Eğitim,Sağlık Ve Bilimsel Araştırma Çalışmaları Vakfı Yayınları No: 118, Eskişehir, 2000.

Ataç, Engin. Maliye Politikası, Birinci Baskı, T.C. Anadolu Üniversitesi Yayını No: 1580, Eskişehir, 2007.

Ay, Hakan. Montesquieu,Vergiler ve İbn-i Haldun, İktisat,İşletme ve Finans Dergisi, Yıl:8, Sayı:9, Eylül 1993

Ay, Hakan. Tarihi Mali Sistemler ve Osmanlı Maliyesi, Albi Yayınları, İzmir:2015

Ay, Hakan. Vergi Politikaları ve Baskı Grupları, Maliye ve Hukuk Yayınları, İkinci Baskı, İzmir:2008

Ay, Hakan. Osmanlı Devletinde Mali Bunalım ve Sebepleri, Dokuz Eylül Üniversitesi İktisadi ve İktisadi ve İdari Bilimler Fakültesi Dergisi, ss.312-332, İzmir, 1991

Ay, Hakan , Uçar Öznur. Devletin Gelişim Süreci, Dokuz Eylül Üniversitesi İşletme Fakultesi Dergisi, Devletin Gelişim Süreci, Dokuz Eylül Üniversitesi İşletme Fakultesi Dergisi, Prof. Dr. Ceyhan Aldemir Armağan Sayısı, 2015, ss 195-206,

Ay, Hakan , Uçar Öznur. Government Intervention:Economic Crisis, Regional Economic Integration and the Global Financial System, IGI Global, USA, 2015, Chapter 12, (pages 152-161)

Ay, Hakan , Uçar Öznur. Üç Küresel Ekonomik Krizin Analizi , Dokuz Eylül Üniversitesi Sosyal Bilimler Dergisi, Cilt: 17, Sayı: 1, Yıl: 2015

Bakırtaş, İbrahim ve Tekinşen Ali. "Dünya Savaşları ve Büyük Buhran Arasındaki Etkileşimin Ekonomik Politiği", Selçuk Üniversitesi Sosyal Bilimler Enstitüsü Dergisi, Cilt:1, Sayı: 12, 2004, ss. 83-100.

Başoğlu, Ufuk, Nalan Ölmezoğlu ve İlker Parasız. Çağdaş İktisadi Düşüncede Devrimler Karşı Devrimler, Birinci Baskı, Ezgi Kitabevi, Bursa, 1999.

BDDK, Bankacılık Sektörü Yeniden Yapılandırma Programı, Ankara, 2001.

BDDK, Krizden İstikrara Türkiye Tecrübesi, Çalışma Tebliği , Gözden Geçirilmiş 2. Baskı, Ankara, 2009.

BDDK, Krizden İstikrara Türkiye Tecrübesi, Çalışma Tebliği, Gözden Geçirilmiş 3. Baskı, Ankara, 2010.

Beriş, H. Emrah. "Egemenlik Kavramının Tarihsel Gelişimi ve Geleceği üzerine Bir Değerlendirme", Ankara Üniversitesi Siyasal Bilgiler Fakültesi Dergisi, Cilt: 63 Sayı: 1 Sayfa: 55-80, 2008.

Birda,l Murat. http Bir Krizin Anatomisi: ABD Mortgage Piyasasının Kurumsal Yapısı ve Dinamikleri,://www.econanadolu.org/en/index.php/past-congresses/econ-2009/articles2009/3318-Bir-Krizin-Anatomisi-ABD-Mortgage-Piyasasnn-Kurumsal-Yaps-Krizin-Dinamikleri.html, (02.08.2014).

Bocutoğlu, Ersan. Krizin Makro İktisadından Makro İktisadın Krizine: Eleştirel Bir Değerlendirme, Küresel Bunalım Ve İktisat Eğitimi, Ed.: Ercan Uygur, 1. Baskı, Tek Yayınları, 2011.

Bocutoğlu, Ersan ve Aykut Ekinci. "Küresel Krize Farklı Bir Teorik Çerçeve: Avusturyacı Konjonktür Teorisi", Bankacılar Dergisi, Cilt: 1, Sayı:73,2010.

Bowles, Samuel ve Herbert Gintis. Homo Economicus and Zoon Politikon: Behavioral Game Theory and Political Behavior, The Oxford Handbook of Contextual Political Analysis, Edited by Robert E. Goodin and Charles Tilly, Birinci Baskı, Oxford, 2006.

Buğra, Ayşe. İktisatçılar ve İnsanlar, Bir Yöntem Çalışması, İkinci Baskı,Remzi Kitabevi, İstanbul, 1989.

Çağlar, Keyder. Ulusal Kalkınmacılığın İflası,İkinci Baskı, Metis Yayınları, İstanbul, 1996.

Çolak, Ömer Faruk. 2008 Krizinin 1929 Krizi ile Benzerlikleri Üzerine Bir Analiz, " TISK Academy/TISK Akademi 4 (2009),http://www.tisk.org.tr/download/akademi/tiskakademi_2009.pdf, (02.08.2014).

Coşkun, Yener. "Bay Ponziden Bay Madoffa", Sermaye Piyasası Dergisi, Cilt:1 Sayı:1, 2010.

Dilekli, Selin ve Yeşilkaya Kadriye. Maastricht Kriterleri, Avrupa Birliği ile ilişkiler Genel Müdürlüğü Yayınları, 2002.

Doehring, Karl. Genel Devlet Kuramı (Genel Kamu Hukuku), Çev.: Ahmet Mumcu,İkinci Baskı, İnkılap Yayınları, İstanbul, 2002.

Demirel, Ahmet, Süleyman Sözen ve diğerleri. Türk Siyasal Hayatı, 2. Baskı, T.C. Anadolu Üniversitesi Yayınları, Yayın No: 3026, Ankara, 2013.

Duman, Koray. "Finansal Krizlere Karşı Politika Tercihleri", Akdeniz İktisadi ve İdari Bilimler Fakültesi Dergisi, 2004, Cilt: 4, Sayı: 8, ss. 38-61.

Egeli,Haluk. "Bütçe Açıklarının Makro Ekonomik Etkileri ve Türkiye'de 1980 Sonrası Dönemde Uygulanan Finansman Yöntemleri Açısından Değerlendirilmesi", Maliye Yazıları, 58/10-30/1998, 1998.

Egeli, Haluk. "Geçiş Ekonomilerinde Mali Saydamlik", Küreselleşme ve Geçiş Ekonomileri Uluslararası Sempozyumu, Kırgızıstan, 2002.

Eğilmez, Mahfi. Stagflasyon ya da Slumpflasyon, Radikal Gazetesi Köşe Yazısı, 17.04.2008.

Erdönmez, Pelin Ataman. "Küresel Kriz ve Ülkeler Tarafından Alınan Önlemler Kronolojisi", Bankacılar Dergisi, Sayı 68, 2009.

Erim, Neşe. İktisadi Düşünce Tarihi, 1. Baskı, Palme Yayıncılık, Ankara, 2007.

Ersoy, Arif. İktisadi Teoriler ve Düşünceler Tarihi, 1. Baskı, Nobel Yayınevi, İstanbul, 2008.

Frıedman, Milton. Kapitalizm ve Özgürlük, Birinci Baskı, Plato Film Yayınları, Çev. Doğan Erberk ve Nilgün Himmetoğlu, İstanbul, 2008.

Fukuyama, Francis. Devletin İnşası; 21. YY da Dünya Düzeni ve Yönetişim, çev. Devrim Çetinkasap, 4. Baskı, Remzi Kitapevi, 2008.

Göker, Zeliha. "Küresel Kriz Sonrası Maliye Politikalarında Değişim ve Mali Tuzak Riski", Çalışma ve Toplum Dergisi, Cilt:1, Sayı:40, İstanbul, 2014.

Gökmen, Hüseyin. Avrupa Sosyal Devlet Anlayışında istihdam ve Türkiye'de Genel işsizlik Sorunu, Çalışma ve Sosyal Güvenlik

Bakanlığı Türkiye İş Kurumu Genel Müdürlüğü Uzmanlık Tezi, Ankara, 2007.

Görmezöz, Göktan. Türkiye Ekonomisinde Yaşanan Dalgalanmaların İstihdam Üzerindeki Etkisi Ve Olumsuz Etkilerin Azaltılmasına Yönelik Önlemler, T.C. Çalışma Ve Sosyal Güvenlik Bakanlığı Türkiye İş Kurumu Genel Müdürlüğü Yayınları, Ankara, 2007.

Günaydın, İhsan ve Levent Yahya Eser. "Maliye Politikasındaki Yeni Trend: Mali Kurallar", Maliye Dergisi, Cilt: 1, Sayı:156, 2009.

Hiç, Mükerrem. Küresel Ekonomik Krizve Türkiye, Birinci Baskı, Beykent Üniversitesi Yayınları, İstanbul, 2009.

Hobbes, Thomas. Leviathan, çev. Semih Lim, 1. Baskı, Yapı Kredi Yayınları, İstanbul, 2010.

İbni Haldun, Mukaddime, çev. Süleyman Uludağ, 7.Baskı, Dergâh Yayınları, İstanbul, 2011.

İbni Haldun, Devlet, çev. Osman Arpaçukuru,III. Baskı, İlke Yayıncılık, İstanbul-2009.

İşcan, Erhan. "Petrol Fiyatının Hisse Senedi Piyasası Üzerindeki Etkisi", Maliye Dergisi, Cilt: 1, Sayı 158, 2010.

Kahyaoğlu, Mehmet Burak, Ali Akaytay ve Sema Ülkü. "Minsky Modeli Bağlamında Yüksek Riskli İpotekli Konut Kredisi Krizinin Anatomisi", Akademik Bakış Dergisi, Cilt:1, Sayı:21, 2010.

Karabulut, Gökhan. Gelişmekte Olan Ülkelerde Finansal Krizlerin Nedenleri, Der Yayınları, 1.Baskı, İstanbul, 2002.

Karakurt , Birol ve Tekin Akdemir. "Kurallı Maliye Politikası: Türkiye'de Kurallı Maliye Politikası Örnekleri", Maliye Dergisi, Cilt:1, Sayı: 158, 2010.

Kazgan, Gülten. Küreselleşme ve Ulus-Devlet Yeni Ekonomik Düzen, 2. Baskı, İstanbul Bilgi Üniversitesi Yayınları, İstanbul, 2002.
Kazgan, Gülten. Türkiye Ekonomisinde Krizler (1929-2001) "Ekonomik Politik" Açıdan Bir İrdeleme,2. Baskı, İstanbul Bilgi Üniversitesi Yayınları, İstanbul, 2008.
Kazgan, Gülten. 2008 Küresel Krizi: Nedenleri, Etik İlkeleri Ve İktisat Eğitimi, Türkiye Ekonomi Kurumu Tartışma Metni 2012/98, 2012, http://www.tek.org.tr/dosyalar/bunalim1.pdf, (29.07.2014)
Kindleberger, Charles P. Cinnet Panik ve Çöküş Mali Krizler Tarihi, çev. Halil Tunalı,2. Baskı İstanbul Bilgi Üniversitesi Yayınları, , İstanbul, 2008.
Keynes, John Maynard. Genel Teori, İstihdam, Faiz ve Paranın Genel Teorisi, çev. Uğur Selçuk Akalın, Birinci Baskı, Kalkedon Yayınları, İstanbul, 2008.
Konur, Fatih ve Çakıcı Kemal. Avro Alanı'nın Borç Krizi Ve Geleceği: Optimum Para Alanları Teorisi Çerçevesinde Bir Değerlendirme, Anadolu International Conference in Economics, Eskişehir, 2011.
Küçükkalay, Abdullah Mesud. İktisadi Düşünce Tarihi, 3. Baskı, Beta Yayıncılık, İstanbul, 2008.
Mandeville Bernard, Arılar Masalı: The Fable of the Bees, Çev. N. Ekrem Düzen, http://www.scribd.com/doc/48926768/Arilar-Meseli-The-Fable-of-the-Bees, (19.07.2014)
Memduhoğlu, Hasan Basri. "Post-Fordist Üretim Örgütlenmeleri ve İş görenler Üzerindeki Etkileri, Bilim", Eğitim ve Düşünce Dergisi, Cilt: 7, Sayı: 4, 2007.
Robert Nozick, Anarşi, Devlet ve Ütopya, (ilk basım 1974), çev. Alişan Oktay, İstanbul: İstanbul, Bilgi Üniversitesi Yayınları,

2000'den Uslu, Cennet. Robert Nozick:Anarko-Kapitalizme Karşı Minarkizm, Liberal Düşünce Sayı 47-48, Yaz- Sonbahar 2007,s.143-169

Meriç, Cemil. Mağaradakiler, 2. Baskı, İletişim Yayınları, İstanbul, 1997.

Oktay, Ayşe Sıdıka. Kınalızade Ali Efendi ve Ahlâk-ı Alâ, 2. Baskı, İz yayıncılık, İstanbul, 2011.

Özsoy, İsmail. "İktisadi Adamdan Toplum Adamına", Türk Dünyası Sosyal Bilimler Dergisi, Cilt: 1, Sayı: 48, 2009.

Parasız, M. İlker. Kriz Ekonomisi Hiper Enflasyon Ve Yüksek Enflasyonla Mücadelede Ünlü İstikrar Politikaları Ve 5 Nisan 1994 Kararları, İkinci Baskı, Ezgi Kitabevi Yayınları, Bursa, 1996.

Parasız, M. İlker. Para Politikası Keynesgil İktisadın Düşüşü ve Yükselişi, 3. Baskı, Ezgi Kitabevi Yayınları, Bursa, 2010.

Pınar, Abuzer. Maliye Politikası Teori ve Uyguluma, 2. Baskı, Natural Yayınları, Ankara, 2006.

Poggi, Gianfranco. Devlet Doğası Gelişimi ve Geleceği,Çev.: Aysun Babacan, İkinci Baskı, İstanbul Bilgi Üniversitesi Yayınları, İstanbul, 2008.

Rand, Ayn. The Vırtue Of Selfıshness, New American Library,New York City, 1964, page:110-114

Ricardo, David. Siyasal iktisadın ve Vergilendirmenin ilkeleri, Çev.: Barış Zeren, I. Baskı, Türkiye İş Bankası Kültür Yayınları, İstanbul, 2008.

Rothbard, Murray N. Devletin Anatomisi , çev. Mustafa Erdogan, Liberal Düşünce, Cilt: 1, Sayı: 36, 2004, http://www.liberal.org.tr/incele.php?katemet gori=MTg=&id=MzYO, (20.07.2014).

Rothbard, Murray N. İnsan İktisat ve Devlet, çev. Ayşe Meral Uzun, Ahmet Uzun, 1. Baskı,Liberte Yayınları, İstanbul, 2009.

Saraçoğlu, Fatih ve Özgür Şahan. "Tobin Vergisi ve Türkiye'de Uygulanabilirliği", Sayıştay Dergisi, Cilt:1, Sayı: 55, 2010.

Savaş, Vural. İktisatın Tarihi, 4. Baskı, Siyasal Kitabevi, Ankara, 2000.

Savaş,Vural. Politik iktisat, 2. Baskı, Beta Basım Yayınları, İstanbul, 1994.

Smith, Adam. Milletlerin Zenginligi, Çev. Haldun Derin, 2. Baskı, Türkiye İş Bankası KültürYayınları, İstanbul, 2009.

Schulze, Hagen. Avrupa'da Ulus ve Devlet, Çev. Timuçin Binder, 1. Baskı, Literatür Yayınları, İstanbul, 2005.

Smith, David ve Evans Phill. Karl Marx Kapital Yeni Başlayanlar İçin, çev. Kemal Ülker, 2. Baskı, Versus Yayınları, 2011.

Soysal, Haldun. Yeni Ekonomi Kunatum-Noroekonomi, 1. Baskı, Palet Yayınlan, Konya, 2010.

Şimşek, Hayal Ayça. Ekonomik İstikrarın Sağlanmasında Anayasal İktisat Alternatifi ve Türkiye'de Uygulanabilirliği, (Yayınlanmış Doktora Tezi), Dokuz Eylül Üniversitesi Sosyal Bilimler Enstitüsü, İzmir, 2010, s.3.

Şimşek, Hayal Ayça. Küreselleşme Sürecinde Finansal Krizler ve Maliye Politikaları: Teorik Bir Değerlendirme, http://iibf.sdu.edu.tr/dergi/files/2008-1-10.pdf, (02.08.2014).

Şimşek, Hayal Ayça. Türkiye'de 2000 Sonrasında Uygulanan İstikrar Programlarının Kamu Maliyesine Etkileri, http://www.ekonomikyorumlar.com.tr/dergiler/makaleler/512/Sayi_512_Makale_04.pdf (02.08.2014).

Şimşek, Hayal Ayça ve Altay Asuman. Küresel Kriz Ortamında Türkiye'de Maliye Politikalarının Değerlendirilmesi, http://www.ekonomikyorumlar.com.tr/dergiler/gundem/Gundem_1_Sayi_528.pdf, (02.08.2014).

Taner, Ahmet. Çağdaş Liberalizmde Yeni Yol Ayrımı: Anarko Kapitalist Liberalizme Karşı Minimal Devletçi Liberalizm, Liberal Düşünce, Yıl 18, Sayı 69-70, Kış-Bahar 2013, s. 227-243

Tanzi, Vito ve Ludger Schuknecht. Public Spending in The 20th Century A Global Perspective, Cambridge University Press, Cambridge, 2000.

Taşar, M. Okan. "Türkiye'nin Güçlü Ekonomiye Geçiş Programı ve Makro Ekonomik Etkilerinin Analizi", Niğde Üniversitesi İ.İ.B.F. Dergisi, Cilt:3, Sayı: 1, 2010.

Taşçı, Kenan ve Demirbaş Erkan. Küreselleşme Sürecinde Sermaye Hareketlerinin Vergilendirilmesi: Tobin Vergisi, Akademik Yaklaşımlar Dergisi, Cilt:2, Sayı: 2, 2011.

Tekelioglu, Muammer. İktisadi Düşünceler Tarihi, Çukurova Üniversitesi Basımevi, 1. Baskı, Adana, 1993.

Telatar, Funda. Politik İktisat Politikası, İmaj Yayınevi, Birinci Baskı, Ankara, 2004.

Tunç, Mehtap. Türkiye'de Kalkınma Sürecinde Dış Açık: Nedenleri ve İzlenen Politikalar, Türkiye ekonomisi- Makroekonomik Sorunlar ve Çözüm Önerileri, Editör: Ahmet Ay, Çizgi Kitabevi, Konya, 2007.

Tusi, Nasurruddin. Ahlâk-ı Nâsırî, çev. Anar Gafarov, Zaur Şükürov, Litera Yayıncılık, İstanbul, 2007.

Tüleykan, Hayrettin. "Tarihsel Süreçte Ekonomide Devletin Yeri, Gelişimi ve Yeniden Yapılandırılması", Bütçe Dünyası Dergisi, 2010, Cilt: 1, Sayı: 33, ss. 86-114.

Türk, İsmail. Maliye Politikası: Amaçları, Araçları ve Çağdaş Bütçe Teorileri, 7. Baskı, Sevinç Yayınevi, Ankara, 1988.

Türkiye Cumhuriyet Merkez Bankası Kanunu'nda Değişiklik Yapılmasına Dair 25.4.2001 Tarihli ve 4651 Sayılı Kanun ile Getirilen Yenilikler, http://www.tcmb.gov.tr/yeni/banka/kanunacik.html, (20.07.2014)

Türkiye Cumhuriyeti Ziraat Bankası, Türkiye Halk Bankası Anonim Şirketi Ve Türkiye Emlak Bankası Anonim Şirketi Hakkında Kanun, http://www.mevzuat.gov.tr/MevzuatMetin/1.5.4603.pdf, (20.07.2014).

Unay, Cafer. Ekonomik Konjonktür, Birinci Baskı, Bursa İktisadi ve Ticari İlimler Akademisi Yayınları, Ankara, 1978.

Yayla, Atilla. Sosyal ve Siyasal Teori, 2. Baskı, Siysal Kitabevi, Ankara, 1999.

Yayla, Atilla. Liberalizm, 5. Baskı, Liberte Yayınları, İstanbul, 2008.

Yay, Turan. F.A. Hayek'e İktisadi Düşünce: Hayek Ve Keynes/Keynesçiler Tartışması, Dördüncü Baskı, Ezgi Kitabevi Yayınları, Bursa, 1993.

Yay, Turan. "Avusturya İktisat Okulu'nun Tarihsel Gelişimi ve Metodoloji", Piyasa Dergisi, Cilt:1, Sayı:11, 2004.

Yıldırım, Kemal ve Doğan Karaman. Makro EkonomiBirinci Baskı, Eğitim Sağlık Ve Bilimsel Arşt. Yayınları, Eskişehir, 1999.

More Books!

yes

I want morebooks!

Buy your books fast and straightforward online - at one of the world's fastest growing online book stores! Environmentally sound due to Print-on-Demand technologies.

Buy your books online at

www.get-morebooks.com

Kaufen Sie Ihre Bücher schnell und unkompliziert online – auf einer der am schnellsten wachsenden Buchhandelsplattformen weltweit!
Dank Print-On-Demand umwelt- und ressourcenschonend produziert.

Bücher schneller online kaufen

www.morebooks.de

OmniScriptum Marketing DEU GmbH
Heinrich-Böcking-Str. 6-8
D - 66121 Saarbrücken
Telefax: +49 681 93 81 567-9

info@omniscriptum.com
www.omniscriptum.com

OmniScriptum

FSC
www.fsc.org
MIX
Papier | Fördert
gute Waldnutzung
FSC® C083411

Kolibri 360 GmbH
Ferdinand-Jühlke-Straße 7
99095 Erfurt, Deutschland
produktsicherheit@kolibri360.de

Druck:
CPI Druckdienstleistungen GmbH
im Auftrag der
Kolibri 360 GmbH
Ferdinand-Jühlke-Str. 7
99095 Erfurt